职业教育·道路运输类专业教材

公路工程施工安全技术与管理

谢立广 主 编
黄 岑 苏建忠 谢羽佳 甘华冬 副主编
余 波 李云峰 主 审

人民交通出版社
北 京

内 容 提 要

本书为职业教育道路运输类专业教材。全书共七个模块,包括安全生产管理、施工准备阶段安全控制、通用作业施工安全技术、专业工程施工安全技术、施工安全风险评估、劳动保护、应急救护与应急救援。

本书是高等职业院校道路与桥梁工程技术专业及相关专业的教材,也是四川省公路水运工程施工企业三类人员安全培训的指定教材之一。

本教材有配套课件,教师可通过加入路桥教学研讨群(QQ:561416324)获取。

图书在版编目(CIP)数据

公路工程施工安全技术与管理 / 谢立广主编.
北京:人民交通出版社股份有限公司,2024.8.(2025年1月重印)
ISBN 978-7-114-19559-4
Ⅰ.U415.12
中国国家版本馆 CIP 数据核字第 2024M9S271 号

职业教育·道路运输类专业教材
Gonglu Gongcheng Shigong Anquan Jishu yu Guanli

书　　名:	公路工程施工安全技术与管理
著 作 者:	谢立广
责任编辑:	李　瑞
责任校对:	赵媛媛　魏佳宁
责任印制:	张　凯
出版发行:	人民交通出版社
地　　址:	(100011)北京市朝阳区安定门外外馆斜街3号
网　　址:	http://www.ccpcl.com.cn
销售电话:	(010)85285911
总 经 销:	人民交通出版社发行部
经　　销:	各地新华书店
印　　刷:	北京印匠彩色印刷有限公司
开　　本:	787×1092　1/16
印　　张:	20.75
字　　数:	435千
版　　次:	2024年8月　第1版
印　　次:	2025年1月　第2次印刷
书　　号:	ISBN 978-7-114-19559-4
定　　价:	55.00元

(有印刷、装订质量问题的图书,由本社负责调换)

前 言
Preface

安全是发展的基础。目前,在安全生产领域,我国安全生产事故总量仍然过大,重特大事故尚未得到有效遏制,安全生产形势依然严峻。党的二十大报告对提高公共安全治理水平作出了重要部署,明确指出要"坚持安全第一、预防为主,建立大安全大应急框架,完善公共安全体系,推动公共安全治理模式向事前预防转型。推进安全生产风险专项整治,加强重点行业、重点领域安全监管。"建设工程行业属于高危行业,其安全工作攸关生命安全,故在职业教育相关专业的课程体系中,施工安全类课程是不可或缺的。但长期以来,此类课程普遍沿袭传统的教学模式和教学内容,实际教学效果堪忧。如何开展教学改革,以充分发挥安全教育类课程的作用,切实实现专业人才培养的目标,始终困扰着包括编者在内的很多一线教师。

施工安全是一项牵涉专业很广的系统工程。公路施工的任何分项工程,当涉及具体的自然环境、地质条件、施工技术、机械设备、人员安排和工艺流程等时,也具有不同的危害因素和安全风险,很难一概而论。为走出理论讲解"泛泛而谈"的教学困境,本书选择从具体的工程案例出发,由事及理,以增强安全意识为首要目标,对相关法规和规范条文进行实践性解读,增强课堂教学的生动性。这是本课程教学改革的总体思路,也是本书编写的主要思路。

本书从安全的相关概念开始,由安全生产管理理论到法律法规,由一般管理要求、技术条文到具体工程案例应用,大体上按照先总后分的框架结构,以公路工程施工安全岗位需求为主线,依据现行相关法律法规和行业标准规范编写而成。全书共设七大模块:模块一 安全生产管理;模块二 施工准备阶段安全控制;模块三 通用作业施工安全技术;模块四 专业工程施工安全技术;模块五 施工安全风险评估;模块六 劳动保护;模块七 应急救护与应急救援。

本书特色与创新主要体现在以下几个方面。

(1) 体例新颖,满足岗位需求

本书为活页式教材,采用该设计主要基于以下三方面考虑:一是在功能方面体现职业导向,因安全教育不可能面面俱到,故以岗位需求为主线,区别于传统学科体系教材理论知识的系统性和完整性侧重,突出职业引导功能和实用性;二是在内容方面体现任务导向,通过任务引导学生开展有目的的探究式学习,更有利于培养学生的责任心和安全意识;三是活页式的教材设计使教师可根据教学进程,结合行业近期的安全生产形势、主管部门要求以及社会热点等,灵活选择教学内容或作局部调整。

(2) 任务解构,引导课堂教学

本书主要按照模块—单元—任务的结构编写,每项任务设有学习目标、任务要求、导学问题、知识链接和安全典故等分项内容,可配合理实一体教学。其中,任务要求反映的是岗位典型工作内容,主要陈述"做什么";通常情况下,导学问题是课堂教学的重点,主要陈述"怎么做",教师可根据需要组织讨论或抽查点评,引导学生学习,部分导学问题下有教学提示;知识链接展示仅需了解的知识内容,主要陈述"是什么"和"为什么",也含部分拓展内容;安全典故则属于引申内容,可用于学生课外自学或作为教师教学时课堂导入的教学环节。

(3) 实用导向,符合职业特质

安全工作以防止和减少事故为宗旨,故任务设计较多从真实安全事故出发,首先搜集、整理大量公路施工安全事故调查报告,统计工程分类、事故类别、事故等级、作业环节、事故原因等,同时参考相关文献,总结其中规律;继而选择典型事故案例,将其工程背景改编成任务情景,并设置具有针对性的任务要求和导学问题,故能较好地切合工程实际,锻炼学生实际工作能力。在教学任务完成之后,引导学生通过事故案例分析进行反思,增强学生的安全意识。

(4) 安全典故,点亮课程思政

安全是永恒的话题,由实际工程案例改编而成的教学任务并不缺乏思政元素。另外增设安全典故分项,更为课程思政添加了一抹亮色。安全典故主要取材于国学典籍,其中蕴含着古人的安全观,于今仍有很强的借鉴意义。学习安全典故,既能增强安全意识,又能提高文学素养,树立文化自信。安全典故可用于课堂导入或任务总结的教学环节,激发学生学习兴趣,加深学生学习印象。

本书编审工作由四川交通职业技术学院、四川省交通运输厅、西安创美数码科技有限公司、辽宁省交通高等专科学校合作完成。其中,模块一由黄岑(四川交通职业技术学院)编写,模块二由甘华冬(西安创美数码科技有限公司)编写,模块三由苏建忠(四川交通职业技术学院)编写,模块四、模块五由谢立广(四川交通职业技术学院)编写,模块六、模块七由谢羽佳(四川交通职业技术学院)编写;全书由谢立广负责统稿并担任主编,由余波(四川省交通运输厅)和李云峰(辽宁省交通高等专科学校)担任主审;此外,唐富军、索亮等也对本书稿提出了宝贵的意见。

施工安全类课程的重要性是毋庸置疑的,其教学现状需要得到更多关注,其教学改革值得深入研究。本书编写团队多年来植根于课堂教学,对安全类课程存在的问题有切身体会,并长期坚持尝试改进,开展教改研究,本书即教改研究的阶段性成果之一。针对本书应用过程中的问题,期待与诸位同人广泛交流,逐步完善。本书参考了相关规范、书籍及各种资料,在此对其作者表示感谢!限于编者水平,书中难免有很多不足之处,恳请读者批评指正!

编 者
2024年1月

目录
Contents

模块一　安全生产管理 ········· **001**

　　单元一　安全生产管理理论 ········· 002
　　单元二　安全生产法律法规 ········· 021
　　单元三　安全教育培训 ········· 029
　　单元四　安全生产费用 ········· 043
　　单元五　安全生产事故报告 ········· 053
　　本模块参考文献 ········· 067

模块二　施工准备阶段安全控制 ········· **069**

　　单元一　驻地和场站建设 ········· 070
　　单元二　施工临时消防 ········· 083
　　单元三　临时用电 ········· 089
　　本模块参考文献 ········· 104

模块三　通用作业施工安全技术 ········· **105**

　　单元一　支架及模板工程 ········· 106
　　单元二　混凝土工程 ········· 121
　　单元三　起重吊装 ········· 129

单元四　高处作业 ······ 136
单元五　爆破作业 ······ 144
本模块参考文献 ······ 155

模块四　专业工程施工安全技术 ······ **157**

单元一　路基施工 ······ 158
单元二　桥梁施工 ······ 180
单元三　隧道施工 ······ 210
本模块参考文献 ······ 235

模块五　施工安全风险评估 ······ **237**

单元一　总体风险评估 ······ 238
单元二　专项风险评估 ······ 252
本模块参考文献 ······ 262

模块六　劳动保护 ······ **263**

单元一　劳动防护用品 ······ 264
本模块参考文献 ······ 287

模块七　应急救护与应急救援 ······ **289**

单元一　应急救护 ······ 290
单元二　应急救援 ······ 306
本模块参考文献 ······ 322

模块一

安全生产管理

单元一　安全生产管理理论

单元二　安全生产法律法规

单元三　安全教育培训

单元四　安全生产费用

单元五　安全生产事故报告

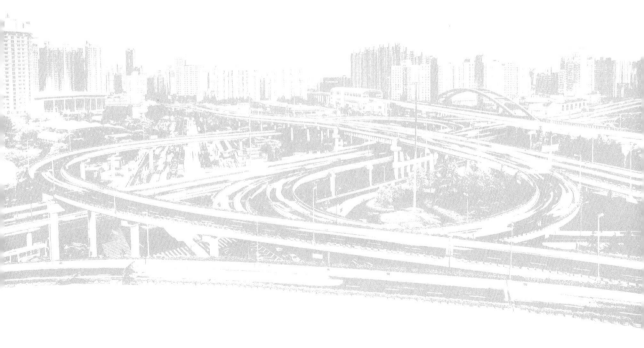

单元一
安全生产管理理论

一、安全生产管理基本概念

1. 安全与本质安全

(1) 安全

古语有云"无危则安,无损则全","安"指不受威胁,即"无危则安";"全"指没有伤害,即"无损则全"。但事实上,何为"危",何为"损",没有定量的含义,而完全的"无"也是不可能的。这样从简单定性的角度探讨安全比较困难,也比较空泛,而且对实际工作也并无帮助。在系统工程中定义的安全概念,认为世界上没有绝对安全的事物,任何事物都包含不安全因素,具有一定的危险性。安全是一个相对的概念,它可以是一种模糊数学的概念,危险性是对安全性的隶属度,当危险低于某种程度时,人们就认为是安全的。安全性(S)与危险性(D)互为补数,即$S=1-D$。安全工作贯穿于系统整个寿命周期。

(2) 本质安全

本质安全是指通过设计等手段使生产设备或生产系统本身具有安全性,即使在误操作或发生故障的情况下也不会造成事故。具体包括两方面的内容:

①失误-安全功能,指操作者即使操作失误,也不会发生事故或伤害,或者说设备设施或技术工艺本身具有自动防止人的不安全行为造成安全事故的功能。

②故障-安全功能,指设备设施发生故障或损坏或生产工艺存在问题时,还能暂时维持正常工作或自动转变为安全状态。

上述两种安全功能应该是设备设施和技术工艺本身固有的,即在其规划设计阶段就被纳入其中,而不是安全事故后补偿的。

本质安全是生产中"预防为主"的根本体现,也是安全生产的最高境界。

2. 安全生产与安全生产管理

（1）安全生产

《辞海》对"安全生产"的解释：为预防生产过程中发生人身、设备事故，形成良好劳动环境和工作秩序而采取的一系列措施和活动。《中国大百科全书》将"安全生产"解释为旨在保护劳动者在生产过程中安全的一项方针，也是企业管理必须遵循的一项原则，要求最大限度地减少劳动者的工伤和职业病，保障劳动者在生产过程中的生命安全和身体健康。后者将安全生产解释为企业生产的一项方针、原则和要求，前者则将安全生产解释为企业生产的一系列措施和活动。根据现代系统安全工程的观点，上述解释均只表述了某一个方面，都不够全面。概括地说，安全生产是为了使生产过程在符合一定物质条件和工作秩序时进行，防止发生人身伤亡和财产损失等生产事故，消除或控制危险、有害因素，保障人身安全与健康、设备和设施免受损坏、环境免遭破坏的总称。

（2）安全生产管理

安全生产管理是管理的重要组成部分，是安全科学的一个分支。所谓安全生产管理，就是针对人们在生产过程中遇到的安全问题，运用有效的资源，发挥人们的智慧，通过人们的努力，进行有关决策、计划、组织和控制等活动，实现生产过程中人与机器设备、物料、环境的和谐，达到安全生产的目标。

安全生产管理的目标是减少和控制危害，防范和减少事故发生，尽量避免生产过程中由于事故所造成的人身伤害、财产损失、环境污染以及其他损失。安全生产管理包括安全生产法制管理、行政管理、监督检查、工艺技术管理、设备设施管理、作业环境和条件管理等。

安全生产管理的基本对象是企业的员工，涉及企业中的所有人员、设备设施、物料、环境、财务、信息等各个方面。安全生产管理的内容包括：安全生产管理机构、安全生产管理人员、安全生产责任制、安全生产管理规章制度、安全生产策划、安全培训教育、安全生产档案等。

3. 事故、危险源、海因里希法则

（1）事故

《现代汉语词典》对"事故"的解释：多指生产、工作上发生的意外损失或灾祸。在国际劳工组织制定的一些指导性文件，如《职业事故和职业病记录与通报实用规程》中，将"职业事故"定义为"由工作引起或者在工作过程中发生的事件，并导致致命或非致命的职业伤害"。

国务院令第493号《生产安全事故报告和调查处理条例》规定："生产经营活动中发生的造成人身伤亡或者直接经济损失的生产安全事故的报告和调查处理，适用本条例"，因此可将"生产安全事故"定义为生产经营活动中发生的造成人身伤亡或者直接经济损失的事件。

事故的分类方法有很多种，我国在工伤事故统计中，按照《企业职工伤亡事故分类》（GB 6441—1986）将企业工伤事故分为20类，分别为物体打击、车辆伤害、机械伤害、起重伤害、触电、淹溺、灼烫、火灾、高处坠落、坍塌、冒顶片帮、透水、放炮、火药爆炸、瓦斯爆炸、锅炉爆炸、容器爆炸、其他爆炸、中毒和窒息、其他伤害等。

(2)危险源

从安全生产角度解释,危险源是指可能造成人员伤害、疾病、财产损失、作业环境破坏或其他损失的根源或状态。

根据危险源在事故发生、发展中的作用,一般把危险源划分为两大类,即第一类危险源和第二类危险源。

第一类危险源是指生产过程中存在的、可能发生意外释放的能量,包括生产过程中各种能量源、能量载体或危险物质,如机械能、电能、热能、化学能、声能、光学能、生物能和辐射能等。第一类危险源是根源性的,决定了事故后果的严重程度,它具有的能量越大,发生事故的后果越严重。例如,炸药、旋转的飞轮等属于第一类危险源。

第二类危险源是指导致能量或危险物质约束或限制措施被破坏或失效的各种因素。广义上包括物的故障、人的失误、环境不良以及管理缺陷等因素。第二类危险源是状态性的,决定了事故发生的可能性,它出现得越频繁,发生事故的可能性越大。例如,人员冒险进入危险场所等。

(3)海因里希法则

海因里希法则是1941年美国安全工程师海因里希统计大量机械伤害事故后得出的结论。当时,海因里希统计了55万件机械事故,其中死亡、重伤事故1666件,轻伤事故48334件,其余则为无伤害事故。从而得出一个重要结论,即在机械事故中,伤亡、轻伤、不安全行为的比例为1∶29∶300,国际上把这一法则叫事故法则。这个法则说明,在机械生产过程中,每发生330起意外事件,有300件未产生人员伤害,29件造成人员轻伤,1件导致重伤或死亡。

海因里希法则反映了事故发生频率与事故后果严重度之间的经验性规律,且说明事故发生后其后果的严重程度具有随机性或者说其后果的严重度取决于机会因素。因此,一旦发生事故,控制事故后果的严重程度是一件非常困难的工作。为了防止严重伤害的发生,应该首先全力以赴地防止事故的发生。

二、事故致因理论

事故发生有其自身的发展规律和特点,只有掌握了事故发生的规律,才能保证安全生产系统处于有效状态。前人站在不同的角度,对事故进行研究,给出了很多事故致因理论,下面简要介绍几种。

1. 事故频发倾向论

1919年,英国的格林伍德和伍兹把许多伤亡事故发生次数按照泊松分布、偏倚分布和非均匀分布等进行统计分析后发现,当发生的事故概率不存在个体差异时,一定时间内事故发生的次数服从泊松分布。一些工人由于精神或心理方面的问题,如果在生产操作过程中造成过一次事故,当其再继续操作时,就有重复造成第二次、第三次事故的倾向,事故发生的次数服从偏倚分布。当工厂中存在许多特别容易造成事故的人员时,发生事故的次数和人数间服从非均匀分布,即每个人造成事故的概率不相同。这种情况下,事故主要是由于人的因素引起的。研究结果发现,工厂中的确存在事故频发倾向者。

在此研究基础上,1939 年,法默和查姆勃等人提出事故频发倾向理论。该理论把事故的发生仅归咎到个别人的性格特征上,认为事故多发生在极个别人身上。这些人具有容易造成事故的、稳定的、个人内在的倾向。该理论虽然认识到在事故的发生中人是非常重要的因素,但单单强调人的因素,而忽视了除人之外的其他因素,不但失之偏颇,也违背科学思想。

频发倾向理论是早期的事故致因理论,显然不符合现代事故致因理论的理念。

2. 海因里希事故因果连锁理论

1931 年,美国的海因里希在《工业事故预防》一书中,阐述了工业安全理论。该书的内容之一就是论述了事故发生的因果连锁理论,后人称其为海因里希事故因果连锁理论。

海因里希把工业伤害事故的发生过程描述为具有一定因果关系事件的连锁反应,即人员伤亡的发生是事故的结果,事故的发生原因是人的不安全行为或物的不安全状态,人的不安全行为或物的不安全状态是由于人的缺点造成的,人的缺点是由于不良环境诱发或者是由先天的遗传因素造成的。

海因里希将事故因果连锁过程概括为以下 5 个因素:遗传及社会环境、人的缺点、人的不安全行为或物的不安全状态、事故、伤害。海因里希用多米诺骨牌形象地描述这种事故的因果连锁关系。在多米诺骨牌系列中,一枚骨牌被碰倒了,则将发生连锁反应,其余几枚骨牌相继被碰倒。如果移去中间的一枚骨牌,则连锁反应被破坏,事故过程被中止。他认为,企业安全工作的中心就是防止人的不安全行为,消除机械的或物的不安全状态,中断事故连锁的进程,从而避免事故的发生。海因里希事故因果连锁的模型如图1-1 所示。

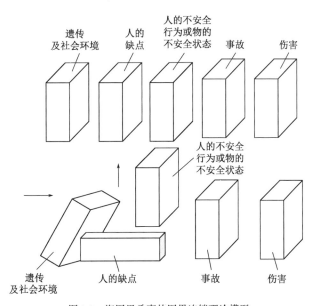

图 1-1 海因里希事故因果连锁理论模型

海因里希事故因果连锁理论较之事故频发倾向论有了明显的进步,能够较为客观地解释导致事故发生的外在原因,即事故发生的客观条件问题,但对事故发生的内在原因,即事故发生的真正内在机理,并没有做出明确的解释。

3. 能量意外释放论

能量意外释放理论从事故发生的物理本质出发,阐述了事故的连锁过程:由于管理失误引发的人的不安全行为和物的不安全状态及其相互作用,使不正常的或不希望的危险物质和能量被释放,并转移至人体、设施,造成人员伤亡和(或)财产损失。事故可以通过减少能量和加强屏蔽来预防。

能量意外释放论认为,是否会发生事故的外部条件在于能量或有害物质是否失去控制而意外释放。在正常情况下,只要能量在有效控制下按需释放,就能够发挥应有作用而不会引发事故,如核能发电,电能驱动电机做功、电灯发光,辐射能通过特定通道进行辐射透视等,都发挥了其应有作用。只有当限制能量的约束失效或被破坏,造成能量或有害物质失去控制而意外释放时,才会导致事故发生。因此,事故发生的实质就是因失控而导致的非需能量或有害物质作用的结果,也就是能量或有害物质失去控制而意外释放所致。如果失去控制的、意外释放的能量传递至人体,并且能量的作用超过了人的承受能力,人体必将受到伤害。根据能量意外释放理论,伤害性事故原因有两类:一类是接触了超过机体组织(或结构)抵抗力的某种形式的过量的能量;第二类是有机体与周围环境的正常能量交换受到了干扰(如窒息、淹溺等)。能量意外释放论的事故模型如图1-2 所示。

图1-2 能量意外释放论的事故模型

能量意外释放论从能量流转的角度,既指出了事故发生的外部条件,也揭示了事故发生的内在机理,较其他事故致因理论更为科学、合理,受到了业界专家的一致认可和广泛推崇。

4. 轨迹交叉论

轨迹交叉论是一种从事故的直接和间接原因出发研究事故致因的理论。其基本思想为:伤害事故是许多相互关联的事件顺序发展的结果。这些事件可分为人和物(包括环境)两个发展系列。当人的不安全行为和物的不安全状态在各自发展过程中,在一定时间、空间发生了接触,使能量逆流于人体时,伤害事故就会发生。而人的不安全行为和物的不安全状态之所以产生和发展,又是受多种因素作用的结果。轨迹交叉论的事故模型如图1-3 所示。

轨迹交叉论反映了绝大多数事故的情况。统计表明,80%以上的事故既与人的不安全行为有关,也与物的不安全状态有关,因而,从这个角度来看,如果采取相应措施,控制人的不安全行为或物的不安全状态,避免二者在某个时间、空间上的交叉,就会在相当大的程度上控制事故的发生。这不失为一种好的预防事故的思路,而且安全成本也会得到相应的降低。因而,轨迹交叉论对于指导事故的预防与控制,进行事故原因调查等工作,都是一种极为有效的思路。

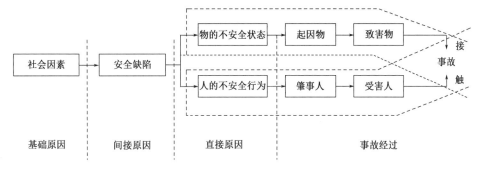

图 1-3　轨迹交叉论的事故模型

三、安全管理原理

1. 系统安全理论

系统安全,是指在系统寿命周期内应用系统安全管理及系统安全工程原理,识别危险源并使其危险性减至最小,从而使系统在规定的性能、事件和成本范围内达到最佳的安全程度。系统安全的基本原则是在一个新系统的构思阶段就必须考虑其安全性问题,制订并开始执行安全工作规划——系统安全活动,并且把系统安全活动贯穿于系统寿命周期,直到系统报废为止。

系统安全理论包括很多区别于传统安全理论的创新概念。

①在事故致因理论方面,改变了人们只注重操作人员的不安全行为,而忽略硬件故障在事故致因中作用的传统观念,开始考虑如何通过改善物的系统可靠性来提高复杂系统的安全性,从而避免事故发生。

②没有任何一种事物是绝对安全的,任何事物中都潜伏着危险因素。通常所说的安全或危险只不过是一种主观的判断。

③不可能根除一切危险源,但可以减少现有危险源的危险性。要减少总的危险性而不是只消除几种特定的风险。

④由于人的认识能力有限,有时不能完全认识危险源及其风险,即使认识了现有的危险源,随着生产技术的发展,新技术、新工艺、新材料和新能源的出现,又会产生新的危险源。安全工作的目标就是控制危险源,努力把事故发生概率降到最低,即使万一发生事故,也可以把伤害和损失控制在较轻的程度上。

2. 系统原理及运用原则

(1) 系统原理的含义

系统原理是现代管理学的一个最基本原理。它是指人们在从事管理工作时,运用系统理论、观点和方法,对管理活动进行充分的系统分析,以达到管理的优化这一目标,即用系统的管理论的观点、理论和方法来认识和处理管理中出现的问题。

安全生产管理系统是生产管理系统的一个子系统,包括各级安全管理人员、安全防护设备与设施、安全管理规章制度、安全生产操作规范和规程以及安全生产管理信息等。安全贯穿于生产活动的方方面面,安全生产管理是全方位、全天候且涉及全体人员的管理。

(2)运用系统原理的原则

①动态相关性原则。动态相关性原则告诉我们,构成管理系统的各要素是运动和发展的,它们之间相互联系又相互制约。

②整分合原则。高效的现代安全生产管理必须在整体规划下明确分工,在分工基础上有效综合,这就是整分合原则。该原则要求企业管理者在制定整体目标和进行宏观决策时,必须将安全生产纳入其中,在考虑资金、人员和体系时,都必须将安全生产作为一项重要内容考虑。

③反馈原则。反馈是控制过程中控制结果对控制机构的反作用。成功、高效的管理,离不开灵活、准确、快速的反馈。企业生产的内部条件和外部环境在不断变化,所以必须及时获取、反馈各种安全生产信息,以便及时采取行动。

④封闭原则。在任何一个管理系统内部,管理手段、管理过程等必须构成一个连续封闭的回路,才能形成有效的管理活动,这就是封闭原则。封闭原则告诉我们,在企业安全生产中,各管理机构之间、各种管理制度和方法之间,必须具有紧密的联系,形成相互制约的回路,管理才能有效。

3. 人本原理及运用原则

(1)人本原理的含义

在管理中必须把人的因素放在首位,体现以人为本的指导思想,这就是人本原理。以人为本有两层含义:一是一切管理活动都是以人为本展开的,人既是管理的主体,又是管理的客体,每个人都处在一定的管理层面上,离开人就无所谓管理;二是管理活动中,管理对象的要素和管理系统各环节都是需要人掌管、运作、推动和实施的。

(2)人本原理的运用原则

①动力原则。推动管理活动的基本力量是人,管理必须有能够激发人的工作能力的动力,这就是动力原则。对于管理系统,有三种动力,即物质动力、精神动力和信息动力。

②能级原则。现代管理理论认为,单位和个人都具有一定的能量,并且可以按照能量的大小顺序排列,形成管理的能级,就像原子中电子的能级一样。在管理系统中,建立一套合理能级,根据单位和个人能量的大小安排其工作,发挥不同能级的能量,保证结构的稳定性和管理的有效性,这就是能级原则。

③激励原则。管理中的激励就是利用某种外部诱因的刺激,调动人的积极性和创造性。以科学的手段激发人的内在潜力,使其充分发挥积极性、主动性和创造性,这就是激励原则。

4. 预防原理及运用原则

(1) 预防原理的含义

生产管理工作应该做到预防为主,通过有效的管理和技术手段,减少和防止人的不安全行为和物的不安全状态,从而使事故发生的概率降到最低,这就是预防原理。在可能发生人身伤害、设备或设施损坏以及环境破坏的场合,事先采取措施,防止事故发生。

(2) 预防原理的运用原则

①偶然损失原则。事故后果以及后果的严重程度,都是随机的、难以预测的。反复发生的同类事故,并不一定产生完全相同的后果,这就是事故损失的偶然性。偶然损失原则告诉我们,无论事故损失的大小,都必须做好预防工作。如爆炸事故,爆炸时伤亡人数、伤亡部位、被破坏的设备种类、爆炸程度以及事后是否有火灾发生都是偶然的、无法预测的。

②因果关系原则。事故的发生是许多因素互为因果连续发生的最终结果,只要诱发事故的因素存在,发生事故是必然的,只是时间或迟或早而已,这就是因果关系原则。

③"3E"原则。造成人的不安全行为和物的不安全状态的原因可归结为4个方面:技术原因、教育原因、身体和态度原因以及管理原因。针对这4方面的原因,可以采取3种防止对策,即工程技术(Engineering)对策、教育培训(Education)对策和强制管理(Enforcement)对策,即所谓"3E"原则。

④本质安全化原则。本质安全化原则是指从一开始和从本质上实现安全化,从根本上消除事故发生的可能性,从而达到预防事故发生的目的。本质安全化原则不仅可以应用于设备设施,还可以应用于建设项目。

5. 强制原理及运用原则

(1) 强制原理的含义

强制原理的含义是在安全管理活动中,通过采取强制管理的手段来控制人的意愿和行为,确保个人的活动和行为符合安全生产管理的要求,从而达到有效管理的目的。这种控制不需要被管理者的同意,即具有绝对的权威性,要求被管理对象必须无条件地遵守安全生产的相关规定。

(2) 强制原理的运用原则

①安全第一的原则。安全第一的原则就是要求在进行生产和其他工作时把安全工作放在一切工作的首要位置,任何生产或其他工作与安全发生矛盾时,应以安全为重并服从于安全需求。

②监督原则。监督原则是指在安全工作中,为了使安全生产法律法规等得到落实,必须明确安全生产监督职责,对企业生产中的守法和执法情况进行监督。

四、安全风险管理

1. 风险管理基本理论

（1）安全生产事故隐患

安全生产事故隐患（以下简称事故隐患），是指生产经营单位违反安全生产法律、法规、规章、标准、规程和安全生产管理制度的规定，或者因其他因素在生产经营活动中存在可能导致事故发生的物的危险状态、人的不安全行为和管理上的缺陷。在事故隐患的三种表现中，物的危险状态是指生产过程或生产区域内的物质条件（如材料、工具、设备、设施、成品、半成品等）处于危险状态；人的不安全行为是指人在工作过程中的操作、指示或其他具体行为不符合安全规定；管理上的缺陷是指在开展各种生产活动中所必需的各种组织、协调等行动存在缺陷。

（2）危害因素

顾名思义，危害因素即为危险、有害因素。在一般情况下，对危险因素和有害因素不加以区分，统称为危害因素。危害因素主要是指客观存在的危险、有害物质或能量超过一定限值的设备、设施和场所，也就是所谓危险源（见前述安全生产管理基本概念）。

（3）安全风险

"风险"一词在我国由来已久，在远古时期，以打鱼捕捞为生的渔民，深深地体会到"风"给他们带来了无法预测、无法确定的危险。他们认识到，在出海捕捞打鱼的生活中，"风"即意味着"险"，这就是"风险"一词的最初由来。在风险管理理论中，安全风险是事故发生的概率与事故后果严重程度的函数，具体而言，就是事故发生的概率与事故后果严重程度的乘积。其一般数学表达式为：

$$R = P \cdot C$$

式中：R——风险的数值度量；

P——风险事故发生的概率；

C——风险事故发生造成的损失。

安全风险强调的是损失的不确定性，其中包括事故发生与否的不确定性、发生时间的不确定性和导致结果的不确定性等。无论是事故发生的可能性，还是所发生事故后果的严重性，都是人们在其发生之前做出的主观预测或判断，具有主观性。

2. 危害因素与风险的关系

（1）危害因素与风险的区别

风险与危害因素最大的区别在于，危害因素是不以人的意志为转移的客观存在，而风险则是人们对危害因素导致事故发生的可能性及其后果严重程度的主观评价。因此，对于危害因素而言，关键在于能否发现它，因为只有找到它，才能有的放矢地对其进行防控,所以要发动全员参与危害因素的辨识;而风险是对事故发生可能性及其后果严重性的主观评价,需要尽可能客观、公正地评价其危险程度,以便决定是否防控及如何防控,故而对于风险的评价并不需要全员参与,而是要求训练有素的专业人士进行客观、公正的评价。

(2)危害因素与风险的联系

虽然危害因素与风险不同,但二者又有着密不可分的联系。风险是对危害因素危险程度的评价,是基于对危害因素评价而建立起来的概念,只要是危害因素都具有风险,只是程度不同而已。实际上,风险与危害因素之间的关系,一定程度上可理解为主体与属性之间的关系,其中,危害因素是主体,风险则是附属于危害因素这个主体的一种属性,就如同水与水温、水与水深的关系。水温或水深都是水的属性,没有水就无所谓水温与水深。也正是由于危害因素与风险这种密不可分的关系,人们往往把二者混淆在一起,如所谓的风险辨识实质上是危害因素辨识,因为危害因素是客观存在的,能够辨识,而风险是主观评价,是无法辨识的。

3. 风险管理与双重预防机制

国务院安全生产委员会(简称"安委会")办公室发布的《标本兼治遏制重特大事故工作指南》明确指出,"把安全风险管控挺在隐患前面,把隐患排查治理挺在事故前面,扎实构建事故应急救援最后一道防线"。下面分别从预防、控制与应急管理几个方面,对其进行分析、解读,三者之间的关系如图1-4所示。

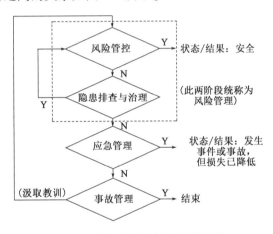

图1-4 预防、控制与应急管理的关系
Y-做好;N-未做/未做好

(1)预防

所谓预防是指要把安全风险管控挺在隐患前面,或称把潜在型危害因素控制在隐患形成之前。通过风险管理工作,辨识出需要防控的危害因素,并采取针对性预防措施,使所有危害因素都始终处于"潜在"状态,防患于未然,系统就能够处于安全状态,这就是事故防控的第一道防线。如果风险管理的预防性工作不得力,潜在型危害因素就会失控成为现实型危害因素——隐患,这时系统就濒于事故发生的边缘;反之,如果通过风险管理工作,实现对危害因素的预防性控制,使它们始终维持在"潜在"状态,就不会有发生事故的可能,这就是"把风险管控挺在隐患前面"的道理。

(2)控制

所谓控制就是使目标对象不任意活动或不超出一定范围,或使其按控制者的意愿活动。如果预防阶段出现了问题,潜在型危害因素失控就会变成现实型危害因素——隐患,如果这种情况成为普遍现象,就意味着防控屏障失去了作用,事故可能随时发生。在这种情况下,要有效遏制事故的发生,就必须使已失控的潜在型危害因素,及时得到识别并被控制,使其重新回到"潜在"状态,以防其持续失控而导致事故的发生。本阶段工作是在预防工作之后展开,为事故防控的第二道防线。由于隐患的排查与治理是在事故防控第一道屏障被突破之后所设置的第二道屏障,如果该道屏障再被突破,事故就会随时发生,故称之为"把隐患排查治理挺在事故前面"。

(3)应急管理

所谓应急管理是指为最大限度地降低事故损失,在紧急情况下或事故状态下所进行的系列处置活动。应急管理为事故防控的第三阶段,也是事故防控的最后一道防线。这是因为,如果事故防控第二阶段工作仍然没有做好,即由于管理不善等各种原因,系统内充斥着隐患,这时系统处于濒临事故发生的危险阶段,事故随时都可能发生。在这种情况下,如果能够最大限度地做好应急管理工作,在事故即将发生之际或事故的萌芽状态,甚至在事故发生的过程之中,通过应急管理,在第一时间按照应急处置程序妥善应对,或者借助外部专业救援力量,努力控制事态发展,就能够把事故损失降到最低,因此,应急管理又被称为"构建事故应急救援最后一道防线"。

4. 风险管理流程

风险管理流程,又称风险管理过程,是把风险管理的方针、程序、做法等,系统地应用到交流、协商、建立环境,以及对风险的辨识、分析、评价、处理、监测及评审活动中,从而实现对具体业务活动的风险管理。实质上,风险管理流程就是针对具体业务活动进行风险管理的一整套的规范程序。

如图 1-5 所示,在风险管理流程中,把风险管理分为交流与沟通、建立相应环境、风险评估、风险处置、监测与评审 5 大部分。其中,风险评估又包括危害因素辨识、风险分析与风险评价三个子过程。

(1)交流与沟通

要做好风险管理工作,就要在风险管理的整个过程中,即在风险管理的各个阶段,做好内外部利益相关方等的交流与沟通。通过沟通交流,使相关人员都能够了解各自在风险管理中的地位,进而有效发挥各自在风险管理中的作用,从而为实施风险管理工作奠定坚实基础、创造良好环境。

(2)建立相应环境

相应环境是指欲达到设定的管理目标组织所处的内外部环境。通过建立内外部环境,组织可以清晰表达其目标,同时,应在设定风险管理目标时考虑内外部环境参数,并为风险管理的后续过程设定范围和风险准则等。

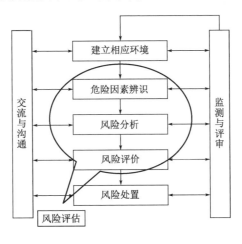

图1-5 风险管理流程图

(3)风险评估

风险评估包括危害因素辨识(风险辨识)、风险分析、风险评价的全过程。其中,危害因素辨识,是对特定风险管理范围内的危害因素进行辨识;风险分析即分析确定危害因素可能引发事故的概率,以及可能发生事故后果的严重程度;风险评价即通过风险分析结果与风险准则的对比,确定风险及其量级能否被接受或容许的过程,并以此判定是否需要采取风险防控措施以及防控的优先次序等。

(4)风险处置

针对不同程度、类型或性质的风险,应分别采取不同类型的处置措施,以达到风险防控的目的。综合考虑收益与成本(正向风险)或损失与成本(负向风险),对不同类型风险的处置措施一般包括:风险规避、风险降低、风险自留以及风险转移(表1-1)。

几种典型的风险处置策略   表1-1

序号	名称	特点	案例
1	风险规避	取消或放弃执行项目,一般是比较消极和保守的处理方式	因某项目风险太大而放弃
2	风险降低	为改变风险程度所采取的措施,包括降低事故发生概率,降低事故后果严重程度	采取消除、替代、工程控制、管理控制及自我防护等措施,降低风险程度
3	风险自留	接受进行风险处置后的剩余风险	经过风险消减控制,把风险降低至可接受程度
4	风险转移	转嫁、转移、分担风险	通过购买保险,将风险转移

(5)监测与评审

为了验证风险防控措施的有效性,为持续改进措施提供依据,需要对风险管理过程进行监测与评审。通过监测与评审，既可以从事物的发展变化中及时发现问题，采取有效的应对措施，也可以总结经验教训，做到持续改进。

五、生产安全事故隐患管理

1. 事故隐患基本概念

（1）事故隐患分级

事故隐患分为一般事故隐患和重大事故隐患。一般事故隐患，是指危害和整改难度较小，发现后能够立即整改排除的隐患。重大事故隐患，是指危害和整改难度较大，应当全部或者局部停产停业，并经过一定时间整改治理方能排除的隐患，或者因外部因素影响致使生产经营单位自身难以排除的隐患。

事故隐患是衍生类危害因素，也就是防控屏障上的缺陷、漏洞，是危害因素的一部分。因此，事故隐患与危害因素一样，都是可能导致事故发生的客观存在。要预防事故发生，必须把它们辨识（排查）出来。风险则是判定这些客观存在所具有危险程度的主观评价，因此，风险与事故隐患之间的关系，就是主观评价与客观存在的关系。

为提升公路水运工程建设安全管理水平，有效防范和遏制生产安全事故，交通运输部于 2023 年 5 月印发《公路水运工程施工安全治理能力提升行动方案》，要求各地区对工程项目开展重大事故隐患排查整治工作，并进行监督检查，对发现的重大事故隐患要紧盯不放，督促参建单位坚决整改落实到位。该方案给出了公路工程建设项目施工安全重大事故隐患基础清单，见表1-2。

公路工程建设项目施工安全重大事故隐患基础清单　　　　表1-2

工程类别	施工环节	隐患编号	隐患内容	易引发事故类型	判定依据
基础管理	方案管理	GJ-001	未按规定编制或未按程序审批危险性较大工程专项施工方案；超过一定规模的危险性较大工程的专项施工方案未组织专家论证、审查；未按照专项施工方案组织施工；不配备应急救援队伍，不开展应急演练	坍塌等	JTG F90[①]——3.0.2、3.0.9
辅助施工	施工驻地及场站建设（含临时设施搭设）	GF-001	在大型设备设施倾覆影响范围内设置办公区、生活区；临时驻地或场站建设不符合规范要求设置在危险区域	坍塌、起重伤害	JTG F90[①]——4.1.1、4.1.2、4.1.3、4.4
		GF-002	生活区、办公区等人员密集场所与集中爆破区、易燃易爆物、危化品库、高压电力线的安全距离不足	火灾、爆炸	

续上表

工程类别	施工环节	隐患编号	隐患内容	易引发事故类型	判定依据
辅助施工	施工驻地及场站建设（含临时设施搭设）	GF-003	生活、办公用房、易燃易爆危险品库等重点部位消防安全距离不符合要求且未采取有效防护措施；生活、办公用房、易燃易爆危险品库等建筑构件的燃烧性能等级未达到A级，不符合GB 8624和GB/T 23932要求	火灾、爆炸	JTG F90[①]——4.1.1、4.1.2、4.1.3、4.4
	钢围堰施工	GF-004	未定期开展围堰监测监控，工况发生变化时未及时采取有效的管控措施；碰撞、随意拆除、擅自削弱围堰内部支撑杆件或在其上堆放重物，碰撞造成杆件变形等缺陷未及时修复；水上钢围堰未科学设置船舶驻泊位置，随意驻泊施工船舶，无船舶防撞措施；未进行焊缝检验及水密试验	坍塌、淹溺	JTG/T F50[②]——13.2.4、77号文件[④]
通用作业	模板工程	GT-001	爬模、翻模施工脱模或混凝土承重模板拆除时，混凝土强度未达到设计或规范要求；拆除顺序未按施工方案要求进行；模板支架承受的施工荷载超过设计值；预埋件和锚固点未按设计或方案布置，数量不足；紧固螺栓安装数量不足，材质不符合要求或紧固次数超过产品使用要求	坍塌	JTG F90[①]——5.2.13、5.2.15
	支架作业	GT-002	支架的地基或基础未按要求处理；支架未按要求预压、验收；支架搭设使用明令淘汰的钢管材料，无产品合格证、未经检验或检验不合格的管材、构件	坍塌	JTG F90[①]——5.2.1、5.2.5、5.2.6、5.2.7
	作业平台	GT-003	墩柱及盖(系)梁施工、跨越式支架搭设、围堰拼装、设备安装等高处作业和水上作业施工未按要求设置作业平台或使用登高设备；高处作业平台未按要求设置平台上下通道；作业平台未按规定进行设计验算，或超载使用	坍塌、高处坠落	JTG F90[①]——5.3.5、5.3.7、8.9.2；JTG/T 3650[②]——15.4.18
	设备设施作业和特种作业	GT-004	使用未经检验或验收不合格的起重机械，未按要求安装、拆除起重设备，使用汽车式起重机、塔式起重机等起重机械吊运人员；隧道洞内运输车辆未年检，人货混装；隧道场内特种作业人员无证上岗，违规动火作业，无专人监护	起重伤害、车辆伤害、火灾	JTG F90[①]——5.6.1、5.6.2

续上表

工程类别	施工环节	隐患编号	隐患内容	易引发事故类型	判定依据
通用作业	爆破作业	GT-005	路基爆破作业未设置警戒区；隧道内存放、加工、销毁民用爆炸物品；使用非专用车辆运输民用爆炸物品或人药混装运输；在爆破15min后，未检查盲炮立即施工的	火灾、爆炸	TG F90[①]——5.8.3、5.8.6、5.8.9
通用作业	改扩建工程	GT-006	未按施工区交通组织方案实施	车辆伤害、物体打击、坍塌	TG F90[①]——11.1.1
路基工程	高边坡施工	GL-001	含岩堆、松散岩石或滑坡地段的高边坡开挖、排险、防护措施不足；未按照自上而下的顺序逐级开挖、逐级防护；未有效开展边坡稳定性监测；靠近交通要道作业时不设置隔离防护、警示标志等措施	坍塌	JTG F90[①]——6.8.1、6.8.2
桥梁工程	深基坑施工	GQ-001	深基坑未按要求逐级开挖逐级支护；未按要求进行降(排)水、放坡；未按要求开展变形监测，出现大量渗水、流土、管涌等情况未及时处理	坍塌	JTG F90[①]——8.8.4
桥梁工程	大型沉井下沉	GQ-002	邻近建(构)筑物、地下管线、沉井箱体未监测或监测出现异常并超过预警值；未按既定开挖范围和深度进行开挖；不排水下沉时，沉井内水头高度不按要求控制；水中沉井初沉未考虑水流对河床冲刷影响	坍塌	JTG/T 3650[②]——11.3、11.4、11.5
桥梁工程	移动模架施工	GQ-003	移动模架支撑系统未按设计或方案施工造成承载能力不足；移动模架拼装完毕或过孔后未进行验收；浇筑前未按要求进行预压或预压不合格即使用	坍塌	JTG F90[①]——8.11.2；JTG/T 3650[②]——17.4
桥梁工程	架桥机施工	GQ-004	架桥机经过改装等情形，但未按规定检测；架桥机未调平即开展架梁作业；横坡、高差、梁重等架梁工况超过或濒临架桥机允许值；在道路、航道上方进行梁板安装或架桥机移动过孔期间，未采取临时管控措施	坍塌	JTG F90[①]——8.11.3；JTG/T 3650[②]——17.2.9、17.6.14
桥梁工程	挂篮施工	GQ-005	两端悬臂上荷载的实际不平衡偏差超过设计规定值或梁段重的1/4；挂篮拼装后未预压、锚固不规范；混凝土强度、弹性模量等未达到要求或恶劣天气时移动挂篮	坍塌	TG F90[①]——8.11.4、8.13.4；JTG/T 3650[②]——17.5.1

续上表

工程类别	施工环节	隐患编号	隐患内容	易引发事故类型	判定依据
隧道工程	洞内施工	GS-001	未按规范或方案要求开展超前地质预报;未监控围岩变形和有毒有害气体,浓度超标时施工作业	坍塌、突水涌泥	JTG F90①——9.1.15;7.1.6;JTG/T 3660③——13.2
		GS-002	勘察设计与实际地质条件不符,没有进行动态设计;未按规范或方案要求开挖支护;地质条件改变,隧道开挖方法与围岩不适应		JTG F90①——9.17.6、9.5;JTG/T 3660③——18.1.10
		GS-003	仰拱一次开挖长度不符合方案要求;仰拱与掌子面的距离、二次衬砌与掌子面的距离不符合设计、标准规范或专项论证要求;仰拱未及时封闭成环		JTG F90①——9.3.13 104号文件⑤
	盾构隧道	GS-004	盾构盾尾密封失效;盾构未按规定带压开仓检查换刀	坍塌、突水涌泥	JTG F90①——9.12.1
	瓦斯隧道施工	GS-005	瓦斯检测与防爆设施不符合方案要求,未根据瓦斯等级要求采用防爆供配电系统和设备;爆破作业未按规定采用煤矿许用炸药和雷管;高瓦斯隧道或瓦斯突出隧道未按设计或方案要求进行揭煤防突、设置风电闭锁和甲烷电闭锁设施;工区任意位置瓦斯浓度超过设计规定限值	瓦斯爆炸	JTG F90①——9.11.8、9.11.10;JTG/T 3660③——16.6.6、16.6.7

注:①《公路工程施工安全技术规范》(JTG F90—2015);
②《公路桥涵施工技术规范》(JTG/T 3650—2020);
③《公路隧道施工技术规范》(JTG/T 3660—2020);
④交通运输部办公厅《转发重庆市交通委员会关于加强桥梁工程双壁钢围堰施工安全管理工作的通知》(交办安监〔2015〕77号);
⑤安全监管总局、交通运输部、国资委、铁路局关于印发《隧道施工安全九条规定》的通知(安监总管二〔2014〕104号)。

(2)事故隐患排查

事故隐患排查是指生产经营单位组织安全生产管理人员、工程技术人员和其他相关人员对本单位的事故隐患进行排查,并对排查出的事故隐患按照事故隐患的等级进行登记,建立事故隐患信息档案。

生产经营单位应当建立健全事故隐患排查治理制度,生产经营单位主要负责人对本单位事故隐患排查治理工作全面负责。任何单位和个人一旦发现事故隐患,均有权向安全监管监察部门和有关部门报告。

(3)事故隐患治理

事故隐患治理是指消除或控制隐患的活动或过程。对排查出的事故隐患,应当按照事故隐患的等级进行登记,建立事故隐患信息档案,并按照职责分工实施监控治理。对于一般事故隐患,由于其危害和整改难度较小,发现后应当由生产经营单位(如企业、项目、班组等)负责人或者有关人员立即组织整改。对于重大事故隐患,由生产经营单位主要负责人组织制订并实施事故隐患治理方案。

2. 事故隐患排查治理

施工单位应做好事故隐患自查工作,施工单位项目负责人对本合同段施工阶段隐患排查治理负全责。应以项目领导班子为决策管理机构,以质量安全管理部门为主要办事机构,以基层安全管理人员为骨干,以全体员工为基础,形成从上至下的组织保证。形成从主要负责人到一线员工的隐患排查治理工作网络,确定各个层级的隐患排查治理职责。对设计中存在的施工安全考虑不足,缺乏防范生产安全事故技术措施的,施工单位应及时向监理机构报告,由建设单位组织设计、监理、施工单位复核,设计单位应提交自查报告。

(1)事故隐患排查治理程序

事故隐患排查治理应按照排查登记、公示公告、防范或整改、验收销号、监督检查等程序进行处理。

①排查登记。施工单位项目负责人应根据所在省(区、市)统一的排查要求对各施工工序及设备、危险物品、现场环境与驻地等开展一次全面排查,将排查出的事故隐患分级建档,登记编号,对重大及特别重大的事故隐患,应由建设单位报当地交通主管部门,其中特别重大的事故隐患还应报省(区、市)交通主管部门。当事故隐患等级可能随时间、外界条件变化时,应注重动态监控并在档案中及时调整其等级,对升级为重大及特别重大的事故隐患应予以补报,对降级的事故隐患亦应作相应报告。

②公示公告。施工项目部应当如实向施工作业班组、作业人员详细告知作业场所和工作岗位存在的危险因素、危险特征及防范措施,由双方签字确认。在作业场所明显部位应设置重大及特别重大的事故隐患公示牌还应制订应急预案并告知作业人员与现场相关人员,必要时组织演练。

在上述场所应设置明显安全警示标志,在无法封闭施工的工地,还应当悬挂当日施工现场危险告示,以告知路人和社会车辆。

③防范或整改。施工单位处在危险区域有潜在危险的驻地应坚决搬迁,在有危险的作业点采取有效防范措施,对施工机具进行登记管理,在使用维修前应加强检查,对所有隐患的防范措施应一一审核是否有操作性、是否有效。监理单位应加强对防范整改的监督检查,并对施工单位的整改情况加以书面确认。建设单位应制订奖惩措施,对无防范措施或措施无效及整改不力的施工项目部严格惩处,对仍存在重大及特别重大事故隐患的场所、部位立即停工整顿。

④验收销号。建设单位应制定本项目隐患排查治理的验收销号标准。当有完善有效的防范措施时可验收,但应确保无隐患或施工完工方可销号。在建设单位组织验收销号前,施工单位应先组织自验,项目验收销号结果应按项目管理的隶属关系向交通主管部门报告。对难以按时消除事故隐患的,应制订监控措施,落实责任人和整改时限。

⑤监督检查。根据事故隐患的严重程度和有关规定,省级交通主管部门应将存在重大事故隐患的项目纳入重点督查计划,落实现场督导人员和措施;对未通过验收或销号的项目,应督促建设单位查清原因,落实监控和治理措施。

(2)一般隐患治理

①现场立即整改隐患。违反操作规程和劳动纪律的行为的隐患,属于人的不安全行为的一般隐患,排查人员一旦发现,应当要求立即整改,并如实记录,以备对此类行为进行统计分析,确定是否为习惯性或群体性隐患。有些设备设施方面简单的不安全状态,如安全装置没有启用、现场混乱等,也可以要求现场立即整改。

②限期整改隐患。有些隐患难以做到立即整改,但也属于一般隐患的,则应限期整改。限期整改通常由排查人员或排查主管部门对隐患所属单位发出"隐患整改通知",内容中需要明确列出如隐患情况的排查发现时间和地点、隐患情况的详细描述、隐患发生原因的分析、隐患整改责任的认定、隐患整改负责人、隐患整改的方法和要求、隐患整改完毕的时间要求等。

限期整改需要全过程监督管理,除对整改结果进行"闭环"确认外,也要在整改工作实施期间进行监督,以发现和解决可能临时出现的问题,防止拖延。

(3)重大隐患治理

针对重大隐患,应制订专门的排查治理方案,并报监理工程师审核批准。由于重大隐患治理的复杂性和较长的周期,在没有完成治理前,还要有临时性的措施和应急预案,治理完成后还有书面申请以及接受核查等工作。

此外,对检查过程中发现的重大事故隐患,应当下达整改指令书,并建立信息管理台账。同时,根据事故隐患的严重程度和有关规定,必要时,应报告上级交通主管部门并对重大事故隐患实行挂牌督办。

(4)巡视检查

监理工程师应对施工现场安全生产情况进行巡视检查,监督施工单位应落实各项安全措施。发现有违规施工和存在安全事故隐患的,应要求施工单位整改。情况严重的,由总监理工程师下达工程暂停施工令,并报告建设单位,施工单位拒不整改或不停止施工的,应及时向当地政府有关部门书面报告。在巡视中,如果发现存在安全隐患,应及时签发《监理通知单》,责成施工单位整改,并更正整改结果。隐患巡查工作如图1-6所示。

3. 事故隐患排查治理监督管理

各级安全生产监督管理部门按照职责对所管辖区域内生产经营单位排查治理事故隐患工作依法实施综合监督管理。

安全生产监督管理部门应当指导、监督生产经营单位事故隐患排查治理工作,根据隐患排查治理工作情况制定相应的专项监督检查计划,并按计划进行监督检查。

安全生产监督管理部门对检查中发现的隐患,应当责令撤出作业人员,暂时停产停业或者停止使用相关设施、设备。对存在重大事故隐患的生产经营单位依法作出相应处理决定,生产经营单位拒不执行的,可依法采取强制执行措施。

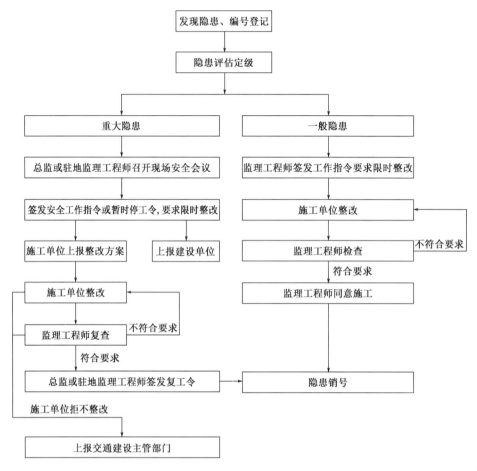

图1-6 隐患排查治理具体流程

安全生产监督管理部门收到生产经营单位恢复生产经营的申请后,应当在10个工作日内进行现场审查。审查合格的,同意恢复生产经营;审查不合格的,依法处理。

单元二
安全生产法律法规

一、国家安全生产方针

1. 安全生产方针概述

《中华人民共和国安全生产法》(2021版)第三条规定:"安全生产工作应当以人为本,坚持人民至上、生命至上,把保护人民生命安全摆在首位,树牢安全发展理念,坚持安全第一、预防为主、综合治理的方针,从源头上防范化解重大安全风险。"

所谓"方针",是指指导一个领域、一个方面各项工作的总的原则,这个领域、这个方面的各项具体制度、措施,都必须符合、体现这个方针的要求。国家安全生产方针,是长期实践的经验总结,是开展安全生产工作的总的指导方针。

2. 安全生产方针释义

(1)安全第一

在生产经营活动中,在处理保证安全与实现生产经营活动的其他各项目标的关系上,要始终把安全,特别是从业人员、其他人员的人身安全放在首要位置,遵循"安全优先"的原则。在确保安全的前提下,努力实现生产经营的其他目标。当安全工作与其他活动发生冲突和矛盾时,其他活动要服从安全工作的需要,绝不能以牺牲人的生命、健康为代价换取发展和效益。"安全第一"体现了以人为本的发展思想,是"预防为主,综合治理"的统领思想,没有"安全第一"的思想,"预防为主"就失去了思想支撑,"综合治理"就失去了落实依据。

(2)预防为主

预防为主,是安全生产工作的重要任务和价值所在,是实现安全生产的根本途径。所谓预防为主,就是要把预防生产安全事故的发生放在安全生产工作的首位。对安全生产的管理,不是在发生事故后去组织抢救,进行事故调查,找原因、追责任、堵漏洞,而是要谋事在先、尊重科学、探索规律，采取有效的事前控制措施，千方百计预防事故的发生，做到防患于未然，将事故消灭在萌芽状态。只要思想重视，预防措施得当，绝大部分事故，特别是重大事故是可以避免的。坚持预防为主，就要坚持培训教育为主，在提高生产经营单位主要负责人、安全管理人员和从业人员的安全素质上下功夫，最大程度地减少违章指挥、违章作业、违反劳动纪律的情况，努力做到"不伤害自己，不伤害他人，不被他人伤害，保护他人不被伤害"。只有把安全生产的重点放在建立事故隐患预防体系上，超前防范，才能有效避免和减少事故，实现安全第一。

（3）综合治理

将"综合治理"纳入安全生产方针，标志着对安全生产的认识上升到一个新的高度，是贯彻落实新发展理念的具体体现。所谓综合治理，就是要综合运用法律、经济、行政等手段，从发展规划、行业管理、安全投入、科技进步、经济政策、教育培训、安全文化以及责任追究等方面着手，建立安全生产长效机制。综合治理，是秉承"安全发展"的理念，从遵循和适应安全生产的规律出发，运用法律、经济、行政等手段，多管齐下，并充分发挥社会、职工、舆论的监督作用，形成标本兼治、齐抓共管的格局。综合治理，是一种新的安全管理模式，它是保证"安全第一，预防为主"的安全管理目标实现的重要手段和方法，只有不断健全和完善综合治理工作机制，才能有效贯彻安全生产方针。

3. 从源头上防范化解重大安全风险

要健全风险防范化解机制，坚持从源头上防范化解重大安全风险，真正把问题解决在萌芽之时、成灾之前。实践一再表明，许多事故的发生，都经历了从无到有、从小到大、从量变到质变的动态发展过程。因此，从"以事故处置为主"的被动反应模式向"以风险预防为主"的主动管控模式转变，是一种更经济、更安全、更有效的应急管理策略。具体而言，应严格实施安全生产市场准入制，经济社会发展要以安全为前提，严防风险演变、隐患升级导致生产安全事故发生。比如，地方各级政府、有关生产经营单位应当建立完善安全风险评估与论证机制，科学合理确定企业选址和基础设施建设、居民生活区空间布局；高危项目审批必须把安全生产作为前置条件，国土空间规划布局、设计、建设、管理等各项工作必须以安全为前提，建立和实施超前防范的制度措施，实行重大安全风险"一票否决"，通过这些防范措施，最大程度地降低事故发生概率。

二、安全生产法律体系

1. 法律法规

安全生产相关法律由全国人民代表大会及其常务委员会制定，以国家主席令形式发布，在全国范围内施行，地位和效力仅次于宪法。安全生产行政法规由国务院依法制定并以总理令形式发布。目前已发布实施的涉及安全生产的法律法规见表1-3。

安全生产法律法规　　表1-3

序号	名称	实施时间	备注	类别
1	中华人民共和国安全生产法	2002.6.29	2021.6.10 第三次修正	法律
2	中华人民共和国建筑法	1997.11.1	2019.4.23 第二次修正	法律
3	中华人民共和国刑法	1979.7.1	2020.12.26 第十一次修正	法律
4	中华人民共和国劳动法	1994.7.5	2018.12.29 第二次修正	法律
5	中华人民共和国劳动合同法	2007.6.29	2012.12.28 修正	法律
6	中华人民共和国消防法	1998.4.29	2021.4.29 第二次修正	法律
7	中华人民共和国特种设备安全法	2013.6.29		法律
8	中华人民共和国突发事件应对法	2007.8.30		法律
9	中华人民共和国职业病防治法	2001.10.27	2018.12.29 第四次修正	法律
10	建设工程安全生产管理条例	2003.11.12		行政法规
11	民用爆炸物品安全管理条例	2006.5.10	2014.7.29 修订	行政法规
12	生产安全事故报告和调查处理条例	2007.6.1		行政法规
13	特征设备安全监察条例	2003.3.11	2009.1.24 修订	行政法规
14	危险化学品安全管理条例	2002.1.26	2013.12.7 修正	行政法规
15	工伤保险条例	2003.4.27	2010.12.20 修正	行政法规

2. 部门规章

由国家相关部委制定并以部长令形式发布。目前已颁布实施的涉及公路工程安全生产的部门规章主要有《公路水运工程安全生产监督管理办法》《隧道施工安全九条规定》等。

3. 地方法规和规章

由省、自治区、直辖市的人民代表大会及其常务委员会和地方人民政府制定并发布。

三、公路工程安全生产监督管理

1. 公路工程安全生产监督管理体系

目前,我国形成了综合管理与行业监督相结合、国家监管与地方监管相结合的新的安全生产监督管理体制,公路工程安全生产监督管理体系如图1-7所示。

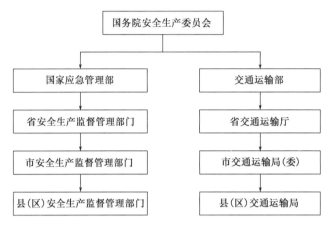

图1-7 公路工程安全生产监督管理体系

国务院安全生产委员会为全国建设工程安全生产综合监管最高机构,办公室工作由应急管理部承担。全国公路工程安全生产的监督管理工作由交通运输部负责。

县级以上地方安全生产监督管理部门对本行政区域内建设工程安全生产工作实施综合监管;公路工程安全生产工作行业监管由省交通运输厅或市县交通运输管理局按属地范围实施。

交通运输主管部门应当建立公路水运工程从业单位和从业人员安全生产违法违规行为信息库,实行安全生产失信黑名单制度,并按规定将有关信用及时纳入交通运输和相关统一信用信息共享平台,依法向社会公开。

任何单位和个人、媒体可通过行业主管部门定期发布的公路建设信息、施工现场的公示信息等渠道,对建设中违反法律、法规的行为进行监管、检举和投诉。

2. 公路工程参建单位主要安全责任

根据《中华人民共和国安全生产法》《建设工程安全生产管理条例》《公路水运工程安全生产监督管理办法》的相关规定,各参建单位的安全生产责任如下:

(1)建设单位

①建设单位对工程项目安全生产负有主导责任,应加强工程项目各阶段安全工作的综合协调管理,按照合同约定督促工程参建单位落实安全生产责任。

②应向施工单位提供施工现场及毗邻区域内供水、排水、供电、供气、供热、通信、广播电视等地下管线资料,气象和水文观测资料,相邻建筑物和构筑物、地下工程的有关资料,并保证资料真实、准确、完整。

③不得对勘察设计、施工、监理等单位提出不符合建设工程安全生产法律、法规和强制性标准规定的要求,不得压缩合同约定的工期。

④在编制工程概算时,应确定建设工程安全作业环境及安全施工措施所需费用。

⑤不得明示或者暗示施工单位购买、租赁、使用不符合安全施工要求的安全防护用具、机械设备、施工机具及配件、消防设施和器材。

⑥在办理施工许可或申领施工许可证时,应提供工程项目有关的安全施工措施资料。

⑦应依法将工程项目发包给具有相应资质等级的单位。建设单位与勘察、设计、施工、监理、检测、监测等单位签订的合同中,应明确双方安全生产责任。

(2)勘察单位

①勘察单位应当按照法律、法规和工程建设强制标准进行勘察,重视地质环境对安全的影响,提交的勘察文件应当真实、准确,满足工程安全生产的需要。

②勘察单位应当对有可能引发工程安全隐患的地质灾害提出防治建议。

(3)设计单位

①设计单位应当按照法律、法规和工程建设强制性标准进行设计,防止因设计不合理导致安全生产隐患或者生产安全事故的发生。

②采用新结构、新材料、新工艺的工程和特殊结构的工程,设计单位应当在设计文件中提出保障施工作业人员安全和预防生产安全事故的措施建议。

(4)监理单位

①监理单位和监理人员应按照法律法规、规章和标准规范实施监理,并对工程项目安全生产承担监理责任。

②监理单位应审查施工合同约定的项目安全生产条件、施工组织设计中的安全技术措施、危险性较大工程的专项施工方案,以及项目安全生产专项费用计提使用情况。未经监理单位审查签字认可,施工单位擅自施工的,监理单位应及时下达工程暂停令,施工单位拒不执行时,应及时将情况书面报告建设单位。

③监理单位应按规定核查施工单位特种设备进场检验验收情况,组织施工安全检查,督促事故隐患排查治理,按季度做好"平安工地"考核评价工作。

④在监理巡视检查时,发现生产安全事故隐患的,应按规定及时下达书面指令要求施工单位进行整改或停止施工。施工单位拒绝整改或者整改不到位时,监理单位应及时将情况向建设单位报告。

(5)施工单位

①施工单位是安全生产责任的主体,主要负责人依法对本单位安全生产工作全面负责。项目负责人应由取得相应执业资格证书的人员担任,经授权对相应工程项目的施工安全生产负责。

②工程项目实行施工总承包的,总承包单位对施工现场安全生产负总责。总承包单位依法将建设工程分包给其他单位的,应在分包合同中明确各自的安全生产的权利义务,总承包单位和分包单位对分包工程的安全生产承担连带责任。

③列入工程概算的安全作业环境及安全施工措施所需费用,应用于施工安全防护用具及设施的采购和更新、安全施工措施的落实、安全生产条件的改善。安全施工措施费应单列,专款专用,不得挪作他用。

④施工组织设计方案应明确安全技术措施,危险性较大的分部分项工程还应编制专

项施工方案,并附安全验算结果,经施工单位技术负责人、总监理工程师签字后实施,超过一定规模的危险性较大的分部分项工程,施工单位应组织专家对专项施工方案进行论证、评审。施工单位应按规定制订施工现场临时用电方案。

⑤施工单位应将施工现场的办公、生活区与作业区分开设置,并保持安全距离。现场临时搭建的建筑物应符合安全使用要求,使用装配式活动房屋应具有产品合格证。施工单位不得在尚未竣工的建筑物内设置员工集体宿舍。职工的膳食、饮水、休息场所等应符合卫生标准。

⑥施工单位应在施工现场出入口、沿线各交叉口、施工起重机械所在处、拌和场、临时用电设施所在处、爆破物及有害危险气体和液体存放处,以及孔洞口、隧道口、基坑边沿、脚手架边沿、码头边沿、桥梁边沿等危险部位,设置明显的符合国家标准的安全警示标志或者采取必要的安全防护设施。

⑦施工单位应建立健全消防安全责任制度,确定消防安全责任人,制定用火、用电、使用易燃易爆材料等各项消防管理制度和操作规程,设置消防通道,配备相应的消防设施和灭火器材,并在施工现场入口处设置明显标志。工程施工前,施工单位应将有关施工安全技术要求分三级向施工项目部各职能部门、施工作业班组、一线作业人员作出详细说明,向作业人员书面告知危险岗位的操作规程和应急措施,并由双方签字确认。

⑧施工单位应定期开展安全检查评价和隐患治理工作,消除安全事故隐患。专职安全员应按规定每日巡查施工现场安全生产状况,并做好检查记录,发现安全事故隐患时,应及时向项目安全管理机构负责人报告。对违章指挥、违章操作的,应立即制止。一时难以消除的事故隐患,施工单位应制订治理方案,明确治理的措施、时限、资金、验收和责任人等要素。

⑨施工单位应根据不同施工阶段、周围环境及季节、气候的变化,在施工现场采取相应的安全施工措施。施工现场暂时停止施工的,应做好现场防护,所需费用由责任方承担,或按合同约定执行。

⑩施工单位对因工程施工可能被损害的毗邻建筑物、构筑物和地下管线等,应进行安全风险论证并采取专项防护措施。施工单位应遵守环境保护相关法律法规,在施工现场采取措施,防止或减少粉尘、废气、废水、固体废物、噪声、振动和施工照明对人和环境的危害和污染。

⑪施工现场的安全防护用具、机械设备、施工机具及配件必须由专人管理,定期进行检查、维修和保养,建立相应的资料档案。采购、租赁的安全防护用具、机械设备、施工机具及配件,应具有生产(制造)许可证、产品合格证,在进入施工现场前进行查验。

⑫安装、拆卸施工起重机械、整体提升脚手架、模板等自升式架设设施,必须由具有相应资质的单位承担。使用前,应组织有关单位进行验收,也可以委托具有相应资质的检验检测机构进行验收(并出具相关验收合格证明文件)。使用承租的机械设备、施工机具及配件的,应由施工总承包单位、分包单位、出租单位和安装单位共同进行验收、验收合格的方可使用。使用起重机械等特种设备,在验收前应经有相应资质的检验检测机构

监督检验合格。

⑬施工单位在签订的起重机械租赁合同中,应明确租赁双方的安全责任,要求租赁单位提供起重机械特种设备制造许可证、产品合格证、制造监督检验证明、备案证明和自检合格证明,提供安装使用说明书。

⑭作业人员应遵守安全施工的规章制度、强制性标准和操作规程防护用具、机械设备,有权对施工现场的作业条件、作业程序和作业方式中存在问题提出批评、检举和控告,有权拒绝违章指挥和强令冒险作业。发生危及人身安全的紧急情况时,有权立即停止作业或者在采取必要的应急措施后撤离危险区域。

⑮施工单位应建立安全培训教育制度,对管理人员和作业人员每年至少进行一次安全生产教育培训,作业人员进入新的岗位、新的施工现场前或在采用新技术、新工艺、新设备、新材料时应接受安全生产教育培训。未经安全生产教育培训或者教育培训考核不合格的人员,不得上岗作业。

⑯施工单位应针对本工程项目特点制订生产安全事故应急预案,定期组织演练。发生事故时,施工单位应立即采取措施减少人员伤亡和事故损失,启动应急预案,并按有关规定及时、如实地向建设单位、监理单位和事故发生地的公路水运工程安全生产监督管理部门以及地方安全监督部门报告。

3. 公路工程参建单位主要安全责任

本部分安全责任主要指法律责任。法律责任是指法律关系主体对违反法律规范、不履行法定义务所产生的法律后果应当承担的责任。主要包括:

(1)责任追究

责任追究应遵从依法从严处罚的原则。《安全生产法》一是规定了事故行政处罚和终身行业禁入的标准;二是加大罚款处罚力度;三是建立了严重违法行为公告和通报制度。

(2)违法行为

安全生产违法行为分为作为和不作为两种。作为是指责任主体从事了法律禁止的活动而触犯法律的行为;不作为是指责任主体不履行法定义务而触犯法律的行为。

(3)责任形式

承担安全生产违法行为法律责任的三种形式为行政责任、民事责任和刑事责任。

(4)责任主体

①有关人民政府和负有安全生产监督管理职责的部门及其领导人、负责人;

②生产经营单位及其负责人、有关主管人员;

③生产经营单位的从业人员;

④安全生产中介服务机构和安全生产中介服务人员。

4. 重要安全生产罪名

(1)重大责任事故罪

《刑法》规定:在生产、作业中违反有关安全管理的规定,因而发生重大伤亡事故或者造成其他严重后果的,处三年以下有期徒刑或者拘役;情节特别恶劣的,处三年以上七年以下有期徒刑。

(2)强令违章冒险作业罪

《刑法》规定:强令他人违章冒险作业,或者明知存在重大事故隐患而不排除,仍冒险组织作业,因而发生重大伤亡事故或者造成其他严重后果的,处五年以下有期徒刑或者拘役;情节特别恶劣的,处五年以上有期徒刑。

(3)重大劳动安全事故罪

《刑法》规定:安全生产设施或者安全生产条件不符合国家规定,因而发生重大伤亡事故或者造成其他严重后果的,对直接负责的主管人员和其他直接责任人员,处三年以下有期徒刑或者拘役;情节特别恶劣的,处三年以上七年以下有期徒刑。

(4)工程重大安全事故罪

《刑法》规定:建设单位、设计单位、施工单位、工程监理单位违反国家规定,降低工程质量标准,造成重大安全事故的,对直接责任人员,处五年以下有期徒刑或者拘役,并处罚金;后果特别严重的,处五年以上十年以下有期徒刑,并处罚金。

(5)不报、谎报安全事故罪

《刑法》规定:在安全事故发生后,负有报告职责的人员不报或者谎报事故情况,贻误事故抢救,情节严重的,处三年以下有期徒刑或者拘役;情节特别严重的,处三年以上七年以下有期徒刑。

单元三
安全教育培训

任务一　安全教育培训要求

学习目标

（1）了解安全教育培训基本要求及各类人员安全教育培训规定。
（2）能制订安全教育培训计划。

任务要求

某道路建设工程合同段员工包括项目经理、安全专职人员、管理及技术人员、特殊工种、普通员工及新入职员工。该合同段项目经理部下设工程科、质检科、财务科、机料科、安全科、办公室、合同科、实验室等职能科室。根据项目开工点分布情况分为3个土建工区及1个路面工区，对工程实施进行全方位的管理。为了提高施工安全管理力度，本项目指派2名安全管理经验丰富的人员担任项目部专职安全管理经理和安全负责人。项目部组织机构如图1-8所示。

若你为该项目部的安全工程师，请结合上述情况填写项目部年度安全教育培训计划表。

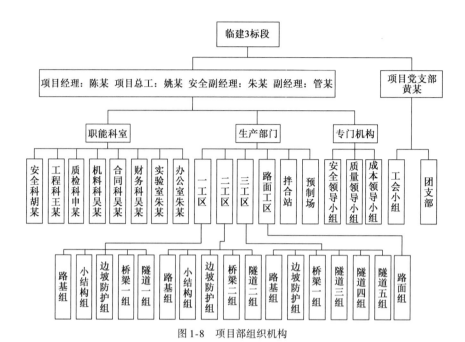

图 1-8 项目部组织机构

姓名：_____ 班级：_____ 学号：_____

_____建设项目

安全教育培训计划表

单位名称：

计划培训日期	受培训部门	计划参加人员	培训主题	备注

导学 问题

(1) 上述合同段员工，哪些人员必须获得《安全生产考核合格证书》后方可上岗？

(2) 项目总工应当接受的安全培训包括哪些内容？

提示 参见《生产经营单位安全培训规定》(2015 年第 2 次修正)。

(3) 新员工张某是路基组新入职员工，需要进行什么培训？培训多长时间？

提示 参见《生产经营单位安全培训规定》(2015 年第 2 次修正)。

知识链接

一、主要负责人、安全生产管理人员的安全培训

生产经营单位主要负责人和安全生产管理人员应当接受安全培训,具备与所从事的生产经营活动相适应的安全生产知识和管理能力,具体培训内容见表1-4。

人员安全培训内容　　　　　　　　　　　　表1-4

培训对象	培训内容	学时要求
施工企业主要负责人、项目负责人	①国家安全生产方针、政策和安全生产的法律、法规、规章及标准; ②安全生产管理基本知识、安全生产技术、安全生产专业知识; ③重大危险源管理、重大事故防范、应急管理和救援组织以及事故调查处理的有关规定; ④职业危害及其预防措施; ⑤国内外先进的安全生产管理经验; ⑥典型事故和应急救援案例分析; ⑦其他需要培训的内容	①初次安全培训时间不得少于32学时; ②每年再培训时间不得少于12学时
安全生产管理人员	①国家安全生产方针、政策和安全生产的法律、法规、规章及标准; ②安全生产管理基本知识、安全生产技术、职业卫生等知识; ③伤亡事故统计、报告及职业危害的调查处理方法; ④应急管理、应急预案编制以及应急处置的内容和要求; ⑤国内外先进的安全生产管理经验; ⑥典型事故和应急救援案例分析; ⑦其他需要培训的内容	①初次安全培训时间不得少于32学时; ②每年再培训时间不得少于12学时

二、特种作业人员的安全培训

1. 特种作业人员分类

特种作业是指在劳动过程中容易发生伤亡事故,对操作者本人,尤其对他人和周围设施的安全有重大危害的作业。从事特种作业的人员称为特种作业人员,特种作业人员目录见表1-5。

特种作业人员目录　　　　　　　　　　　表1-5

序号	作业项目	工种
1	电工作业	发电、送电、变电、配电工;电气设备的安装、运行、检修(维修)、试验工、矿山井下电钳工
2	金属焊接切割作业	焊接工、切割工
3	起重机械作业	起重司机、司索工、信号指挥工、安装与维修工
4	企业内机动车辆驾驶	在企业内及码头、货场等生产作业区域和施工现场的各类机动车辆的驾驶人员
5	登高架设作业	2m以上登高架设拆除、维修工
6	爆破作业	地面工程爆破、井下爆破工
7	矿山通风作业	主扇机操作工、瓦斯抽放工、通风安全检测工、测风测尘工
8	压力容器作业	压力容器灌装工、检修工、运输押运工、大型空气压缩机操作工
……		

2. 特种作业人员培训、考核和取证要求

特种作业人员上岗前,必须进行专门的安全技术和操作技能的培训和考核,并经培训考核合格,取得《特种作业人员操作证》后方可上岗。特种作业人员的培训实行全国统一培训大纲、统一考核标准、统一证件的制度。特种作业人员培训大纲,由应急管理部制定,经有资格的培训单位进行相应的安全技术理论培训和实际操作培训。特种作业每年需接受有针对性的安全培训,时间不得少于20学时。

3. 特种作业人员重新考核和证件的复审要求

离开特种作业岗位达6个月以上的特种作业人员,应当重新进行实际操作考核,经确认合格后方可上岗作业。取得特种作业操作证后必须每3年按规定时间进行一次复审。特种作业操作证申请复审或者延期复审前,特种作业人员应当参加必要的安全培训并考试合格。安全培训时间不少于8小时,主要培训内容包括法律、法规、标准、事故案例和有关新工艺、新装备等知识。

三、安全培训的组织实施

生产经营单位从业人员的安全培训工作,由生产经营单位组织实施。具备安全培训条件的生产经营单位,应当以自主培训为主,也可以委托具备安全培训条件的机构,对从业人员进行安全培训;不具备安全培训条件的生产经营单位,应当委托具备安全培训条件的机构,对从业人员进行安全培训。生产经营单位委托其他机构进行安全培训的,保证安全培训的责任仍由本单位负责。

生产经营单位应当将安全培训工作纳入本单位年度工作计划,保障本单位安全培训工作所需资金。生产经营单位的主要负责人负责组织制订并实施本单位安全培训计划。

生产经营单位应当建立健全从业人员安全生产教育和培训档案,由生产经营单位的安全生产管理机构以及安全生产管理人员详细、准确记录培训的时间、内容、参加人员以及考核结果等情况。生产经营单位安排从业人员进行安全培训期间,应当支付工资和必要的费用。

四、安全教育培训相关法律法规

《安全生产法》(2021年)第二十八条规定,生产经营单位应当对从业人员进行安全生产教育和培训,保证从业人员具备必要的安全生产知识,熟悉有关的安全生产规章制度和安全操作规程,掌握本岗位的安全操作技能,了解事故应急处理措施,知悉自身在安全生产方面的权利和义务。未经安全生产教育和培训合格的从业人员,不得上岗作业。

《建设工程安全生产管理条例》(2004年)第三十六条规定,施工单位的主要负责人、项目负责人、专职安全生产管理人员应当经建设行政主管部门或者其他有关部门考核合格后方可任职。施工单位应当对管理人员和作业人员每年至少进行一次安全生产教育培训,其教育培训情况记入个人工作档案。安全生产教育培训考核不合格的人员,不得上岗。

《建设工程安全生产管理条例》(2004年)第三十七条规定,作业人员进入新的岗位或者新的施工现场前,应当接受安全生产教育培训。未经教育培训或者教育培训考核不合格的人员,不得上岗作业。施工单位在采用新技术、新工艺、新设备、新材料时,应当对作业人员进行相应的安全生产教育培训。

任务二 三级安全教育培训

学习目标

(1)了解三级安全教育培训相关规定。
(2)能填写三级安全教育培训台账及培训记录表。

任务要求

某在建大桥工程设计全长456.53m,北侧道路红线宽50m,主桥宽29m,北侧辅路宽10.5m。其中主桥长290.26m,跨径布置为3×35m的现浇预应力混凝土连续箱梁,下部结构采用花瓶桩基础;引桥跨径布置为9×20m的预制预应力混凝土简支梁,下部结构为柱式墩,钻孔灌注桩基础。

本工程采用专业工程队伍施工,按照"科学组织、合理部署、优质高效"的原则部署施工队伍。结合本标段桥梁、路基的分布情况,全线拟划分为四个施工区平行施工,各施工队任务划分如下:道路施工队负责本标段内路基、路面工程的施工;桥梁设两个施工队,分别负责箱梁的预制及桥梁工程的施工;排水防护设一个施工队,负责本标段内排水防护工程的施工。施工劳动力投入计划见表1-6,其中各阶段各工种都有一定比例新员工入场。

劳动力投入计划表　　　　　　　表1-6

工种	按工程实施阶段投入劳动力情况		
	准备阶段	施工阶段	收尾阶段
管理人员	15	30	6
测量人员	6	6	3
机操工	20	80	15
机修工	3	5	3
电工	3	3	2
水泥混凝土工	10	85	5
钢筋工	5	35	3
电焊工	3	30	2
木工	5	50	4
石工	5	40	10
普工	40	150	20
总计	115	514	73

若你为该项目部的安全工程师,请根据劳动力投入计划表,填写不同工种新入场员工的三级安全教育培训台账和培训记录表。

姓名：_____ 班级：_____ 学号：_____

_____建设项目

三级安全教育培训台账

序号	姓名	性别	年龄	部门/单位	岗位	入职时间	教育情况（三级安全教育学时）			
							项目	部门	班组	考核

姓名：_____ 班级：_____ 学号：_____

_____建设项目
三级安全教育培训登记卡

单位名称：

姓名		性别		年龄	
文化程度		工作部门		职务	
身份证		报到日期		考试成绩	

公司教育	学时：	日期：	教育人	
			（签字）	
			受教育人	
			（签字）	
项目部教育	学时：	日期：	教育人	
			（签字）	
			受教育人	
			（签字）	
班组级教育	学时：	日期：	教育人	
			（签字）	
			受教育人	
			（签字）	

准上岗人意见：

批准人：_____ 日期：_____

姓名：_____ 班级：_____ 学号：_____

_____建设项目

安全教育培训登记卡（农民工用）

单位名称：　　　　　项目部：　　　　　施工队：

姓名		性别		籍贯	
年龄		工种		健康状况	
家庭住址			身份证		
培训内容	学时：　　　　　　　　　　　　　　　　　　　　　日期：				
教育人			受教育人		
准上岗人意见：　　　　　　　　　　　　　　　　　　　　　　　　　　　　　　　　　　　　　　批准人：　　　日期：					

导学 问题

(1) 结合真实事故案例,简述新员工接受三级安全教育培训的必要性。

(2) 有关统计资料表明,90%以上安全事故是由人的不安全行为引起的,安全培训不到位是重大安全隐患。试列举安全培训不到位的各种情况,并简要说明应对策略。

知识链接

一、三级安全教育制度

三级安全教育是面向新进场或新上岗员工的岗前教育培训,包括公司(或企业)、项目(或车间)、班组三级安全教育。根据《建设工程安全生产管理条例》第三十七条,作业人员进入新的岗位或者新的施工现场前,应当接受安全生产教育培训。未经教育培训或者教育培训考核不合格的人员,不得上岗作业。施工单位在采用新技术、新工艺、新设备、新材料时,应当对作业人员进行相应的安全生产教育培训。三级安全教育是企业安全教育培训的基本制度,它的发展大事记见表1-7。

三级安全教育发展大事记　　表1-7

时间	单位或部门	标志事件	相关内容	备注
1953年1月	大连化学厂	形成了层次清晰、责任明确、方法可行、内容切实的"三级安全教育"制度	厂级教育,又叫第一级教育或入厂教育;车间级教育,又叫第二级教育;班组级教育,又叫第三级教育	首创三级安全教育
1954年8月11日	劳动部	发布《关于进一步加强安全技术教育的决定》	对新工人必须进行教育(入厂教育、车间教育、班组教育等,班组教育应采取包教包学的方法进行),在考试合格后方准独立操作	"三级安全教育"被中央政府以法规的形式确定为一项制度
1995年11月8日	劳动部	发布《企业职工劳动安全卫生教育管理规定》(劳部发〔1995〕405号)	企业新职工上岗前必须进行厂级、车间级、班组级三级安全教育	对"三级安全教育"负责人、实施人、教育内容、时间等作了规定;现已废止
1997年5月4日	建设部	发布《建筑业企业职工安全培训教育暂行规定》(建教〔1997〕83号)	建筑业企业新进场的工人,必须接受公司、项目(或工区、工程处、施工队)、班组的三级安全培训教育,经考核合格后,方能上岗	对主要内容、培训教育的时间等作了规定;现已失效
2002年12月18日	安监总局	发布《关于生产经营单位主要负责人、安全生产管理人员及其他从业人员安全生产培训考核工作的意见》(安监管人字〔2002〕123号)	生产经营单位对新从业人员,应进行厂(矿)、车间(工段、区、队)、班组三级安全生产教育培训	对"三级安全教育"的对象、内容、时间等作了规定;现已废止

续上表

时间	单位或部门	标志事件	相关内容	备注
2006年1月17日	安监总局	发布《生产经营单位安全培训规定》（自2006年3月1日起施行）	加工、制造业等生产单位的其他从业人员，在上岗前必须经过厂（矿）、车间（工段、区、队）、班组三级安全培训教育	"三级安全教育"被写进了部门规章，并明确了培训对象、内容和时间
2013年8月29日	安监总局	《生产经营单位安全培训规定》第1次修订		
2015年5月29日	安监总局	《生产经营单位安全培训规定》第2次修订		

二、三级安全教育内容

加工、制造业等生产单位的其他从业人员，在上岗前必须经过厂（矿）、车间（工段、区、队）、班组三级安全教育培训。三级安全教育培训的主要内容见表1-8。

三级安全教育培训的主要内容　　表1-8

级别	主要内容	相关要求
厂（矿）级	①本单位安全生产情况及安全生产基本知识； ②本单位安全生产规章制度和劳动纪律； ③从业人员安全生产权利和义务； ④有关事故案例等。 煤矿、非煤矿山、危险化学品、烟花爆竹、金属冶炼等生产经营单位厂（矿）级安全培训除包括上述内容外，应当增加事故应急救援、事故应急预案演练及防范措施等内容	生产经营单位新上岗的从业人员，岗前安全培训时间不得少于24学时； 煤矿、非煤矿山、危险化学品、烟花爆竹、金属冶炼等生产经营单位新上岗的从业人员安全培训时间不得少于72学时，每年再培训时间不得少于20学时； 从业人员在本生产经营单位内调整工作岗位或离岗一年以上重新上岗时，应当重新接受车间（工段、区、队）和班组级的安全培训
车间（工段、区、队）级	①工作环境及危险因素； ②所从事工种可能遭受的职业伤害和伤亡事故； ③所从事工种的安全职责、操作技能及强制性标准； ④自救互救、急救方法、疏散和现场紧急情况的处理； ⑤安全设备设施、个人防护用品的使用和维护； ⑥本车间（工段、区、队）安全生产状况及规章制度； ⑦预防事故和职业危害的措施及应注意的安全事项； ⑧有关事故案例； ⑨其他需要培训的内容	
班组级	①岗位安全操作规程； ②岗位之间工作衔接配合的安全与职业卫生事项； ③有关事故案例； ④其他需要培训的内容	

单元四
安全生产费用

任务一 填写安全生产费用使用计划申报表

学习 目标

(1) 了解安全生产费用提取原则和提取比例。
(2) 能填写安全生产费用计划申报表。

任务 要求

某高速公路工程项目总投资287亿元,其中C3合同段总投资为6.24亿元,主要工程内容为合同段范围内所有构筑物工程、路基土石方及附属工程(不含路面)、涵洞工程,其中主要构筑物为1座隧道和3座桥梁,总工期36个月。表1-9为C3合同段安全生产费用第3期计量清单,清单中空白部分需要计算,计算完后,请根据表1-9分别填写《安全生产费用使用审批表》和《安全生产费用计划申报表》。

C3合同段安全生产费用第3期计量清单　　　　　表1-9

序号	费用大类	使用细目	费用(元)
1	完善、改造和维护安全防护、检测、探测设备、设施支出	①"四口""五临边"等防护、防滑设施	58500
		②防止物体、人员坠落设置的安全网、棚等	
		③安全警示、警告标示,标牌及安全宣传栏等购买、制作、安装及维修、维护	39791

-043-

续上表

序号	费用大类	使用细目	费用(元)
1	完善、改造和维护安全防护、检测、探测设备、设施支出	④特种设备、压力容器、避雷设施、大型施工机械、支架等检测检验,设备维修养护	
		⑤隧道和特大桥建立远程监控系统、门禁系统、人员定位系统,包括施工现场摄像探头、通信电缆、监控大屏幕	
		⑥其他安全防护设施、检测设施、设备	
2	配备必要的应急救援器材、设备和现场作业人员安全防护物品支出	①各种应急救援设备及器材,救生衣、圈,急救药箱及器材	96720
		②安全帽、保险带、手套、雨鞋、口罩等现场作业人员安全防护用品	101569
		③其他专门为应急救援所需而准备的物资、专用设备、工具	
3	安全生产宣传教育、检查与评价支出	①日常安全生产检查、评估	
		②聘请专家参与安全检查和评价	
4	重大危险源、重大事故隐患的评估、整改、监控支出	①对重大危险源、重大事故隐患进行辨别、评估、整改、监控、监管	
		②爆破物、放射性物品储存、使用、防护	
		③对有重大危险因素的分部、分项工程安全专项施工方案进行论证、咨询	
5	安全生产技术改造和进步、安全技能培训及进行应急救援演练支出	①"三类人员"和特种作业人员的安全教育培训、复审教育	
		②内部组织的安全技术、知识培训教育	
		③组织应急救援演练	
	本期累计安全生产费用		650580

姓名:_____ 班级:_____ 学号:_____

_____建设项目
安全生产费用使用审批表

施工单位:
监理单位: 编号:

结算申报	致_____建设指挥部: 　　根据安全生产费用使用规定,现上报第____期安全生产费用使用报表,本次申请审批金额共计_____元(大写:_____)。一式____份,请予以审核。 　　　　　　　　　　　　　　　项目经理:　　　　(签章) 　　　　　　　　　　　　　　　日　　期:
监理单位 意见	
建设单位 审核意见	
说明	安全经费(当期)审批应附以下材料:1.安全生产费用计划申报表(下月);2.安全生产费用支出明细表;3.安全生产费用使用验收表;以上材料均为当期报表

姓名：_____ 班级：_____ 学号：_____

_____建设项目
安全生产费用计划申报表

施工单位：

监理单位：

序号	安全生产经费使用用途/安全物品名称	数量	计划金额	计划金额	计划用款时间	完成计划日期

施工项目负责人：　　　　　　　安全部门负责人：

安全监理工程师	审批意见： 日期：
总监理工程师	审批意见： 日期：
建设单位安全管理部门	审批意见： 日期：

导学 问题

(1) 该高速公路工程项目 C3 合同段的安全生产费用是多少？

_____
_____
_____
_____
_____
_____

(2) C3 合同段提取第 3 期安全生产费用的流程是什么？

_____
_____
_____
_____
_____
_____
_____

提示 参见现行《企业安全生产费用提取和使用管理办法》。

(3) 监理单位在审批 C3 合同段第 3 期安全生产费用时需要注意哪些因素？

_____
_____
_____
_____
_____
_____

提示 参见现行《企业安全生产费用提取和使用管理办法》。

知识链接

一、安全生产费用一般规定

安全生产费用是指企业按照标准提取在成本中列支,专门用于完善和改进企业或者项目安全生产条件的资金。安全生产专项费用管理应坚持"规范计取、合理计划、计量支付、确保投入"的原则。建设单位在编制工程招投标文件时,应当明确安全生产专项费用的总金额或比例、预付金额或比例、计量支付与时限,具体使用要求、调整方式等条款,安全生产专项费用不足时,应当协调解决。

二、安全生产费用提取

公路工程安全生产费用应根据国家、地方相关规定或招标控制价所包含的全部建筑安装工程费用为计算基数计取,提取标准不得低于1.5%。

三、安全生产费用使用范围

根据《中华人民共和国安全生产法》等有关法律法规,交通运输部《公路水运工程安全生产监督管理办法》,财政部、应急管理部《企业安全生产费用提取和使用管理办法》的规定,结合公路水运工程特点,各类安全生产专项费用清单见表1-10。

各类安全生产专项费用清单　　表1-10

类别	细目	备注
设置、完善、改造和维护安全防护设施设备支出	施工现场安全防护费	安全防护设施包括:临边、临口、临水等危险部位防坠、防滑、防溺水等设施;防止物体、人员坠落而设的安全网、棚;其他与工程有关的交叉作业防护、防火、防爆、防尘、防毒、防雷、防风、防汛、防台、防地质灾害、有害气体监测、通风、临时安全防护等
	警示、照明等灯具费	警示、照明等灯具包括:施工车辆、船舶、机械、构造物的警示灯、危险报警闪光灯、施工区域内夜间警示灯、照明灯等灯具
	警示标志、标牌费	警示标志、标牌包括:各类警告、提醒、指示等
	安全用电防护费	安全用电防护设施包括:各种用电专用开关、室外使用的开关、防水电箱、高压安全用具、漏电保护等设施
设置、完善、改造和维护安全防护设施设备支出	施工现场围护费	施工现场围护设施包括:改扩建工程施工围挡;施工现场高压电塔、杆围护;施工现场光缆围护等。对施工围挡有特殊要求路段的围挡费用不在此列

续上表

类别	细目	备注
设置、完善、改造和维护安全防护设施设备支出	其他安全防护设备与设施费	应计入安全生产费用的其他安全防护设备与设施的完善、改造和维护等费用
配备、维护、保养应急救援器材、设备支出和应急演练支出	应急救援器材与设备的配备(或租赁)、维护、保养费	这些器材及设备包括：灭火器、消防斧等小型消防器材；急救箱、急救药品、救生衣、救生圈、应急灯具、救援梯、救援绳等小型救生器材与设备。特殊季节或特殊环境下拖轮调遣拖运、警戒船只的租赁费用。救生船、消防车、救护车等大型专业救援设备所发生的相关费用不在此列
	应急演练费	由建设单位或施工单位依据应急预案，模拟应对突发事件组织的应急救援活动中，应由施工单位分担或由施工单位自行负责的部分或全部费用
重大风险源和事故隐患评估、监控和整改支出	重大风险源和事故隐患评估费	由建设单位、相关行政主管部门组织的，或者施工单位委托专业安全评估单位对重大危险源、重大事故隐患进行评估所发生的相关费用
	重大风险源监控费	对项目重大危险源进行日常监控所发生的相关费用。施工监控不在此列
	重大事故隐患整改费	根据建设单位、相关行政主管部门或者专业安全评估单位出具的评估报告，对项目重大事故隐患进行整改所发生的相关费用
安全生产检查、评价、咨询和标准化建设支出	日常安全检查费	施工单位专职安全员日常安全巡视所发生的车辆与相关器材使用费，车辆与器材的购置费用不在此列
	专项安全检查费	施工单位聘请专业安全机构或专家对项目安全生产过程中的特殊部位、特殊工艺、特别设备的施工安全检查所支付的相关费用
	安全生产评价费	施工单位聘请专业安全机构或专家对项目专项施工方案、风险评估进行讨论、论证、评估、评价所支付的相关费用，不包括新建、改建、扩建项目安全评价
安全生产检查、评价、咨询和标准化建设支出	安全生产咨询、风险评估费	施工单位就安全生产工作中存在的问题向相关专业安全机构、咨询单位或专家进行咨询所支付的相关费用。按规定开展施工安全风险评估管理费用
	安全生产标准化建设费	施工单位按照有关规定或者合同约定开展安全生产方面的标准化建设费用
配备和更新现场作业人员安全防护用品支出	安全防护物品配备费	施工单位根据有关规定在日常施工中必须配备的安全帽、安全绳(带)、手套、雨鞋、工作服、口罩、防毒面具、防护膏等安全防护物品的购置费用
	安全防护物品更新费	施工单位对安全防护物品的正常损耗进行必要补充所产生的费用

续上表

类别	细目	备注
安全生产宣传、教育、培训支出	安全生产宣传费	包括制作安全宣传标语、条幅、图片、视频等宣传资料所发生的费用
	安全生产教育培训费	包括施工单位对施工人员进行安全技术交底、安全操作规程培训、安全知识教育等支出的课时费;安全报纸、杂志订阅或购置费;安全知识竞赛、技能竞赛、安全专题会议等活动费用;安全经验交流、现场观摩等费用
安全生产适用的新技术、新标准、新工艺、新装备的推广应用支出		增设隧道门禁系统,隧道内风险控制监控系统,桥梁作业面远程监控系统等所发生的相关费用
安全设施及特种设备检测检验支出	安全设施检测检验费	施工单位对拟投入本项目的安全设施送交或邀请具有相关资质的检测检验机构进行检测检验,并出具相关报告所发生的费用
	特种设备检测检验	施工单位根据有关规定对拟投入本项目的特种设备邀请具有相关资质的检测检验机构进行检测检验,并出具相关报告所发生的费用
其他安全生产费用支出	办公用品费	专职安全员用计算机、照相器材等办公必须的设施配备费用
	雇工费	保障施工安全,对施工现场进出口处进行交通管制而雇用交通协管人员进行看护所支出的人工费用
	其他费用	招投标时不可预见的,在施工过程中经建设单位与监理单位认可,可在安全生产费中列支的其他与安全生产直接相关的费用

四、安全生产费用使用管理

1. 建设单位

建设单位应定期对施工单位的安全生产费用使用情况进行监督检查。施工单位未按照合同约定落实安全生产措施的,建设单位可以责令其暂停施工或者暂停支付安全生产费用,并要求监理单位督促整改。施工单位未能在规定期限内完成事故隐患整改的,建设单位可以直接委托其他单位代为整改,相关费用在计量支付中扣除,并由建设单位直接支付给受委托单位。

2. 监理单位

监理单位应根据施工单位季度(月度)安全生产费用使用计划,对照当月安全生产投入明细表及有关发票、照片、视频等资料,与现场实物逐一核对签认。监理单位应及时核实周转性材料、非实物性的安全生产费用支出,并留有照片、视频等资料作为审核计量的依据。监理单位发现施工现场存在事故隐患而施工单位拒不整改的,监理单位应暂停安全生产费用及工程款的计量,并及时向建设单位报告。

3. 施工单位

施工单位应按照合同约定,制订季度(月度)安全生产费用计划,报监理单位审批后实施。施工单位应建立安全生产费用台账,并附安全生产费用使用环节的影像资料和有关票据凭证等资料。实行工程总承包的,总包单位应当将安全生产费用按比例直接支付给分包单位并监督使用,不得拖欠。安全生产费用不得转嫁由劳务分包单位承担。

单元五
安全生产事故报告

任务一　填写事故快报表

学习目标

(1)熟悉安全生产事故上报程序和事故上报内容。
(2)能填写安全生产事故快报表。

任务要求

(1)事故经过

2021年7月24日下午,某施工单位正在前移挂篮,准备在右幅165号墩7号块施工,发现大里程侧挂篮与边跨现浇箱梁支架存在冲突,挂篮移动遇到障碍。7月25日6时许,成都某建设劳务有限公司施工一队(桥梁队)14名工人在完成班前教育交底后,5名工人前往165号墩大里程方向从事移动挂篮作业(从A6至A7节段)。作业过程中挂篮前端辅助施工部件与现浇段梁底满堂碗口支架位置冲突,工人为使挂篮移动到位,擅自拆除两地部分碗扣支架剪刀撑、横撑和立杆,拆除后造成多跨支架为不稳定体系。8时02分许,某大桥公路代建段右幅165号~166号墩现浇段Ay9梁段支架失稳,造成梁体坠落海中,导致正在拆除挂篮平台作业的5名工人掉落河道后失联。梁体坠落竖向姿态如图1-9所示。具体位置为:113°24′59″E,22°04′13″N,对应里程为YK15+737.949~YK15+772.099。预测结果显示事发时附近海域有偏南风3~4级,水流流速0.02~0.18m/s。事故发生时气象按实测记录,室外气温:29.7℃,风向:东北风,平均风速:1.5m/s(1级),最大阵风风速2.8m/s(2级),无降雨。

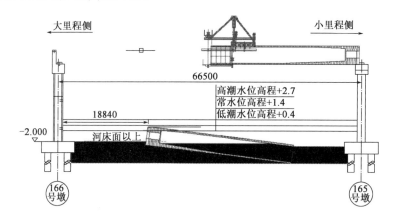

图1-9 梁体坠落竖向姿态示意图(尺寸单位:cm,高程单位:m)

（2）事故应急处置情况

7月25日8时06分,劳务公司项目现场负责人黄某准备打电话向某大桥局项目部安全质量部部长张某报告发生事故,因错误拨打了原项目部生产经营经理张某电话,误以为已经报告了事故。

近9时许,某大桥局项目部常委副经理于某到施工现场巡查,发现事故,立即打电话向项目经理宋某报告。

身在天津的某大桥局总经理王某于7月25日上午8时48分,由某大桥局总工程师唐某电话告知发生事故,立即联系项目部常务副经理于某,要求其赶紧疏散现场作业人员,拉起警戒线,并立即报警,核查人员伤亡情况,避免二次伤害。

8时52分,王某电话告知某大桥局执行董事、党委书记牛某发生事故,并于9时12分,电话联系项目经理宋某,布置救援工作,要求其启动应急预案,调集周边救援力量。

9时31分,于某拨打119请求救援,消防救援部门先期调派9辆救援车辆、45人出警。

9时41分,于某电话向项目监理部总监理工程师翟某报告发生事故。

9时42分,宋某向代建单位某城际轨道交通公司安质部长刘某报告发生事故。

9时46分,于某向某股份公司华南区域总部驻珠海项目总负责人王某报告发生事故。

请结合以上事故案例,以项目部安全质量部部长的身份填写事故快报表。

姓名:＿＿＿＿＿＿＿＿＿＿　班级:＿＿＿＿＿＿＿＿＿＿　学号:＿＿＿＿＿＿＿＿＿＿

交通运输行业建设工程生产安全事故统计快报

1.事故基本情况			
1.1 事故发生日期与时间		1.2 天气气候	
1.3 工程名称		1.4 所在地	
1.5 投资模式		1.6 工程分类	
1.7 工程等级		1.8 建设类型	
1.9 事故类别		1.10 事故发生部位	
1.11 事故发生作业环节		1.12 事故原因初判	
1.13 工程概况			
1.14 事故简要经过和抢险救援情况			
2.从业单位基本信息			
2.1 监管单位		2.2 建设单位	
2.3 设计单位		2.4 监理单位	
2.5 施工单位		2.6 施工专业分包单位	
2.7 施工劳务合作单位			

3.事故人员伤亡情况

指标名称	计量单位	合计	管理人员	技术人员	企业聘用工人	非本企业劳务人员	其他人员
甲	乙	1	2	3	4	5	6
死亡人数	人						
其中:现场死亡人数	人						
失踪人数	人						
受伤人数	人						
其中:重伤人数	人						
预估施工直接经济损失	万元						

导学 问题

(1)本安全事故在上报过程中存在哪些问题？正确的安全事故报告流程应该是什么？

_____
_____
_____
_____
_____

(2)本安全事故属于什么事故类别？

_____
_____
_____
_____
_____

提示 参见《企业职工伤亡事故分类标准》(GB 6441—1986)。

(3)请结合本安全事故初步分析判断导致该起事故发生的原因有哪些？

_____
_____
_____
_____
_____

知识链接

一、安全事故等级

安全事故等级划分是一项重要的基础性工作,直接关系到安全事故报告的级别、事故调查组的组成以及安全事故责任的追究。明确生产安全事故的分级,确定不同的事故级别相应的报告和调查处理要求,是顺利开展事故报告和调查处理工作的前提,也是规范事故报告和调查处理的必然要求。

根据《生产安全事故报告和调查处理条例》(2007年),按照安全事故造成的伤亡人数多少或者直接经济损失的大小,安全事故一般分为特别重大事故、重大事故、较大事故和一般事故四个等级。安全事故等级划分及相关规定见表1-11,表中内容根据《生产安全事故报告和调查处理条例》(2007年)和《国家安全监管总局关于修改〈生产安全事故报告和调查处理条例〉罚款处罚暂行规定等四部规章的决定》(2015年)整理,未尽处详见原文。

安全事故等级划分及相关规定 表1-11

项目	分项	一般事故	较大事故	重大事故	特别重大事故
等级划分	死亡人数	<3人	3人≤…<10人	10人≤…<30人	≥30人
	重伤人数	<10人	10人≤…<50人	50人≤…<100人	≥100人
	直接经济损失	<1000万元	1000万元≤…<5000万元	5000万元≤…<1亿元	≥1亿元
事故报告	逐级上报至何级人民政府部门	设区的市	省、自治区、直辖市	国务院	国务院
事故调查	负责调查机关或部门	事故发生地县级人民政府	事故发生地设区的市级人民政府	事故发生地省级人民政府	由国务院或者国务院授权有关部门
事故处理	自收到事故调查报告之日起何时内做出批复	15日	15日	15日	30日
法律责任	对事故发生单位的罚款	(10~20)万元	(20~50)万元	(50~200)万元	(200~500)万元
	对事故发生单位主要负责人的罚款	上一年年收入30%	上一年年收入40%	上一年年收入60%	上一年年收入80%

二、安全事故上报程序

安全事故发生后,安全事故现场有关人员应当立即向本单位负责人报告。本单位负责人接到报告后,应向项目建设单位、事发地交通运输主管部门、事发地安全监督管理部门等部门报告。安全事故上报程序如图1-10所示。

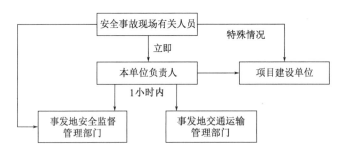

图1-10　安全事故上报程序

安全生产监督管理部门和负有安全生产监督管理职责的有关部门接到安全事故报告后,应当依照规定上报安全事故情况,并通知事发地公安机关、劳动保障行政部门、工会和人民检察院。

三、安全事故统计快报主要指标

交通运输行业建设工程生产安全事故统计快报主要指标见表1-12,表中内容根据交通运输部办公厅于2020年下发的《交通运输行业建设工程生产安全事故统计调查制度》整理,未尽处详见原文。

安全事故统计快报主要指标　　　　　　表1-12

序号	项目	内容	备注
1	事故发生日期与时间	具体填写为年、月、日、时、分	采用24小时制
2	天气情况	请填写代码和名称	为事故发生当天的天气情况: 01 晴;02 阴;03 雨;04 雪;05 雾;06 风
3	工程名称	填写发生事故的具体项目名称	包括路线或港区名称,标段号及桩号,为结构物或场所时需填写具体名称
4	所在地	为发生事故地点所在行政区域	填写至县级(区、市、旗)

续上表

序号	项目	内容	备注
5	投资模式	请填写代码和名称	01 传统模式;02 PPP;03 BT/BOT;04 EPC;05 PMC;06 其他(须注明)
6	工程分类	请填写代码和名称	公路工程01~10;水运工程11~19 01 路基工程;02 路面工程;03 桥梁工程;04 隧道工程;05 排水与防护支挡工程;06 交通安全设施与机电工程;07 绿化工程;08 附属设施(管理中心、服务区、房建、收费站、养护工区等设施);09 附属临时工程(办公生活区)、拌合场、预制场、材料加工场、施工通道(包含便道、便桥和临时码头);10 其他(须注明);11 港口工程(含码头护岸);12 独立船闸工程;13 航道疏浚整治工程(不含船闸工程);14 修造船水工程;15 防波堤和导流堤等水工工程;16 航运枢纽工程;17 吹填及软基处理工程;18 附属临时工程(办公生活区)、拌合场、预制场、材料加工场、施工通道(包含便桥和临时码头);19 其他(须注明)
7	工程等级	请填写代码和名称	公路工程01~07;水运工程08~14 01 高速公路;02 一级公路;03 二级公路;04 三级公路;05 四级公路;06 等外公路;07 其他(须注明);08 深水码头;09 其他码头;10 高等级航道;11 其他航道;12 大中型通航建筑工程(船闸、航运枢纽);13 小型通航建筑工程;14 其他(须注明)
8	建设类型	请填写代码和名称	01 新建;02 改建;03 扩建
9	事故类别	请填写代码和名称	01 物体打击;02 车辆伤害;03 机械伤害;04 起重伤害;05 触电;06 淹溺;07 灼烫;08 火灾;09 高处坠落;10 坍塌;11 冒顶片帮;12 透水;13 放炮;14 火药爆炸;15 瓦斯爆炸;16 锅炉爆炸;17 容器爆炸;18 其他爆炸;19 中毒和窒息;20 其他伤害(须注明)
10	事故发生部位	请填写代码和名称	公路工程01~14;水运工程15~28;通用部位29~37 01 路基(排水);02 边坡防护;03 基层或路面;04 桥梁基础(灌注桩、沉入桩等);05 基坑开挖与地基处理;06 桥梁墩(柱、塔)台;07 梁板;08 桥面及附属工程;09 涵洞通道;10 隧道洞口;11 隧道成洞(完成二次衬砌施工);12 隧道半成洞(未完成二次衬砌施工);13 掌子面;14 其他(须注明);15 沉箱;16 码头桩基;17 水下基础;18 基坑;19 码头上部结构;20 防波堤或导流堤;21 码头护岸;22 港口陆域(吹填造陆和软基处理形成);23 航道;24 船坞;25 通航建筑物基础;26 通航建筑物墙身;27 人工岛;28 其他(须注明);29 临时办公生活区(含用房);30 拌合场;31 预制场(除起重机具等);32 材料加工场(含存储库房);33 桁架结构物;34 房屋建筑物;35 施工便道便桥;36 临时码头和栈桥;37 其他(须注明)

续上表

序号	项目	内容	备注
11	事故发生作业环节	请填写代码和名称	01 测量作业;02 模板工程;03 钢筋工程;04 混凝土工程;05 支架、脚手架工程;06 钢结构工程;07 施工设备作业;08 小型机具作业;09 施工车辆作业;10 大型构件运输;11 场内运输;12 塔式起重机起吊作业;13 门式起重机起吊作业;14 汽车起重机起吊作业;15 架桥机作业;16 施工升降机作业;17 自行式起重设备作业;18 张拉作业;19 临时用电箱(线);20 电焊与气焊作业;21 爆破作业;22 基础开挖与支护作业;23 隧道开挖与支护作业;24 拆除作业;25 加固作业;26 设施安装作业;27 凿除桩头;28 船上作业;29 潜水作业(爆破、焊接、检查等);30 水上作业;31 水上预制构件吊装;32 水上抛石;33 沉排铺排及充沙袋;34 其他(须注明)
12	事故原因初判	请填写代码和名称	01 技术和设计有缺陷;02 设备、设施、工具附件有缺陷;03 安全设施缺少或有缺陷;04 生产场所环境不良;05 个人防护用品缺少或有缺陷;06 没有安全操作规程或不健全;07 违反操作规程或劳动纪律;08 劳动组织不合理;09 对现场工作缺乏检查或指挥错误;10 教育培训不够、缺乏安全操作知识;11 施救不当;12 其他(须注明)
13	工程概况	工程建设情况;事故发生部位的工程概况、施工工艺等	工程建设情况包括开工完工时间、建设规模、管理方式;如为公路工程需填写建设里程、桥隧比例等基础数据以及完成情况;如为水运工程需填写港口建设等级等基础数据以及完成情况 对于不能完整填写的,必须在统计月报表中续报
14	事故简要经过和抢险救援情况	填写事故发生经过和抢险救援情况	要求能够叙述清楚事故发生过程、应急管理、现场处置情况
15	从业单位基本信息	应填报相关从业资质名称、证号和发证机构	施工单位还应注明安全生产许可证号及发证机关,项目负责人和安全生产管理人员的姓名及安全生产考核合格证书编号
16	死亡和失踪认定	填写死亡和失踪人数	在事故发生后 30 天内死亡的(因医疗事故死亡的除外,但必须得到医疗事故鉴定部门的确认),均按死亡事故报告统计。如果来不及在当月统计的,应在下月补报。超过 30 天死亡的,不再进行补报和统计。失踪 30 天后,按死亡进行统计
17	重伤认定	填写重伤人数	永久性丧失劳动能力及损失工作日等于或超过 105 日的暂时性全部丧失劳动能力伤害。在 30 天内转为重伤的(因医疗事故而转为重伤的除外,但必须得到医疗事故鉴定部门的确认),均按重伤事故报告统计。如果来不及在当月统计,应在下月补报。超过 30 天的,不再补报和统计
18	预估事故直接经济损失	填写预估的事故直接经济损失	根据《企业职工伤亡事故经济损失统计标准》(GB 6721—1986)预估经济损失

任务二　分析安全事故原因

学习目标

(1)了解安全事故调查报告要素和安全事故原因分类。
(2)能编写安全事故调查报告,包括封面、报告开篇和安全事故性质认定、安全事故原因分析等。

任务要求

泸石高速 C2 总包段 TJ8 标段某在建隧道,位于四川省雅安市石棉县境内。2023 年 6 月 19 日×时×分,在立架过程中,左洞掌子面左侧拱顶和拱腰发生坍塌,掉块砸中正在进行支护的作业人员。事故发生时造成 2 人死亡、5 人受伤,后有 1 人在医院抢救死亡,直接经济损失约 608 万元。

事故调查发现:

(1)按施工图设计,事故段为紧急停车带,隧道开挖宽度为 15.52m,围岩等级为Ⅲ级,采用环形台阶留核心土法施工,光面爆破,每循环开挖进尺不大于 2m,T3 型衬砌(主要支护参数包括喷混凝土 C25、药卷锚杆 $\phi 22$、工字钢钢架)。据现场调查,掌子面范围围岩岩性主要为中风化花岗岩,局部夹辉绿岩脉,分布比较杂乱,岩石较坚硬,未见地下水,掌子面干燥;隧洞坍塌掉块后的岩面呈淡绿色,岩面平直光滑。

(2)C2 总承包部常务副经理肖某履行项目负责人职责,TJ8 和 TJ9 项目部常务副经理余某履行两个项目部的项目负责人职责,均无项目负责人资格。TJ8 项目部未按照行业规范、设计文件、施工组织设计、专项施工方案等组织施工;事故段紧急停车带采用全断面法开挖,已开挖长 9.2m,其中 6.4m 未作支护超过 12h;安排未经安全技术交底的从业人员上岗作业;未及时发现并消除紧急停车带存在的事故隐患;未对劳务合作单位安全生产实行统一管理。

(3)监理单位未按合同约定到岗履职,派驻现场的安全专业监理工程师不具备监理从业资格,未及时督促 TJ8 项目部对作业人员开展技术交底;未按照《监理工作计划》安排监理人员对事故当日立拱架作业现场进行旁站;未对 TJ8 项目部项目负责人不具备相应资格的问题及时纠正。

(4)劳务合作单位主要管理人员未到岗履职,未按行业规范、设计文件、施工组织设计、专项施工方案进行施工,未按照《劳务合作项目合同》约定履行安全管理职责。

(5)地质预报单位检测员在事故发生后,未经审核及再次检测,将之前出具的《超前地质预报报告》中的建议围岩等级Ⅳ级篡改为Ⅲ级。

请结合以上描述,编写安全事故调查报告的部分内容,其中包括:

(1)封面;

(2)报告开篇和安全事故性质认定;

(3)安全事故原因分析。

导学问题

(1)安全事故调查报告的核心是什么?请阐述理由。

(2)结合本安全事故,阐述找出事故原因的分析过程。

提示 参见本任务知识链接二。

(3)以本安全事故为例,阐述如何编写事故调查报告的开篇和事故性质认定。

(4)以本安全事故为例,阐述如何拟定事故调查报告名称。

一、安全事故调查报告

安全事故(以下简称事故)调查报告包括11个要素,具体见表1-13。表中内容根据应急管理部办公厅于2023年发布的《生产安全事故调查报告编制指南(试行)》整理,未尽处详见原文。

安全事故调查报告要素　　　　　　　表1-13

序号	要素	主要内容	相关要求
1	封面	应包括事故调查报告名称、编制单位和编制日期等信息	对于房屋建筑事故和土木工程建筑事故,事故调查报告名称一般按照"辖区名+建设项目名称+事故发生时间+事故等级+事故类型+事故调查报告"的格式编写
2	目录		目录应至少包括2级目录标题,一般不超过3级目录
3	报告开篇和事故性质认定	简要陈述事故发生的时间、地点、单位、事故类型及人员伤亡情况、事故等级、直接经济损失等	事故性质认定,一般表述为"经调查认定,××事故是一起因××造成的××生产安全责任事故"
4	事故基本情况	事故发生单位及相关单位概况;事故发生单位安全管理情况;事故发生经过;事故现场情况;人员伤亡和直接经济损失情况;其他情况	应当根据现行《企业职工伤亡事故经济损失统计标准》(GB/T 6721)核定事故直接经济损失
5	事故应急处置及评估情况	事故信息接报及响应情况;事故现场应急处置情况;医疗救治和善后情况;事故应急处置评估	
6	事故原因分析	直接原因分析;事故相关检验检测和鉴定情况;其他可能因素排除;间接原因分析	直接客观地将事故调查发现的直接原因进行描述,一般表述为"事故直接原因是:……"
7	有关责任单位存在的主要问题	事故单位、有关监管部门、地方党委政府存在的主要问题	
8	对有关责任人员和单位的处理建议	在原因分析的基础上,确定事故发生的责任人及责任程度	根据其在事故发生过程中承担责任的不同,可以分为直接责任和领导责任(主要领导责任、重要领导责任)

续上表

序号	要素	主要内容	相关要求
9	事故主要教训	包括但不限于：贯彻落实安全发展理念不牢、源头把控失守、风险分析研判缺失、隐患排查治理不到位、安全投入不足、安全生产规章制度不健全以及从业人员培训教育、执法检查、日常监管不到位和法规制度、标准规范不完善等	应紧扣有关责任单位违法违规事实及履职过程中存在的主要问题，对事故原因链上的因素进行分析，从企业主体责任落实、政府及部门监管等方面分析查找原因，总结提炼教训，避免泛泛而谈，以便更好举一反三、汲取教训
10	事故整改和防范措施	包括但不限于：一是体现深刻汲取事故教训、亡羊补牢；二是强化安全发展理念，健全完善政策措施，推动解决长期存在的深层次矛盾问题；三是落实相关整改和防范措施，要具有可操作性，不应把有关单位正常工作职责作为整改的措施；四是提出修改有关法规条款内容、技术标准和政策，以及改进工作方法的建议；五是从本质安全的角度提出技术措施，改进工艺流程和设备本质安全等	应当根据事故发生的直接原因和有关单位存在的主要问题、事故教训综合研判，对事故发生单位、中介机构、政府（部门）在安全生产方面存在的问题和薄弱环节举一反三，逐一提出整改和防范措施
11	附件	可以包括事故调查组成员名单及签名表、技术调查报告、管理调查报告、应急处置评估报告、相关单位技术鉴定分析报告、现场勘验报告以及其他应当作为附件的材料	附件原则上不公开，鼓励将附件的相关内容在事故调查报告正文中体现

二、事故原因分析

事故原因分直接原因与间接原因。直接原因是直接导致事故发生的原因，间接原因是指直接原因得以产生和存在的原因。在分析事故时，应从直接原因入手，逐步深入到间接原因，从而掌握事故的全部原因，再分清主次，进行责任分析。事故原因的具体分类见表1-14，表中内容根据《企业职工伤亡事故分类》（GB/T 6441—1986）和《企业职工伤亡事故调查分析规则》（GB 6442—86，已废止，但目前尚无替代）整理，供参考。

事故原因分类　　　　　表1-14

分项		分类	备注
直接原因	机械、物质或环境的不安全状态	防护、保险、信号等装置缺少或有缺陷	
		设备、设施、工具、附件有缺陷	
		个人防护用品用具缺少或有缺陷	防护服、手套、护目镜及面罩、呼吸器官护具、听力护具、安全带、安全帽、安全鞋等
		生产（施工）场地环境不良	

续上表

分项		分类	备注
直接原因	人的不安全行为	操作错误、忽视安全、忽视警告	
		造成安全装置失效	
		使用不安全设备	
		手代替工具操作	
		物体存放不当	成品、半成品、材料、工具、切屑和生产用品等
		冒险进入危险场所	
		攀、坐不安全位置	如平台护栏、汽车挡板、吊车吊钩
		在起吊物下作业、停留	
		机器运转时加油、修理、检查、调整、焊接、清扫等工作	
		有分散注意力行为	
		在必须使用个人防护用品用具的作业或场合中,忽视其使用	
		不安全装束	
		对易燃、易爆等危险物品处理错误	
间接原因		技术和设计上有缺陷	工业构件、建筑物、机械设备、仪器仪表、工艺过程、操作方法、维修检验等的设计、施工和材料使用存在问题
		教育培训不够,未经培训,缺乏或不懂安全操作技术知识	
		劳动组织不合理	
		对现场工作缺乏检查或指导错误	
		没有安全操作规程或不健全	
		没有或不认真实施事故防范措施,对事故隐患整改不力	

本模块参考文献

[1] 广东省交通运输厅.公路施工安全教程 第一册 安全管理[M].北京:人民交通出版社股份有限公司,2018.

[2] 中国安全生产科学研究院.安全生产管理[M].北京:应急管理出版社,2022.

[3] 刘燕,沈其明.公路工程施工安全管理手册[M].北京:人民交通出版社,2008.

[4] 中国安全生产科学研究院.全国中级注册安全工程师职业资格考试辅导教材 安全生产法律法规(2022 版)[M].北京:应急管理出版社,2022.

施工准备阶段安全控制

单元一　驻地和场站建设
单元二　施工临时消防
单元三　临时用电

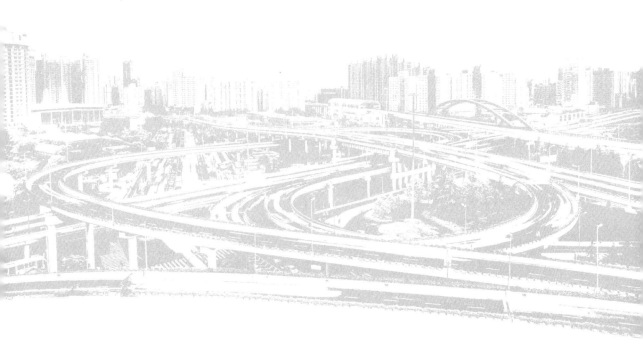

单元一

驻地和场站建设

任务一　施工场地平面布置

学习目标

（1）了解"两区三厂"的概念及相关要求、施工便道的相关要求；熟悉隧道施工场地布置的基本原则、主要内容及相关规范条文。

（2）能结合案例绘制隧道施工场地布置平面图。

任务要求

某高速公路建设项目，双向四车道，设计速度为80km/h，沿线地形地貌条件复杂，植被发育，地形起伏、切割深度大。项目区属中亚热带季风湿润气候区，具有独特的山区立体气候，不同海拔，气候条件差异明显，还有小区气候差异。其中某合同段，全长约2522m，含两座大桥、三座隧道，余下路基段共计长约285m。承包人在中标后即成立项目经理部，下辖路桥联队、隧道一队和隧道二队3个施工队，其中隧道一队负责1号隧道施工。项目部驻地设在当地村委会，在1号隧道进洞口较近。

1号隧道采用钻爆法施工，左洞长835m，右洞长855m，隧道内净空宽度11.0m，净高7.0m，受限于场地条件，采用单向施工，施工场地布置在进口端。进口端洞口位于山体斜坡上，自然坡度35°~45°，植被茂密，有一条季节性溪流蜿蜒于洞口的东侧和北侧。沿河两侧分布有零星村落和房屋、旱地和水田，有简易公路通向外界，但局部间断。

请结合以上描述，绘制隧道一队的施工场地布置平面图（见后页），并在右下角空白栏中补充必要图例。因图幅有限，可对未明确的周边环境、外部条件或技术参数等作合理性假设。

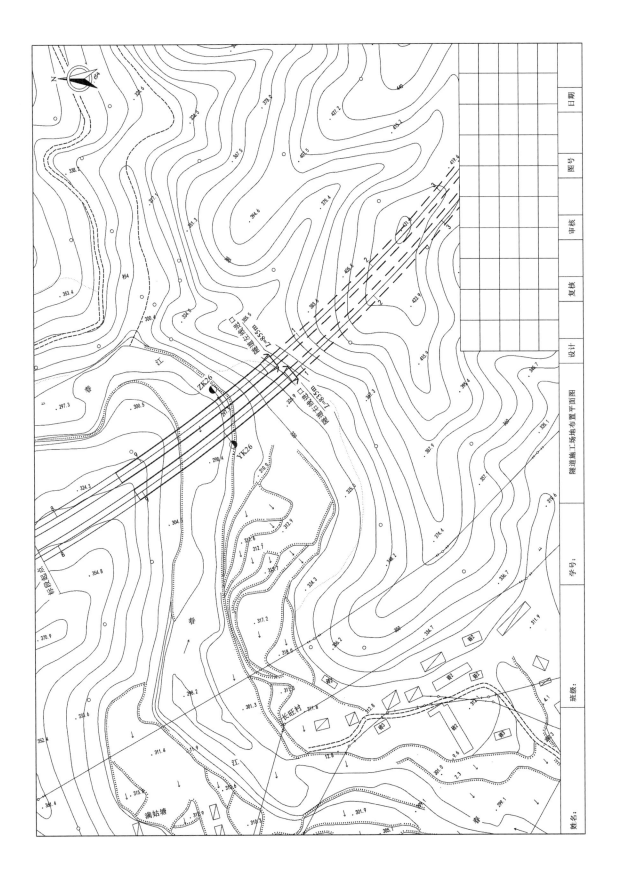

导学问题

(1)本任务 1 号隧道施工场地布置需考虑的基本原则和主要内容有哪些?

_____
_____
_____
_____
_____
_____

(2)结合上题所述,右下表中逐条填写具体布置方案及相应的依据或理由,应注意图表对应,即表中提到的内容,在"隧道施工场地布置平面图"中也应有相应内容。

隧道施工场地布置方案

序号	项目	布置方案	依据或理由
1	场地选址	项目驻地和场站周边无滑坡、塌方、泥石流等,已避让弃土场地	《公路工程施工安全技术规范》(JTG F90—2015)4.1.1 条
2			
3			
4			
5			
6			
7			
8			
9			

提示 参现现行《公路工程施工安全技术规范》(JTG F90)、《公路隧道施工技术规范》(JTG/T 3660)、《公路水运工程施工安全标准化指南》等。

知识链接

一、两区三厂

"两区三厂"是指公路工程建设项目中的生活区、办公区、钢筋加工厂、拌和厂、预制厂,如图 2-1 所示。

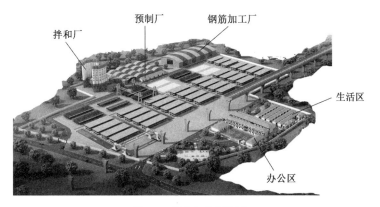

图 2-1 "两区三厂"示例

"两区三厂"的规划和设计应遵循"安全第一、因地制宜、永临结合、经济适用、绿色环保"的原则。选址应做到合法用地、安全避让、节约资源,按照选址初筛、地质灾害危险性评估两个阶段实施。选址工作程序如图 2-2 所示。

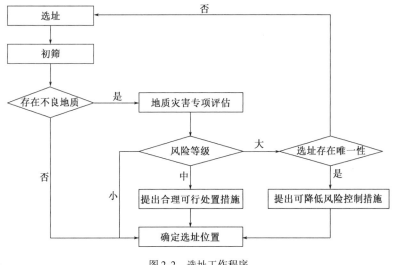

图 2-2 选址工作程序

生产区、办公区、生活区应分开设置。生活区、办公区宜设置在厂区的上风方向,与周边危险源或污染源保持一定的安全距离,见表2-1。

两区与危险源的安全距离　　　　　　　表2-1

内容	危险源或有害因素	最小安全距离(m)
食堂、厨房	厕所、垃圾站、有害场所等	20
食堂、厨房	办公、生活用房	10
驻地	高空作业坠物	避开坠落半径
驻地	集中爆破区、化学危险品存放区	500
驻地	油库	60
驻地	铁路行车线	30
驻地	省级以上道路	20
驻地	林地	4
班组驻地	钢筋加工厂、拌和厂罐体、大型设施设备	不小于厂房、罐体、设备倾覆半径的1.5倍
班组驻地	制、存梁作业区及隧道洞口	20
班组驻地	架梁作业区	15
班组驻地	沥青熬制作业区、运梁通道和填方段、软弱地质挖方段	10

注:驻地包含办公区和生活区。

二、施工便道

施工便道是在公路建设前铺筑的低等级道路工程,为主线施工提供材料运输和其他服务功能,包含便道和便桥两种形式。施工便道应根据运输荷载、使用功能、环境条件进行设计和施工。双车道施工便道宽度不宜小于6.5m;单车道施工便道宽度不宜小于4.5m,并宜设置错车道,错车道应设在视野良好地段,相邻两错车道间距不宜大于300m;设置错车道路段的施工便道宽度不宜小于6.5m,有效长度不宜小于20m。便道最大纵坡不宜大于9%,山岭重丘区可适当调整。

施工便道属于临时工程,与各等级公路相比有其特殊性。施工便道的交通量较小但不均衡,对车速的要求不高,但应满足大型机械以及设备大型部件的安全运输,载重量较大。若地形条件较好,可考虑适当提高技术标准以增加运输效率;但若地形条件不好,提高标准会导致成本大幅度增加,因此要结合实际情况,具体问题具体分析。

任务二 绘制施工场地安全标志布置图

学习 目标

（1）了解安全标志的定义及主要类型、"五牌一图"的内容；熟悉安全标志的设置要求。
（2）能结合案例绘制施工安全标志布置图。

任务 要求

请基于本单元任务一的成果——隧道施工场地布置平面图，绘制施工安全标志布置图，并在其右下角标注安全标志图例和安全标志信息。

安全标志图例：⊘—禁止标志；△—警告标志；○—指令标志；□—提示标志。其内根据标志类型分别涂红、黄、蓝、绿等颜色，旁附编号。

填写安全标志信息汇总表。

姓名：_____ 班级：_____ 学号：_____

安全标志信息汇总

编号	类型	内容	设置范围和部位
例	警告标志	注意安全	隧道洞口
01			
02			
03			
04			
05			
06			
07			
08			
09			
10			
11			
12			
13			
14			
15			
…			

导学 问题

(1)简述本任务安全标志设置方案的重点,包括地点、内容及理由。

_____
_____

(2)有人认为,风险告知牌里有安全标志,故可以不再单独设安全标志,对此你有何看法?

_____
_____

(3)若有多个标志牌设置在一起,该如何排列?请结合本任务举例说明。

_____
_____

提示 以上问题参见现行《安全标志及其使用导则》(GB 2894)。

(4)在隧道洞口准备安装"注意通风"标志时,发现了如下两种,请选择其中一种并阐明你的理由。

两种"注意通风"标志

_____
_____
_____

知识链接

一、安全标志

安全标志是用以表达特定安全信息的标志,由图形符号、安全色、几何形状(边框)或文字构成。安全色是传递安全信息含义的颜色,包括红、蓝、黄、绿四种颜色。根据《安全生产法》(2021年)第三十五条和第九十九条的规定:生产经营单位应当在有较大危险因素的生产经营场所和有关设施、设备上,设置明显的安全警示标志,否则处五万元以下的罚款,并责令限期改正;逾期未改正的,处五万元以上二十万元以下的罚款,对其直接负责的主管人员和其他直接责任人员处一万元以上二万元以下的罚款;情节严重,责令停产停业整顿;构成犯罪的,依照刑法有关规定追究刑事责任。

施工现场出入口、施工起重机械等设备出入通道口和沿线交叉口应设置安全标志。安全标志分禁止标志、警告标志、指令标志和提示标志四大类型,见表2-2。

安全标志四大类型　　　　　　　　　　表2-2

类型	禁止标志	警告标志	指令标志	提示标志
定义	禁止人们不安全行为的图形标志	提醒人们注意周围环境,以避免可能发生危险的图形标志	强制人们必须做出某种动作或采用防范措施的图形标志	向人们提供某种信息(如标明安全设施或场所等)的图形标志
示例	 禁止吸烟图示	 注意危险图示	 必须戴安全帽图示	 紧急出口图示
基本形式	带斜杠的圆边框	正三角形边框	圆形边框	正方形边框
安全色	红	黄	蓝	绿
参考尺寸	外径$d_1=0.025L$; 内径$d_2=0.8\,d_1$; 斜杠宽$c=0.08\,d_1$; 斜杠与水平线的夹角$\alpha=45°$; L为观察距离	外边$a_1=0.034L$; 内边$a_2=0.7\,a_1$; 边框外角圆弧半径$r=0.08\,a_2$; L为观察距离	直径$d=0.025L$; L为观察距离	边长$a=0.025L$; L为观察距离

续上表

类型	禁止标志	警告标志	指令标志	提示标志
文字	横写:标志下方,矩形边框,红底白字; 竖写:标志下方,标志杆的上部,白底黑字	横写:标志下方,矩形黑框,白底黑字; 竖写:标志下方,标志杆的上部,白底黑字	横写:标志下方,矩形边框,蓝底白字; 竖写:标志下方,标志杆的上部,白底黑字	横写:标志下方,矩形边框,绿底白字; 竖写:标志下方,标志杆的上部,白底黑字

二、主要标牌

施工单位项目部驻地、工区驻地、隧道洞口、大型桥梁、互通立交、港口施工区、预制场、拌和场、钢筋加工场等集中作业区域应设置工程概况牌、质量安全目标牌、管理人员名单及监督电话牌、安全文明施工牌、重大风险源告知牌和施工现场布置图等,标牌内容见表2-3。

主要标牌内容　　　　　　　　　　　表2-3

名称	内容
工程概况牌	应标明工程名称、工程范围、建设单位、设计单位、质量安全监督单位、监理单位、施工单位等内容
质量安全目标牌	应标明施工合同段的安全目标、考核指标、质量目标、分项工程一次验收合格率、创奖(杯)等内容
管理人员名单及监督电话牌	应将项目经理、技术负责人、安全负责人、工点相关负责人员、总监、监理工程师、现场监理员姓名及监督电话等进行公示
安全文明施工牌	应将安全生产管理制度、文明生产管理制度相关内容在现场告知,必要时可将"三宝""四口""五临边"的相关安全标示牌一起宣传告知
重大风险源告知牌	应明确风险位置、风险源特征、风险防范措施、现场监督负责人及电话号码等内容。施工单位负责及时填写更新重大风险源告知内容,监理单位负责监督
施工现场布置图	应对施工现场的布置采用图示方式表达,注明位置、面积、功能

注:"三宝"即安全帽、安全带、安全网;"四口"即预留洞口、电梯井口、通道口、楼梯口;"五临边"即楼面临边、屋面临边、阳台临边、升降口临边、基坑临边。

单元二 施工临时消防

任务一 施工消防设施布置

学习目标

（1）了解施工现场主要临时用房、临时设施的防火间距、临时消防设施的配置要求、动火作业的概念及要求、火灾种类、灭火器的类型及选择等；熟悉隧道施工消防设施布置的重点及相关要求。

（2）能结合案例绘制施工消防设施布置图。

任务要求

请基于单元一任务一的成果——隧道施工场地布置平面图，绘制施工消防设施布置图，并在图中标注防火间距及要求。建筑灭火器配置设计图例见表2-4。

建筑灭火器配置设计图例   表2-4

图例	名称	类别	图例	名称	类别
△	手提式灭火器	灭火器种类	△	卤代烷	灭火剂种类
⌂	推车式灭火器	灭火器种类	◮	二氧化碳	灭火剂种类

续上表

图例	名称	类别	图例	名称	类别
⊗	水	灭火剂种类	△	非卤代烷和二氧化碳类气体灭火剂	灭火剂种类
⊘	泡沫	灭火剂种类	△⊗	手提式清水灭火器	灭火器
⊗	含有添加剂的水	灭火剂种类	△▨	手提式ABC类干粉灭火器	灭火器
⊠	BC类干粉	灭火剂种类	△▨	手提式二氧化碳灭火器	灭火器
▨	ABC类干粉	灭火剂种类	△⊠	推车式BC类干粉灭火器	灭火器

导学 问题

（1）简述本任务消防设施布置方案的重点。

_____
_____
_____
_____

（2）本任务隧道有哪些施工作业可能涉及动火作业？

_____
_____
_____
_____

一、防火间距

易燃易爆危险品库房与在建工程的防火间距不应小于15m,可燃材料堆场及其加工场、固定动火作业场与在建工程的防火间距不应小于10m,其他临时用房、临时设施与在建工程的防火间距不应小于6m。施工现场主要临时用房、临时设施的防火间距见表2-5。

施工现场主要临时用房、临时设施的防火间距(m)　　　表2-5

类项	办公用房、宿舍	发电机房、变配电房	可燃材料库房	厨房操作间、锅炉房	可燃材料堆场及其加工场	固定动火作业场	易燃易爆危险品库房
办公用房、宿舍	4	4	5	5	7	7	10
发电机房、变配电房	4	4	5	5	7	7	10
可燃材料库房	5	5	5	5	7	7	10
厨房操作间、锅炉房	5	5	5	5	7	7	10
可燃材料堆场及其加工场	7	7	7	7	7	10	10
固定动火作业场	7	7	7	7	10	10	12
易燃易爆危险品库房	10	10	10	10	10	12	12

注:表中内容整理自《建设工程施工现场消防安全技术规范》(GB 50720—2011)和《公路水运工程施工安全标准化指南》。

二、临时消防设施

临时消防设施是设置在建设工程施工现场,用于扑救施工现场火灾、引导施工人员安全疏散等的各类消防设施,包括灭火器、临时消防给水系统、消防应急照明、疏散指示标识、临时疏散通道等。施工现场、生产区、生活区、办公区应按规定配备满足要求且有效的消防设施和器材,其中灭火器的配置数量应按现行国家标准《建筑灭火器配置设计规范》(GB 50140)的有关规定经计算确定,且每个场所的灭火器数量不应少于2具。临时消防设施具体配置要求见表2-6的示例,表中内容根据《广东省高速公路工程施工安全标准化指南》整理,供参考。

消防设施和器材的配置要求   表 2-6

部位或场所		消防设施和器材	配置要求
生活区、办公区		手提式 4kg 干粉灭火器	不少于 2 具/100m²
		不小于 20m³ 消防水池,配消防水泵	1 个
		2m³ 的消防沙池,配消防铲和消防桶	1 个
厨房、食堂		手提式 4kg 干粉灭火器	各不少于 2 具
门卫室		手提式 4kg 干粉灭火器	不少于 2 具
试验室	力学室、混凝土室	手提式 4kg 干粉灭火器	各不少于 1 具
	集料室、土工室、化学分析室、沥青室、抽提室	手提式 4kg 干粉灭火器	各不少于 2 具
钢筋加工场	动火区	手提式 4kg 干粉灭火器	2 具/50m²
拌合楼及控制室		手提式 4kg 干粉灭火器	各不少于 1 具
	沥青罐区、导热油炉、油料存储区	推车式 35kg 干粉灭火器	各不少于 2 具
		手提式 4kg 干粉灭火器	各不少于 4 具
	拌合楼	2m³ 消防沙池,配消防铲和消防桶	1 个
发电机房、变配电房		手提式 4kg 干粉灭火器	各不少于 2 具
储料仓		手提式 4kg 干粉灭火器	不少于 2 具
火工品库	值班室	手提式 4kg 干粉灭火器	不少于 2 具
	炸药库、雷管库	手提式 4kg 干粉灭火器	各不少于 2 具
		2m³ 消防沙池,配消防铲和消防桶	置于两库中间
		不小于 15m³ 的消防水池,配消防水泵	置于沙池旁
易燃易爆品仓库	每间仓库	手提式 4kg 干粉灭火器	各不少于 2 具
油库		推车式 35kg 干粉灭火器	不少于 1 具
		手提式 4kg 干粉灭火器	不少于 4 具
		2m³ 消防沙池,配消防铲和消防桶	1 个
临时动火作业场所		手提式 4kg 干粉灭火器	不少于 1 具

三、动火作业

动火作业是指在施工现场进行明火、爆破、焊接、气割或采用酒精炉、煤油炉、喷灯、砂轮、电钻等工具进行可能产生火焰、火花和赤热表面的临时性作业。

施工现场动火作业前,应由动火作业人提出动火作业申请。动火作业申请至少应包含动火作业的人员、内容、部位或场所、时间、作业环境及灭火救援措施等内容。动火许可证的签发人收到动火申请后,应前往现场查验并确认动火作业的防火措施落实后,再签发动火许可证。

四、火灾种类

灭火器配置场所可能面临的火灾种类应根据该场所内的物质及其燃烧特性进行分类,灭火器配置场所的火灾种类可划分为五类,见表2-7。

火灾种类　　　　　　　　　　　　　　　　　　　　　　　　　　　　表2-7

种类	名称	示例或备注
A类	固体火灾	如木材、棉、毛、麻、纸张及其制品等燃烧造成的火灾
B类	液体火灾或可熔固体火灾	如汽油、煤油、柴油、原油、甲醇、乙醇、沥青、石蜡等燃烧造成的火灾
C类	气体火灾	如煤气、天然气、甲烷、乙烷、丙烷、氢气等燃烧造成的火灾
D类	金属火灾	如钾、钠、镁、钛、锆、锂、铝镁合金等燃烧造成的火灾
E类	带电火灾	如发电机房、变压器室、配电间、仪器仪表间和电子计算机房等在燃烧时不能及时或不宜断电的电气设备带电燃烧造成的火灾。仅有常规照明线路和普通照明灯具而且并无上述电气设备的普通建筑场所,可不按E类火灾的规定配置灭火器

五、灭火器的选择

灭火器是扑救初起火灾的重要消防器材,轻便灵活,稍经训练即可掌握其操作使用方法,可手提或推拉至着火点附近,及时灭火,确属消防实战灭火过程中较理想的第一线灭火装备。凡是存在(包括生产、使用和储存)可燃物的工业与民用建筑场所,均应配置灭火器。

常用灭火器包含水型灭火器、干粉灭火器、泡沫灭火器、二氧化碳灭火器等类型,其适用性见表2-8。选择灭火器应考虑的因素包括:①灭火器配置场所的火灾种类;②灭火器配置场所的危险等级;③灭火器的灭火效能和通用性;④灭火剂对被保护物品的污损程度;⑤灭火器设置点的环境温度;⑥使用灭火器人员的体能。

灭火器类型适用性　　　　　　　　　　　　　　　　　　　　　　　表2-8

火灾场所	灭火器类型					
	水型灭火器	干粉灭火器		泡沫灭火器		二氧化碳灭火器
		磷酸铵盐干粉灭火器	碳酸氢钠干粉灭火器	机械泡沫灭火器	抗溶泡沫灭火器	
A类场所	适用	适用	不适用;碳酸氢钠对固体可燃物无黏附作用只能控火,不能灭火	适用	适用	不适用;灭火器喷出物为气体,对A类火灾基本无效

续上表

火灾场所	灭火器类型					
	水型灭火器	干粉灭火器		泡沫灭火器		二氧化碳灭火器
		磷酸铵盐干粉灭火器	碳酸氢钠干粉灭火器	机械泡沫灭火器	抗溶泡沫灭火器	
B类场所	不适用;水射流冲击油面,会激溅油火,致使火势蔓延	适用	适用	适用于扑救非极性溶剂和油品火灾	适用于扑救极性溶剂火灾	适用
C类场所	不适用;灭火器喷出的细小水流对气体火灾作用很小,基本无效	适用	适用	不适用;基本无效	不适用;基本无效	适用
E类场所	不适用	适用	适用于带电的B类火灾	不适用	不适用	适用于带电的B类火灾

此外,对D类火灾,即金属燃烧造成的火灾,就我国目前情况来说,还没有定型的灭火器产品,可采用干砂或铸铁屑末来替代。目前各地比较普遍存在的问题是:在A类火灾场所配置不能扑灭A类火的碳酸氢钠干粉灭火器。另外,对碱金属(如钾、钠)火灾,不能用水型灭火器去灭火,其原因之一是由于水与碱金属作用后,会生成大量的氢气,氢气与空气中的氧气混合后,容易形成具有爆炸性的气体混合物,从而有可能引起爆炸事故。

在专用的电子计算机房内,要考虑被保护的对象是电子计算机等精密仪表设备,若使用干粉灭火器灭火,肯定能灭火,但其灭火后所残留的粉末状覆盖物对电子元器件则会造成一定的腐蚀和粉尘污染,而且也难以清洁。水型灭火器和泡沫灭火器也有类同的污损作用。而选用气体灭火器灭火不仅没有任何残迹,而且对贵重、精密设备也没有污损、腐蚀作用。

安全 典故

防火(节选自《东京梦华录》)

孟元老[宋]

每坊巷三百步许,有军巡铺屋一所,铺兵五人,夜间巡警,收领公事。又于高处砖砌望火楼,楼上有人卓望。楼下有官屋数间,屯驻军兵百余人,及有救火家事。谓如大小桶、洒子、麻搭、斧锯、梯子、火叉、大索、铁猫儿之类。每遇有火患,则军厢主马步军、殿前三衙、开封府各领军汲水扑灭,不劳百姓。

单元三 临时用电

任务一 临时用电安全检查

学习 目标

（1）了解三级配电系统、TN-S 接零保护系统、二级漏电保护系统等概念；熟悉施工临时用电的相关技术要求。

（2）能结合案例填写施工现场临时用电安全检查表。

任务 要求

某二级公路改扩建工程正处于施工阶段，监理单位甲公司成立了监理项目部，对全线的 4 个施工标段进行监理。第三标段全长 15km，施工中标单位为乙公司，乙公司成立了施工项目部，负责其承包标段的工程建设管理工作。施工单位丙公司（劳务公司）是乙公司的分包单位，承担第三标段的路基防护工程施工（含浆砌片石挡土墙、护坡等），临时用电的地点较多，用电负荷较小。

触电事故作为建筑施工行业"五大伤害"之一，必须高度重视。由于现场临时用电的复杂性和潜在风险，如复杂的电线布置、各种电气设备使用和维护等，需执行严格的安全检查和控制措施，以防止触电事故发生。甲公司张某作为监理项目部的安全工程师，对第三标段的施工现场临时用电情况进行安全检查。

张某注意到丙公司承担的路基防护工程施工中所用的一台砂浆搅拌机，供电线缆有两处导线绝缘层破损,暴露出铜线(图 2-3),砂浆搅拌机的供电回路未安装漏电保护开关(图 2-4),且砂浆搅拌机的金属结构(外露的可导电部分)未做接地保护(图 2-5)。此外,施工现场的临时用电总配电箱(图 2-6)采用木板材制作,无箱门,存在电气火灾风险。卷扬机电机的导线,直接缠绕在手脚架上,未采取防止导线损伤的措施(图 2-7)。检查内业资料时,张某发现乙公司编制了施工临时用电方案,但是该方案未包括丙公司的施工临时用电的内容。丙公司的临时用电,没有达到 5 台用电设备或 50kW 用电功率,没有编制施工临时用电方案,丙公司就近便利接电,有些是从乙公司的临时用电系统接出,有些是从附近居民用电系统接出。

图 2-3　导线绝缘层破损　　图 2-4　未安装漏电保护开关　　图 2-5　未防止导线损伤

图 2-6　总配电箱使用木板制造且无箱门　　图 2-7　卷扬机电机导线未穿管保护

请结合以上描述,以安全监理工程师张某的身份填写施工现场临时用电安全检查表及安全隐患整改通知单。

姓名：_____ 班级：_____ 学号：_____

_____建设项目
施工现场临时用电安全检查表

受检查单位名称：

序号	检查项目	检查内容	检查结果	备注
1	临时用电方案			
2	外电防护			
3	TN-S 接零保护系统			
4	防雷接地			
5	三级配电系统 （配电箱及开关箱的设置）			
6	漏电保护系统			
7	电气装置 （配电箱开关箱中的电器）			
8	配电线路			
9	现场照明			
10	电动机械和电动工具			
11	其他(人员资质等)			

检查人员：　　　　　　　　　　　　　　　　　　　　　　　　　　日期：

导学 问题

(1) 在施工现场,应从哪些方面保证临时用电方案的安全性和规范性?

(2) 施工现场临时用电工程组织设计(临时用电专项方案)应包括哪些内容?

(3) 施工现场临时用电配电系统中的"三级配电"的基本要求是什么?

(4) 施工现场临时用电中的漏电保护系统的基本要求是什么?

(5) 施工现场临时用电中的接地与接零保护系统有哪些基本要求?

提示 问题(1)~(5)参见现行《施工现场临时用电安全技术规范》(JGJ 46)。

知识链接

一、三级配电系统

施工现场配电系统应设置配电柜或总配电箱、分配电箱、开关箱,实行三级配电,如图 2-8 所示,这种分三个层次逐级配送电力的系统就称为三级配电系统。其中,配电箱是一种专门用于分配电力的配电装置,包括总配电箱和分配电箱,如无特指,总配电箱、分配电箱合称配电箱。开关箱是末级配电装置的通称,亦可作为用电设备的控制装置。

图 2-8 三级配电及二级保护

总配电箱应设在靠近电源的区域,总配电箱以下可设若干分配电箱。分配电箱应设在用电设备或负荷相对集中的区域,分配电箱以下可设若干开关箱。分配电箱与开关箱的距离不得超过 30m,开关箱与其控制的固定式用电设备的水平距离不宜超过 3m。每台用电设备必须有各自专用的开关箱,严禁用同一个开关箱直接控制 2 台及 2 台以上用电设备(含插座)。动力配电箱与照明配电箱宜分别设置,当合并设置为同一配电箱时,动力和照明应分路配电,动力开关箱与照明开关箱必须分设。

三级配电系统提高了电力供应的安全性和可靠性。如果某个设备或某个电路出现故障,这个问题可以被局限在一个较小的范围内,不会影响到整个施工现场的电力供应。此外,将动力配电箱和照明配电箱分开设置也是一种更好的方法:即使动力电路出现问题,照明设备仍然可以正常工作,在夜晚时能保证施工现场的安全。

二、TN-S 接零保护系统

TN-S 接零保护系统是工作零线 N 与保护零线 PE 分开设置的接零保护系统,具体是指在采用保护接零的中性点直接接地系统中,除在中性点作工作接地外,还必须在接地线上的一处或多处重复接地,如图2-9所示。

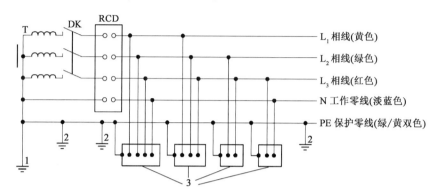

图2-9　TN-S接零保护系统示意
1-工作接地;2-PE线重复接地;3-电气设备金属外壳;DK-总电源隔离开关;RCD-总漏电保护器;T-变压器

在TN-S接零保护系统中,电气设备的金属外壳必须与保护零线PE连接。若设备出现故障,电流会被直接引导到地下,而不是留在设备上。重要的是,保护零线上不能有任何开关或熔断器,这是为了确保在任何情况下电流都有一条不受阻碍的路径流向地下。通过将保护零线接地,并确保所有设备的金属外壳都与这条线连接,可大大降低工作场所的电气安全风险。

三、二级漏电保护系统

二级漏电保护系统是指应在总配电箱和开关箱内设置的漏电保护器,如图2-9所示。漏电保护器是一种装置,又称为漏电断路器,它能够检测电路中的漏电情况,并在检测到异常时迅速断开电源,从而避免触电事故的发生。

总配电箱的漏电保护器:在总配电箱中,总路和各分路都应设置隔离开关。漏电保护器可以设置在总路上,此时各分路需要设置分路断路器或分路熔断器。如果漏电保护器同时具有短路、过载、漏电保护功能,那么就不需要设置总断路器或总熔断器。

开关箱的漏电保护器:每个开关箱中都应设置漏电保护器。当这些漏电保护器同时具备短路、过载、漏电保护功能时,就无需额外设置断路器或熔断器。但漏电保护器不能作为开关箱中的开关使用,应在电源进线端设置隔离开关,隔离开关在分断时应具有可见分断点,且能够同时断开所有电路。

二级漏电保护系统通过在总配电箱和开关箱设置漏电保护器,为施工现场提供了双重保护。这不仅提高了电路的安全性,也确保了在发生故障时,将其他用电设备和电路的影响降到最低。通过这种方式,可以更有效地防止电气故障和触电事故,确保施工现场的安全和高效运行。

任务二　临时用电安全管理清单

学习目标

（1）了解内电线路保护和外电线路防护的基本要求、安全生产清单的基本概念和相关知识；熟悉施工临时用电的主要危险源、危害因素以及施工临时用电的主要技术要求和防护措施。

（2）能结合案例设计施工现场临时用电安全管理清单。

任务要求

某二级公路改扩建工程正处于施工阶段，监理单位甲公司成立了监理项目部，对全线的4个施工标段进行监理。第三标段全长15km，施工中标单位为乙公司，主要工程内容包括1座大桥（其86m高墩施工使用了两台塔式起重机）、3座中桥、26个涵洞、13.6km路基、15km混凝土路面。乙公司将路基防护工程、路基排水工程、路基绿化工程等非主体工程内容分包给其他单位施工，其余工程内容由自己施工。施工项目部的生活区、办公区、钢筋加工厂、拌和厂、预制厂以及大桥的施工现场，共有86台固定的大功率电动机械或设备。1座大桥、3座中桥、26个涵洞的施工中，高峰期还需要用到共65台（套）移动的电动机械或电动工具（如电焊机、水泵、振捣棒、潜水式钻孔机等）。固定照明灯具按450个考虑，另外有部分路段在旧路基础上扩建，为了减少行车干扰，在夜间施工，须使用易于移动的照明灯具（行灯），按50个行灯考虑。施工项目部根据现行《施工现场临时用电安全技术规范》（JGJ 46），编制了施工现场临时用电专项方案，根据前述的用电负荷，施工现场临时用电采用一座350kW的专用变压器供电，并按规范要求采用三级配电系统、TN-S接零保护系统、二级漏电保护系统。各分包单位承担的非主体工程的临时用电量较少，根据分包合同由各分包单位自行负责，未在方案中考虑。

请结合以上描述，以乙公司专职安全员的身份，找出本项目最容易违规的部分或风险最大的地方，设计现场临时用电安全管理清单，以便定期检查。

施工准备阶段安全控制 模块二

姓名：_____ 班级：_____ 学号：_____

_____项目经理部
_____**安全管理清单**

阶段/环节/分部分项：　　　　　　　　　　　　　　　　清单类型：

序号	安全事项	责任部门或责任人	完成标准或通过标准	是否通过	备注

安全管理清单检查人：　　　　　　　　　　　　　　　　　　　　　　　日期：

填写说明(印刷在清单背面):

1. 一事一单:每个工序、每个岗位或每种特定工作,均需对应编制一张安全管理清单。

2. 相关阶段/环节:指明安全事项涉及的施工阶段或环节,如设计、施工、拆除等;也可以是不同分部分项工程的阶段划分,如基坑开挖阶段、主体结构施工阶段、装饰装修阶段,或土方工程、混凝土工程、砌筑工程等,每个阶段都需要关注不同的安全事项;还可以是针对特种作业的安全要求(如高处作业、吊装作业、焊接作业等)、针对安全事故发生时的应急预案清单(包括事故处理流程、人员分工、应急设备与物资供应等)、针对安全检查的安全管理清单。

清单类型:指的是"先操作后确认"和"边读边作"这两种清单类型的一种。

3. 序号:为清单中的每个事项分配一个唯一的序号,通常应按各项事项的最迟完成时间的顺序编号。按时间发展顺序排列,应先完成的事项编号更小,排在前面,后完成的事项编号更大,排在后面。

4. 安全事项:具体描述清单中的每个安全事项,清晰明确地表达其要求和目的。

5. 责任部门:明确负责执行和监督安全事项的部门,如施工队、监理单位、施工项目经理部、工程技术部等。

责任人:为每个安全事项分配具体的责任人,以确保事项得到贯彻执行。

6. 完成标准/验收标准:详细说明如何判断安全事项是否完成或达到验收标准,以便评估执行情况。

7. 完成情况:记录安全事项的执行情况,如已完成、未完成或正在进行中等,或对已完成且合格通过的打勾,对未完成的进行文字备注。

8. 备注:提供其他与安全事项相关的重要信息。

9. 安全管理清单检查人:指的是每个安全事项"是否通过"的检查判定者。对于"边读边作"类型的清单,通常也是该清单中大多数安全事项的责任人;对于检查类的"先操作后确认"类型的安全管理清单,检查判定者通常为专职安全员或其他管理人员,而不是安全事项的责任人(当然,有时也可能是其中某些安全事项的责任人)。

10. 日期:填开始时间,或该清单最后一个安全事项通过检查的时间。

导学 问题

(1)本任务中的(固定式)塔式起重机在外电线路及电气设备防护、重复接地、防雷接地方面,有哪些要求?

(2)电焊机械属于易发生触电事故的移动用电设备。本任务中的电焊机在日常使用及维护中,应注意哪些用电安全措施?

(3)振捣棒(插入式振动器)及其移动插座属于施工现场高频率使用的移动式电动机械(手持式电动工具),易发生触电事故,在其日常使用及维护中,应注意哪些用电安全措施?

(4)本任务中的水泵,是在潮湿场所操作的移动式电动机械,易发生触电事故,在其日常使用及维护中,应注意哪些用电安全措施?

(5)对混凝土搅拌机、钢筋加工机械、木工机械、盾构机械等设备进行清理、检查、维修时,应采取什么用电安全防护措施?

(6)对于本任务夜间施工时使用的移动式照明灯具(行灯),应注意哪些用电安全措施?

(7)对配电箱、开关箱进行定期维修、检查,应采取什么用电安全防护措施?

提示 问题(1)~(7)参见《施工现场临时用电安全技术规范》(JGJ 46)。

知识链接

一、内电线路保护

内电线路即施工现场临时用电工程配电线路。配电线路应根据施工现场环境特点，以满足线路安全运行、便于维护和拆除为原则，选择架空、埋地或沿支架等敷设方式。敷设方式应能够使线路避免受到机械性损伤或其他损伤，不应将线路敷设在树木上或直接绑挂在金属构架和金属脚手架上，不应使线路接触潮湿地面或接近热源。电缆类型应根据敷设方式、环境条件选择，埋地敷设宜选用铠装电缆，当选用无铠装电缆时，线缆应能防水、防腐。架空敷设宜选用无铠装电缆。

为保障施工用电安全，内电线路敷设的最小安全距离见表2-9，表中内容根据《建设工程施工现场供用电安全规范》（GB 50194—2014）整理，供参考。

内电线路敷设的最小安全距离（m） 表2-9

敷设方式	最小安全距离类别	距离测算方式	要求
架空线路	与施工现场道路	沿道路边时与路沿的水平距离	0.5（线路电压≤1kV） 1.0（线路电压≤10kV）
		跨越道路时与路面的垂直距离	6.0（线路电压≤1kV） 7.0（线路电压≤10kV）
	与在建工程，包含脚手架工程	水平距离	7.0（线路电压≤1kV） 8.0（线路电压≤10kV）
	与临时建（构）筑物	水平距离	1.0（线路电压≤1kV） 2.0（线路电压≤10kV）
	与10kV及以下的外电线路	垂直距离	2.0
		水平距离	3.0
	与220kV及以下的外电线路	垂直距离	4.0
		水平距离	7.0
	与500kV及以下的外电线路	垂直距离	6.0
		水平距离	13.0
埋地电缆	与外电线路电缆	平行距离	0.5
		交叉距离	0.5
	与热力管沟	平行距离	2.0
		交叉距离	0.5
	与油管或易（可）燃气管道	平行距离	1.0
		交叉距离	0.5

续上表

敷设方式	最小安全距离类别	距离测算方式	要求
埋地电缆	与其他管道	平行距离	0.5
		交叉距离	0.5
	与道路边、树木主干、1kV 以下架空线电杆	平行距离	1.0
	与 1kV 以上架空线杆塔基础	平行距离	4.0

二、外电线路防护

外电线路是施工现场临时用电工程配电线路以外的电力线路,在建工程不得在外电架空线路保护区内搭设生产、生活等临时设施或堆放构件、架具、材料及其他杂物等。其中,架空线路保护区是导线边线向外侧水平延伸并垂直于地面所形成的两平行面内的区域,在一般地区 1~10kV 电压导线的边线延伸距离为 5m。施工现场的道路、临时建筑、在建工程、机械、设施等与外电架空线路之间的最小安全距离见表 2-10,表中内容根据《建设工程施工现场供用电安全规范》(GB 50194—2014)整理,供参考。

外电架空线路防护的最小安全距离(m)　　　　表 2-10

类别	项目	外电线路电压等级					
		≤10kV	35kV	110kV	220kV	330kV	500kV
与防护设施	距离	2.0	3.5	4.0	5.0	6.0	7.0
与施工道路	跨越道路时与路面的垂直距离	7.0		8.0		14.0	
	沿道路边时与路沿的水平距离	0.5		5.0		8.0	
与临时建筑物	垂直距离	5.0		8.0		14.0	
	水平距离	4.0		5.0		8.0	
与在建工程脚手架	水平距离	7.0		10.0		15.0	
与各类施工机械	净距	2.0		6.0		8.5	

三、安全生产清单

安全生产清单就是把安全生产政策、法律法规、标准、规范的要求和实际工作需要以清单形式固化下来,将责任和工作要求落实到单位和每一个责任人,实行照单履责、按单办事,从而减少工作失误和责任推诿,达到明晰责任、规范管理、简明扼要、提高效率、降低成本、防范化解安全风险的目的。

四川省自2019年起,在多部门及行业领域开展安全生产清单制管理试点工作。四川省住房和城乡建设厅于2021年12月发布了《建筑施工企业安全责任清单(2.0版)参考模板》。国家层面上,国务院安全生产委员会于2022年4月发布了《"十四五"国家安全生产规划》,其中指出,推动落实地方党政领导干部安全生产责任制,制定安全生产职责清单和工作任务清单。

1. 清单管理的四大原则

一是权力下放:将决策权分散到外围,而不是聚集在中心,让每个人担负起自己的责任,让个人能够根据自己所掌握的经验和专业技术适应环境,应对挑战。相关总体负责人需要做的并不是直接进行决策,而是督促大家积极参与讨论,这是清单奏效的关键所在。

二是简单至上:清单不是"无所不包",而应简单、可测与高效。从来没有全面的高效,没有一张清单能涵盖所有情况,冗长而含糊不清的清单是无法被高效并安全执行的,"关键点"比"大而全"更重要,抓取关键才是高绩效的保证。

三是人为根本:清单的力量是有限的,它能够帮助记忆如何操作复杂的程序和设备,能够帮助人们厘清各任务的重要性,并且促使人们进行团队合作。但解决问题的主体仍然将落到具体的人,而不是清单,尤其是在危急的情况下。

四是持续改善:简洁和有效永远是对立统一的两面,只有持续改善,才能让清单始终做到确保安全、正确和稳定。清单上列出的每一项内容都可能需要进行调整,若删减项目过多,可能忽略一些重要步骤;若保留项目过多,清单又会变得冗长不便。

2. 清单编制的六大要点

第一,设定清晰的检查点;以便使用者根据清单列出的项目或节点执行检查程序。

第二,选择合适的清单类型;根据具体情况和实际需要,选择"先做后验"或"边读边做"类型清单。前者指,先完成操作或事项,后确认是否满足要求;后者指,一边阅读清单项目,一边开展相应的安全检查。

第三,简明扼要,不宜太长。若在某检查项的停留时间过长,使用者可能会偷工减料,跳过一些步骤,故应重点关注那些容易被忽视且后果严重的步骤,即所谓"杀手项目"。

第四,清单用语精练、准确。应采用精练、准确、为使用者所熟悉的专业用语。

第五,清单版式整洁,切忌杂乱无章。检查项目的长度最好不要超过一页,不要排列得杂乱无章,也不要随便使用各种颜色。

第六,清单内容必须在现实中接受检验。现实往往比想象更为复杂,编制人员需要对失败原因进行仔细研究,对清单进行改进,并不断测试,直到其在各种现实环境中均切实有效。

本模块参考文献

[1] 北京市劳动保护科学研究所,北京光电技术研究所.安全标志及其使用导则:GB 2894—2008[S].北京,中国标准出版社,2008.

[2] 中国交通建设股份有限公司.公路工程施工安全技术规范:JTG F90—2015[S].北京:人民交通出版社股份有限公司,2015.

[3] 公安部上海消防研究所.建筑灭火器配置设计规范:GB 50140—2005[S].北京:中国计划出版社,2005.

[4] 中华人民共和国住房和城乡建设部.建设工程施工现场消防安全技术规范:GB 50720—2011[S].北京:中国计划出版社,2011.

[5] 北京市劳动保护科学研究所,北京光电技术研究所.安全标志及其使用导则:GB 2894—2008[S].北京:中国标准出版社,2009.

[6] 广东省交通运输厅.广东省高速公路工程施工安全标准化指南[M].人民交通出版社股份有限公司,2017.

[7] 交通运输部安全与质量监督管理司."两区三厂"建设安全标准化指南[M].北京:人民交通出版社股份有限公司,2021.

[8] 沈阳建筑大学.施工现场临时用电安全技术规范:JGJ 46—2005[S].北京:中国建筑工业出版社,2005.

[9] 苏州电器科学研究院股份有限公司等.人机界面标志标识的基本和安全规则 设备端子、导体终端和导体的标识:GB/T 4026—2019[S].北京:中国标准出版社,2019.

[10] 葛文德.清单革命[M].王佳艺译.杭州:浙江人民出版社,2012.

模块三

通用作业施工安全技术

单元一　支架及模板工程

单元二　混凝土工程

单元三　起重吊装

单元四　高处作业

单元五　爆破作业

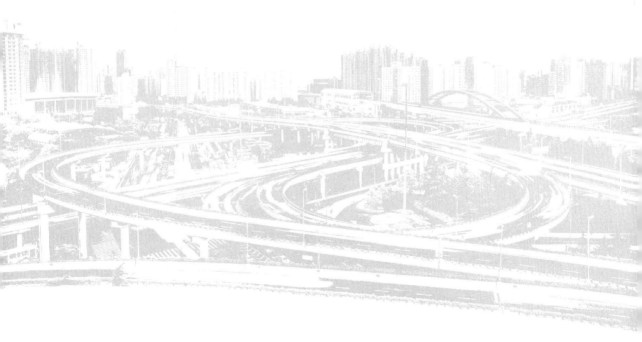

单元一 支架及模板工程

任务一 支架及模板工程重大隐患排查

学习 目标

（1）了解支架及模板工程的基本概念和主要危险源、贝雷梁的构造特点和主要用途；熟悉《公路水运工程建设重大事故隐患清单管理制度》、支架及模板工程的重大事故隐患。

（2）能结合案例的施工安全重大事故隐患清单完成对标自查。

任务 要求

某在建特大桥设计为并列双幅桥，双向八车道，桥面总宽 2×20.3m+1.0m（分隔带）= 41.6m。该桥的南引桥工程属于高墩大跨桥梁，全长 240.4m，是单独的施工合同段，施工单位是甲公司，监理单位是乙公司。

南引桥的 16~22 号桥墩均为双柱式桥墩，矩形截面，桥墩高度依次为 53.9m、48.9m、42.5m、33.3m、24.1m、14.8m、5.9m，采用翻模施工（按规定编制、审批了专项方案，未组织专家论证、审查）；墩下基础为承台加短桩基础，桩径 2.8m，桩长 8.0~13.6m，采用人工挖孔施工。23 号台为 U 形桥台，基础为明挖扩大基础，基坑深度 3.5m。

南引桥的上部结构为现浇预应力钢筋混凝土箱梁，标准段为单箱双室截面，跨径布设为 4×40m+4×40m，梁高 2.5m；现浇箱梁的模板支撑体系采用梁柱式支架，支架的立柱和主梁均采用贝雷架拼装而成，贝雷架立柱顺桥向最大间距12m，横桥向最大间距8m，每个立柱采用4排贝雷桁架并排组成排架式立柱，沿高度方向6m安装一个支撑架，立柱与立柱之间在半高度位置设置了一道横撑。甲公司项目经理部在编制箱梁现浇支架模板专项施工方案后，经甲公司总工程师和项目总监理工程师批准后实施（未组织专家论证、审查）。根据专项施工方案，21～22号跨（支架高度14.8～5.9m）的40m模板支撑体系作为试验跨进行了预压（其他跨没有进行预压），用钢锭、沙袋按各阶段设计荷载120%进行预压，由此测量支架体系沉降的弹性和非弹性变形量，以此作为其他各跨支架模板施工预拱度的计算依据。

请结合以上描述，以施工单位技术人员的身份，针对支架及模板工程施工安全重大事故隐患，进行对标自查，并填写清单，其中应注明判断标准和结论。清单栏目摘自"公路工程建设项目施工安全重大事故隐患基础清单（试用）"，必要时可根据实际情况增加隐患内容。

项目施工安全重大事故隐患清单

工程类别	施工环节	隐患编号	隐患内容	对标自查	易引发事故类型
基础管理	方案管理	GJ-001	未按规定编制或未按程序审批存在危险性较大工程专项施工方案		坍塌等
			对超过一定规模的危险性较大工程的专项施工方案未组织专家论证、审查		
			未按照专项施工方案组织施工		
			未配备应急救援队伍，未开展应急演练		
通用作业	模板工程	GT-001	爬模、翻模施工脱模或混凝土承重模板拆除时，混凝土强度未达到设计或规范要求		坍塌
			拆除顺序未按施工方案要求进行		
			模板支架承受的施工荷载超过设计值		
			预埋件和锚固点未按设计方案布置、数量不足		
			紧固螺栓安装数量不足，紧固次数超过产品使用要求		
	支架作业	GT-002	支架的地基或基础未按要求预压、验收		坍塌
			支架未按要求预压、验收		
			支架搭设使用明令淘汰的钢管材料，无产品合格证，未经检验或检验不合格的管材、构件		

制定：　　　　　　　批准发布：　　　　　　　日期：

导学问题

(1)本任务有哪些危险性较大工程需编制专项施工方案？其中哪些应组织专家认证、审查？

_____
_____
_____
_____

提示 参见现行《公路工程施工安全技术规范》(JTG F90)，下同。

(2)本任务模板支撑体系的预压方案是否满足规范要求？

_____
_____
_____
_____

(3)在本任务支架预压或混凝土浇筑施工过程中，如何对贝雷梁支撑体系进行检查或监测？

_____
_____
_____
_____

(4)若在本任务支架预压的过程中，贝雷支架主柱出现弯曲失稳的险情，应如何处理？

_____
_____
_____
_____

知识链接

一、模板及支架

模板体系是由面板、支架和连接件三部分系统组成的体系,可简称为"模板"。面板是直接接触新浇混凝土的承力板,包括拼装的板和加肋楞带板;支架是支撑面板用的楞梁、立柱、连接件、斜撑、剪刀撑和水平拉条等构件的总称;连接件是面板与楞梁的连接、面板自身的拼接、支架结构自身的连接和其中二者相互间连接所用的零配件。为了突出支架的重要性,按照行业习惯,很多时候也将支架与模板区分开,称为模板及支架工程,或模架体系。模板及支架应具有足够的承载能力、刚度和稳定性。

根据《住房城乡建设部办公厅关于实施〈危险性较大的分部分项工程安全管理规定〉有关问题的通知》(建办质〔2018〕31号),各类工具式模板工程(包括滑模、爬模、飞模、隧道模等工程)、部分混凝土模板支撑工程以及用于钢结构安装等,均属于危险性较大的分部分项工程,施工单位应在施工前组织工程技术人员编制专项施工方案。模板及支架施工应考虑的主要危险源、危险因素包括:地基下沉、模板沉落、爆模、坍塌等。

二、贝雷梁

贝雷梁(也称贝雷架)是由贝雷片纵向连接和贝雷支撑架横向连接组成的空间桁架结构,可作为装配式钢便桥的主要承重上部结构。贝雷片是由上弦杆、下弦杆、竖杆及斜杆焊接而成的桁架,弦杆端部有阴阳接头与桁架连接销孔,如图3-1所示。贝雷支撑架又称花架,为设置于贝雷片之间的横向连接构件,如图3-2所示。

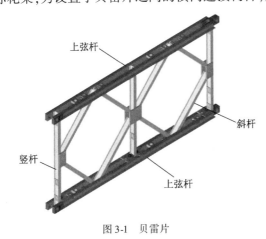

图3-1 贝雷片

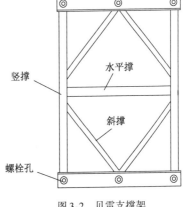

图3-2 贝雷支撑架

贝雷梁最早在二战期间由英国工程师唐纳德·贝雷设计,我国自20世纪60年代开始生产与之相仿的"321"公路钢桥,也有人习惯称之为"321型贝雷梁"。其中贝雷片长3.0m,高1.5m。之后,我国又研制了"HD200型贝雷梁"。

贝雷梁具有结构简单、适应性强、互换性好、拆装方便、架设速度较快、载质量大等优点,主要用于架设临时性钢便桥或通道,如图3-3和图3-4所示,还可用于构筑施工塔架、支承架、龙门架等多种装配式钢结构,如图3-5~图3-8所示,用途十分广泛。这些应用大致可分为两类,一类作"梁",主要用于承受弯矩和剪力;另一类作"柱",主要用于承受竖向荷载。

图3-3 临时栈桥

图3-4 临时通道

图3-5 梁柱式支架

图3-6 龙门起重机

图3-7 缆索式起重机塔柱

图3-8 拱桥扣索塔架

三、重大事故隐患清单

公路工程建设重大事故隐患是指在建设过程中,可能导致发生重大及以上等级生产安全事故的环境或物的不安全状态、人的不安全行为及管理存在的缺陷。

为强化公路水运工程建设安全生产管理工作,推动重大事故隐患管理工作,遏制重、特大生产安全事故发生,交通运输部于2015年发布了《公路水运工程建设重大事故隐患清单管理制度》,内含附件——公路工程重大事故隐患清单(行业基础板)。其中要求:各地交通运输主管部门结合本地区公路水运工程建设实际,参考行业基础清单,制定本地区重大事故隐患地方基础清单,监督指导公路水运工程建设项目的重大事故隐患清单管理及事故隐患排查治理工作。施工单位在承建的公路水运工程项目开工前,依据工程实际,参照有关清单,制定工程项目的重大事故隐患清单,并在建设过程中,参照该清单开展事故隐患排查。

2023年,交通运输部办公厅发布了《公路水运工程施工安全治理能力提升行动方案》,内含附件——公路工程建设项目施工安全重大事故隐患基础清单(试用)。其中要求:各地交通运输主管部门要结合本地区工程建设实际,根据重大事故隐患基础清单,制定本地区重大事故隐患基础清单并动态更新。建设单位要组织参建单位制定项目重大事故隐患清单,组织参建单位管理人员每年至少开展一次专题培训,严格落实重大事故隐患排查整治工作要求。施工单位、监理单位要将项目重大事故隐患清单纳入工作人员岗前教育培训,组织全员对标对表开展事故隐患自查自改。

任务二　支架及模板工程安全隐患整改

学习 目标

(1)了解脚手架的基本概念和主要类型以及主要杆件的作用和要求;熟悉支架及模板工程安全检查的要点。

(2)能结合案例填写支架及模板工程的安全隐患整改通知单和安全隐患整改回复单。

任务 要求

某机场高架桥引桥工程,上部为预应力钢筋混凝土连续箱梁,断面为单箱三室斜腹板形式,标准段桥面宽13.5m,下部为钢筋混凝土单柱式桥墩,于2009年开工建设。该工程施工单位为甲公司,监理单位为乙公司。根据施工单位编制的专项施工方案,箱梁混凝土采用支架现浇法施工,在模板下方搭设碗扣式钢管脚手架满堂支撑。其中某段模板支撑架,高度超过8.0m,根据现行《建筑施工脚手架安全技术统一标准》(GB 51210)判定,安全等级为Ⅰ级。

监理单位在该段模板支撑架的安全检查过程中发现:支撑架体周边、内部的纵向和横向剪刀撑的间隔均为9m,未设置水平斜撑杠或剪刀撑;剪刀撑斜向钢管与地面的倾角为40°~50°,斜杆搭接长度为0.9~1.2m,剪刀撑杆件隔步与交叉处立杆或水平杆扣接;架体立杆垂直偏差最大为30mm,钢管平均厚度为3.0mm;下碗扣与立杆钢管之间采用点焊连接。

请结合以上描述,分别以监理单位和施工单位工作人员的身份,下达安全隐患整改通知单并填写安全隐患整改回复单。

姓名:_____ 班级:_____ 学号:_____

_____建设项目
安全隐患整改通知单

单位名称:_____　　　　　　　　　　　　　　　编号:_____

安全隐患 里程桩号		通知日期			
安全隐患情况描述	（可附影像资料）			领导签批	
				(签章)	
				安全人员	
				(签名)	
整改要求				整改责任人	
				(签名)	
				整改日期	
验收意见				验收人	
				(签名)	
				日期	

注：本表由上级安全机构负责下达，交责任单位负责人限期整改落实。对拒不整改事故隐患而发生事故的，将实施严厉处罚。本表一式两份，由上级安全机构、责任整改单位各存一份。

姓名：_____ 班级：_____ 学号：_____

_____建设项目
安全隐患整改回复单

单位名称：　　　　　　　　　　　　　　　　　　　　整改通知单编号：

整改部位/桩号		整改时间	
安全隐患形成 原因分析			
采取的安全措施	（无法清楚描述的，可另附影像资料）		
整改验收意见		验收人	
		（签名）	
		日期	

注：本表由整改责任单位填写，报上级管理部门申请验收。本表一式两份，上级管理部门、整改责任单位各存一份。

导学 问题

(1)请结合本任务,谈谈填写安全隐患整改通知单的思路、方法、问题或体会。

_____

(2)请结合安全检查的情况,具体描述本任务情境中存在的安全隐患,并列出相应的规范依据。

_____

提示 参见现行《建筑施工碗扣式钢管脚手架安全技术规范》(JGJ 166)或现行《建筑施工脚手架安全技术统一标准》(GB 51210)。

(3)本任务箱梁混凝土浇筑拟采用单侧从箱梁高处向低处一次性浇筑的方式,请对此谈谈你的看法。

_____

提示 参见现行《建筑施工模板安全技术规范》(JGJ 162)。

知识链接

一、脚手架

脚手架是由杆件或结构单元、配件通过可靠连接而组成,能承受相应荷载,具有安全防护功能,为工程施工提供作业条件的结构架体,包括作业脚手架和支撑脚手架。作业脚手架是由杆件或结构单元、配件通过可靠连接而组成,支承于地面、工程结构上或附着于工程结构上,为工程施工提供作业平台和安全防护的脚手架,包括以各类不同杆件(构件)和节点形式组成的落地作业脚手架、悬挑式作业脚手架、附着式升降脚手架、外挂防护架等。支撑脚手架是由杆件或结构单元、配件通过可靠连接而组成,支承于地面或工程结构上,可承受各种荷载,具有安全保护功能,为工程施工提供支撑和作业平台的脚手架,包括以各类不同杆件(构件)和节点形式构成的结构安装支撑脚手架、混凝土施工用模板支撑脚手架等。

脚手架的类型较多,以往常用碗扣式、门式或扣件式钢管脚手架,近年较多采用承插型盘扣式钢管脚手架,其中,碗扣及盘扣节点构造分别如图 3-9 及图 3-10 所示。交通运输部会同应急管理部于 2020 年 11 月 06 日发布了《公路水运工程淘汰危及生产安全施工工艺、设备和材料目录》,其中规定,禁止采用门式钢管满堂支撑架,限制采用扣件式钢管满堂支撑架、普通碗扣式钢管满堂支撑架(立杆材质为 Q235 级钢,或构配件表面防腐处理采用涂刷防锈漆、冷镀锌的方法)。

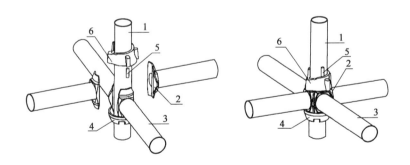

图 3-9 碗扣节点构造
1-立杆;2-水平杆接头;3-水平杆;4-下碗扣;5-限位销;6-上碗扣

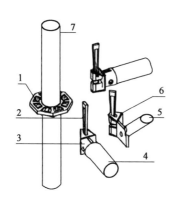 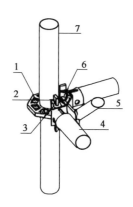

图 3-10　盘扣节点构造

1-连接盘；2-扣接头插销；3-水平杆杆端扣接头；4-水平杆；5-斜杆；6-斜杆杆端扣接头；7-立杆

脚手架承力结构件基本上都是长细比较大的杆件,只有当架体是由多个相对独立的稳定结构单元体组成时,才能保证结构体系的稳定,进而充分发挥作用。脚手架的主要杆件包括立杆、水平杆、扫地杆、剪刀撑、斜撑杆等,具体见表3-1。

脚手架的主要杆件　　　　　　　　　　　　　表3-1

名称	定义	作用或要求
立杆	脚手架中的竖向钢管构件	脚手架的立杆间距和架体步距是脚手架设计计算的主要参数,也是施工现场脚手架搭设过程中搭设质量控制的主要内容,应按专项施工方案设计严格控制,否则会明显降低脚手架的承载能力
水平杆	与立杠连接的水平杆件。沿脚手架纵向设置的为纵向水平杆;沿横向设置的为横向水平杆	水平杆在支撑脚手架中具有重要作用,是架体的主要结构杆件,应按要求设置,以防止支撑脚手架的失稳破坏形态,保证架体达到专项施工方案设计规定的承载力
扫地杆	贴近地面设置,连接立杆根部的纵、横向水平杆件;包括纵向扫地杆、横向扫地杆	脚手架扫地杆应与相邻立杆连接稳固。其具有两个作用:一是减小脚手架立杆的计算长度;二是对架体受力最大部位起到连接拉结作用
斜撑杆	用作脚手架斜撑的钢管构件	斜撑杆或剪刀撑是保证支撑脚手架整体稳定、传递水平荷载、增强架体整体刚度的主要杆件,也是架体的加固件,不可缺失
剪刀撑	在脚手架竖向或水平向成对设置的交叉斜杆	

脚手架的搭设和拆除作业是一项技术性、安全性要求很高的工作,应根据工程特点编制脚手架专项施工方案,并应经审批后实施。如果无专项施工方案而盲目进行脚手架的搭设和拆除作业,极易引发安全事故。作业前,专项施工方案编制人或项目技术负责人应向项目技术管理人员、安全生产管理人员、操作人员等讲明并使其掌握本工程脚手架搭设及拆除作业的方法、技术要求、质量安全控制要点、注意事项等内容。

单元二 混凝土工程

任务一 混凝土工程安全管理清单

学习目标

(1) 了解混凝土分项工程的相关概念；熟悉混凝土分项工程的安全措施和相关要求。
(2) 能结合案例编制桥墩混凝土分项工程的安全管理清单。

任务要求

翠晴高速公路枫丹大桥全长270m，共计9跨，每跨30m。大桥上部结构为后张法预制施工的预应力混凝土小箱梁，下部结构采用轻型桥台与圆柱式桥墩。桥梁的基础采用直径1.8m的钻孔灌注桩。

甲建筑劳务公司承接了桥墩混凝土施工任务。2023年3月，在桥墩混凝土施工期间，工人梁三操作不当，左手手臂被意外卷入到了运转搅拌机的钢丝缆绳当中，受伤。施工员赵某发现混凝土输送泵的出料口堵塞，未及时通知停机处理，泵送混凝土时出现压力过大，泵送管道突然爆裂的情况，所幸未造成人员伤害。当天混凝土搅拌作业全部结束后，施工员李某切断混凝土搅拌站的总闸电源，让工人王某独自一人清理混凝土搅拌机。

在此基础上回溯到施工前，请以项目经理部专职安全员的身份，编制桥墩混凝土分项工程的安全管理清单。

姓名：＿＿＿＿＿＿＿＿＿＿＿＿　　班级：＿＿＿＿＿＿＿＿＿＿＿＿　　学号：＿＿＿＿＿＿＿＿＿＿＿＿

＿＿＿＿＿＿＿＿＿＿＿＿＿＿＿＿＿＿＿＿＿＿＿＿＿＿项目经理部
＿＿＿＿＿＿＿＿＿＿＿＿＿＿＿＿＿＿＿＿＿＿＿＿＿＿**安全管理清单**

阶段/环节/分部分项：　　　　　　　　　　　　清单类型：

序号	安全事项	责任部门或责任人	完成标准或通过标准	是否通过	备注

安全管理清单检查人：　　　　　　　　　　　　　　　　　　日期：

填写说明(印刷在清单背面)

1. 一事一单:每个工序、每个岗位或每种特定工作,均需对应编制一张安全管理清单。

2. 相关阶段/环节:指明安全事项涉及的施工阶段或环节,如设计、施工、拆除等;也可以是不同分部分项工程的阶段划分,如基坑开挖阶段、主体结构施工阶段、装饰装修阶段,或土方工程、混凝土工程、砌筑工程等,每个阶段都需要关注不同的安全事项;还可以是针对特种作业的安全要求(如高处作业、吊装作业、焊接作业等)、针对安全事故发生时的应急预案清单(包括事故处理流程、人员分工、应急设备与物资供应等)、针对安全检查的安全检查清单。

清单类型:指的是"先操作后确认"和"边读边作"这两种清单类型的一种。

3. 序号:为清单中的每个事项分配一个唯一的序号,通常应按各项事项的最迟完成时间的顺序编号。按时间发展顺序排列,应先完成的事项编号更小,排在前面,后完成的事项编号更大,排在后面。

4. 安全事项:具体描述清单中的每个安全事项,清晰明确地表达其要求和目的。

5. 责任部门:明确负责执行和监督安全事项的部门,如施工队、监理单位、施工项目经理部、工程技术部等。

责任人:为每个安全事项分配具体的责任人,以确保事项得到贯彻执行。

6. 完成标准/验收标准:详细说明如何判断安全事项是否完成或达到验收标准,以便于评估执行情况。

7. 完成情况:记录安全事项的执行情况,如已完成、未完成或正在进行中等,或已完成且合格通过的打勾,未完成的进行文字备注。

8. 备注:提供其他与安全事项相关的重要信息。

9. 安全管理清单检查人:指的是每个安全事项"是否通过"的检查判定者。对于"边读边作"类型的清单,检查人也是该清单中大多数安全事项的责任人;对于安全检查清单等"先操作后确认"类型的清单,检查判定者通常为专职安全员或其他管理人员,而不是安全事项的责任人(当然,有时也可能是其中某些安全事项的责任人)。

10. 日期:填开始时间,或该清单最后一个安全事项通过检查的时间。

导学 问题

(1)搜集混凝土分项工程的安全事故案例,其中有哪些可作为本任务的前车之鉴?

_____
_____
_____
_____
_____

(2)本任务施工员李某让工人王某独自一人清理混凝土搅拌机,此做法是否正确并说明理由。

_____
_____
_____
_____
_____
_____

提示 参见现行《公路工程施工安全技术规范》(JTG F90),下同。

(3)本任务混凝土采用输送泵泵送运输,若发生意外堵管或爆管,应如何避免人员伤亡?

_____
_____
_____
_____
_____

知识链接

一、混凝土结构工程

混凝土结构工程是指按设计要求,将钢筋和混凝土两种材料利用模板浇筑成各种形状和大小的构件或结构,它在土木工程施工中占有十分重要的地位。混凝土结构工程施工前,施工单位应针对施工现场可能发生的危害、灾害与突发事件(如天气骤变、停水、断电、道路运输中断、主要设备损坏、模板质量安全事故等)制定应急预案。应急预案应面向相关人员进行交底和培训,必要时应进行演练。混凝土结构施工现场应采取必要的安全防护措施,各项设备、设施和安全防护措施应符合相关强制性标准的规定。

混凝土结构工程属于分部工程,可划分为模板、钢筋、混凝土、现浇结构、预应力和装配式结构等分项工程。混凝土分项工程是包括原材料进场检验、混凝土制备与运输、混凝土现场施工等的一系列技术工作和完成实体的总称。混凝土分项工程施工应考虑的主要危险源或危险因素包括:振捣器漏电、振捣台松动、管路爆裂、爆模等。

二、混凝土制备与运输

根据目前我国大多数混凝土结构工程的实际情况,混凝土制备可分为预拌混凝土和现场搅拌混凝土两种方式。混凝土结构施工宜采用预拌混凝土,现场搅拌混凝土宜使用与混凝土搅拌站相同的搅拌设备,按预拌混凝土的技术要求集中搅拌。当没有条件采用预拌混凝土方式,且施工现场也没有条件采用具有自动计量装置的搅拌设备进行集中搅拌时,可根据现场条件采用搅拌机搅拌。

混凝土宜采用搅拌运输车运输,搅拌运输车的旋转拌和功能能够减少运输过程对混凝土性能造成的影响。当运输距离较近或受其他条件限制时也可采取机动翻斗车等方式运输。混凝土自搅拌地点至工地卸料地点的运输过程中,拌合物的坍落度可能损失,同时还可能出现混凝土离析,需要采取措施加以防止。当采用翻斗车和其他敞开式工具运输时,由于不具备搅拌运输车的旋转拌和功能,更应采取有效措施预防。

混凝土连续施工是保证混凝土结构整体性和某些重要功能(例如防水功能)的重要条件,故在混凝土制备、运输时应根据混凝土浇筑量大小、现场浇筑速度、运输距离和道路状况等,采取可靠措施保证混凝土能够连续不间断供应。这些措施可能需要施工方具备充足的生产能力、配备足够的运输工具、选择可靠的运输路线以及制定应急预案等。

三、混凝土浇筑与养护

混凝土浇筑指的是将混凝土浇筑入模直至塑化的过程,包括混凝土的输送、布料和振捣等。混凝土输送是指对运输至现场的混凝土,采用输送泵、溜槽、吊车配备斗容器、升降设备配备小车等方式送至浇筑点的过程。为提高机械化施工水平,提高生产效率,保证施工质量,应优先选用预拌混凝土泵送方式。常用的混凝土输送泵有汽车泵、拖泵(固定泵)、车载泵三种类型。混凝土浇筑的顺序、速度应符合施工方案的要求,不得随意更改。混凝土浇筑过程中应检查模板、支架、钢筋骨架的稳定、变形情况,如发现异常,应立即停止作业,并应整修加固。

混凝土养护是补充水分或降低失水速率,防止混凝土产生裂缝,确保达到混凝土各项力学性能指标的重要措施。在混凝土初凝、终凝抹面处理后,应及时进行养护工作。养护可采用洒水、覆盖、蒸汽、电热、喷涂养护剂等方式,具体应根据现场条件、环境温湿度、构件特点、技术要求、施工操作等因素确定。覆盖养护时,预留孔洞周围应设置安全护栏或盖板,并应设置安全警示标志,不得随意挪动;洒水养护时,应避开配电箱和周围电气设备;蒸汽、电热养护时,应设围栏和安全警示标志,并应配置足够、适用的消防器材,非作业人员不得进入养护区域。

单元三 起重吊装

任务一 起重吊装作业安全设计计算

学习 目标

(1)了解起重吊装作业的基本概念、主要危险源及相关要求;熟悉起重设备选型的主要参数。

(2)能结合案例完成汽车起重机的选型工作。

任务 要求

某在建公路小桥,全长 24m,上部结构为 1×16m 预制空心板梁,下部结构为重力式桥台,刚性扩大基础,立面设计如图 3-11 所示。

桥面宽度 10m,并排布设 5 片中板和 2 片边板,单片空心板长 16m、宽 1.25m、高 0.8m。预制空心板采用设吊孔穿束兜板底加扁担的吊装方法,吊装预留孔距离板端 1.3m;预制空心板的最大吊装重量,中板为 22.7t,边板为 28.9t,拟采用汽车起重机吊装。岸边场地及地质条件较好,经处理后能满足吊装施工要求。

请结合以上描述,编写汽车起重机选型计算书,要求:

(1)重点反映汽车起重机选型的验算过程;

(2)按比例绘制吊装施工平面和立面图;

(3)附所选汽车起重机的使用说明书。

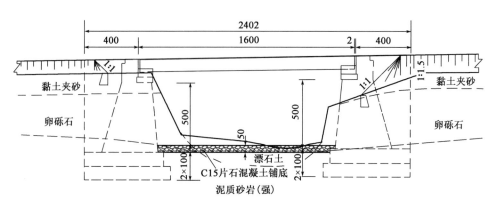

图 3-11 小桥立面设计(尺寸单位:cm)

导学问题

(1)请结合本任务谈谈起重机选型的基本思路和面临的主要问题。

_____
_____
_____
_____
_____
_____

(2)请结合本任务阐述如何选择汽车起重机的吊装位置。

_____
_____
_____
_____
_____
_____
_____
_____

(3)请结合本任务小箱梁的吊装方案,根据所选汽车起重机型号,计算起重量、起重高度和起重半径等参数。

_____
_____
_____
_____
_____
_____

提示 参见知识链接(2)。

> 知识链接

一、起重吊装作业

起重吊装作业是使用起重设备将被吊物提升或移动至指定位置,并按要求安装固定的施工过程。它是一项技术性强,危险性大,需要多工种人员互相配合及协调、精心组织、统一指挥的特殊工种作业。起重吊装作业前,必须编制吊装作业的专项施工方案,并应进行安全技术措施交底;作业中,未经技术负责人批准,不得随意更改施工方案。起重吊装作业应考虑的主要危险源、危险因素包括:违章指挥、违规作业、超限起吊、设备倾覆、起重支撑失稳、钢丝绳断裂、吊钩脱落等。

起重作业人员主要指起重机司机(驾驶员)、起重指挥(信号工)、起重司索工、起重机械设备安装拆卸工和维修工及设备管理人员等。根据《建筑施工起重吊装工程安全技术规范》(JGJ 276—2012),起重机操作人员、起重信号工、司索工等特种作业人员必须持特种作业资格证书上岗,严禁非起重机驾驶人员驾驶、操作起重机。

二、起重设备选型

起重机的选择是起重吊装的重要问题,因为它关系到构件的吊装方法、起重机械的开行路线与停机位置、构件的平面布置等许多问题。调查表明,很多起重伤害事故,除了操作不当之外,部分是由于相关决策人员吊装前未根据实际情况进行计算,仅凭经验来判断选择起重机型号和索具。

起重机型号主要根据工程结构特点、构件的外形尺寸、质量、吊装高度、起重(回转)半径以及设备和施工现场条件等确定。其中,起重质量 Q、起重高度 H 和起重半径 R 为选择计算起重机型号的三个主要工作参数。

起重机单机吊装的起重质量 Q,应满足式(3-1)所示条件:
$$Q \geqslant Q_1 + Q_2 \tag{3-1}$$

式中:Q_1——构件的质量;

Q_2——绑扎索重、构件加固及临时脚手架等的质量。

起重机双机吊装的起重质量 Q,可按式(3-2)计算:
$$KQ = K \times (Q_P + Q_S) \geqslant Q_1 + Q_2 \tag{3-2}$$

式中:K——起重机的降低系数,一般取 0.8;

Q_P——主机起重质量;

Q_S——副机起重质量;

Q_1、Q_2 意义同式(3-1)。

起重机的起重高度 H,应满足式(3-3)所示条件;相应计算简图如图 3-12 所示。

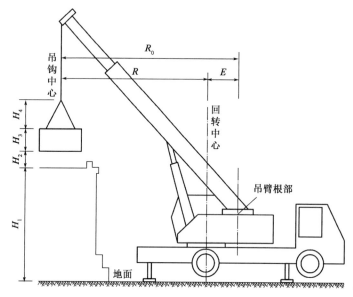

图 3-12 起重高度计算简图

$$H \geq H_1 + H_2 + H_3 + H_4 \tag{3-3}$$

式中:H_1——安装支座表面高度;

H_2——安装间隙,视具体情况而定,一般取 0.2~0.5m;

H_3——绑扎点至构件吊起后底面的距离;

H_4——吊索高度,自绑扎点至吊钩面的距离,视实际情况而定。

对一般中、小型构件,当场地条件较好,且已知起重质量 Q 和吊装高度 H 后,即可根据起重机技术性能表和起重曲线选定起重机的型号和需用起重臂杆的长度。对某些安装就位条件差的中、重型构件,起重机不能开到构件吊装位置附近,吊装时还应计算起重半径 R,一般可按式(3-4)计算,式中符号意义参见图 3-12。

$$R = R_0 \pm E \tag{3-4}$$

式中:R_0——吊臂根部与吊钩中心线之间的水平距离;

E——起重机回转中心与吊臂根部的水平距离,可从起重机性能表中查询。

最后根据起重质量 Q、吊装高度 H 和回转半径 R 三个参数,查询起重机的技术性能表或曲线表,选定起重机的型号;或根据选定型号,核实相关参数。

现有某汽车起重机主臂起重性能表,如图 3-13 所示。不妨假设,计算起重质量 Q = 30t,吊装高度 H = 28m,回转半径 R = 15m。对照图 3-13 可取回转半径 R = 16m(若性能表无对应值,则按高一级取值,下同),主臂长度 31.1m,额定起重质量 46.5t > 30t,符合要求。特别指出,不同制造厂、型号、吨位的汽车起重机性能表均不同,在实际工作中应根据所用起重机对应的性能表进行查询。

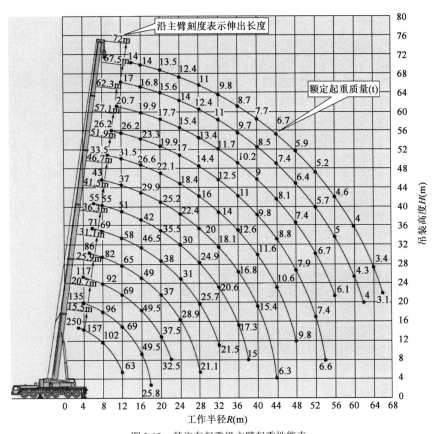

图 3-13 某汽车起重机主臂起重性能表

单元四 高处作业

任务一 高处作业安全技术交底

学习 目标

（1）了解高处作业的基本概念及主要类型；了解作业高度的计算方法等。熟悉高处作业的主要风险源或危险因素；熟悉交叉作业安全防护棚的设置要求。

（2）能结合高处作业案例填写安全技术交底记录表。

任务 要求

某在建市政道路工程的互通匝道桥项目，其施工总包单位为甲公司，甲公司与乙公司签订了劳务分包合同，合同约定劳务分包内容为下部结构、现浇箱梁、现浇实心板、桥面系和桥面附属等。根据甲公司编制的施工方案，桥面防撞护栏的施工工序为：施工准备＞测量放样＞钢筋绑扎＞模板安装＞混凝土浇筑＞拆模养生，其中，模板安装的具体步骤为：模板设计、制作＞试拼＞除锈、刷油＞安装＞加固。防撞护栏高1.3m，防撞护栏底部距地面约7.5m。因护栏外侧模板悬空，故需作业人员进入挂篮内对模板进行加固。乙公司采用型钢骨架自制移动式挂篮，如图3-14所示；吊篮上部长6.0m，主体（悬挂平衡装置）长1.75m、宽1.5m、高1.8m，内设配重，下设滚轮；悬挂平台长0.9m、宽1.5m、高2.5m，底部满铺网眼板。

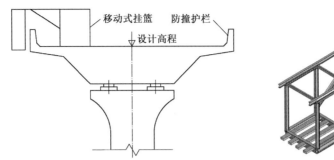

图 3-14 移动式挂篮示意

根据乙公司的工作安排,现有一施工作业班组共 4 人拟开展桥面防撞护栏的模板安装工序。其中,齐某等 3 人在桥面从事护栏的模板安装和混凝土浇筑,张某则在护栏模板安装后翻越护栏进入挂篮的悬挂平台,加固护栏外侧模板。

在此基础上回溯到施工前,请以乙公司施工技术人员的身份,就桥面防撞护栏施工向作业班组进行安全技术交底。

姓名:_____ 班级:_____ 学号:_____

_____建设项目
安全技术交底记录表

交底单位名称:　　　　　　　　　　　　接受交底单位名称:

交底内容		交底日期	
交底人		被交底人数	

交底部位:_____
安全交底具体内容:

接受交底单位负责人					
(不够可在签到表中续写)					

所有接受交底人员:(可另附签到表)

导学问题

(1)请结合本任务谈谈安全技术交底的基本思路和主要内容。

(2)张某认为,既然设有挂篮,则毋须系使用安全带;齐某认为必须系安全带,但不知挂在何处。对此你有何看法?

(3)若本任务桥面作业区下方设有施工便道,如何设置安全防护棚或警戒隔离区?

提示 参见现行《建筑施工高处作业安全技术规范》(JGJ 80)。

知识链接

一、高处作业概述

高处作业,即在距坠落高度基准面2m及以上有可能坠落的高处进行的作业。坠落高度基准面即可能坠落范围内最低处的水平面;可能坠落范围,即以作业位置为中心,根据可能坠落范围半径划成的与水平面垂直的柱形空间;可能坠落范围半径,是为确定可能坠落范围而规定的相对于作业位置的一段水平距离。建筑施工领域的高处作业基本类型主要包括临边作业、洞口作业、攀登作业、悬空作业、交叉作业等。

高处作业应考虑的主要危险源或危险因素包括:安全防护失效、作业台架失稳、高空坠落、物体打击等。高处作业具有较大的风险性,登高架设和拆除、高处安装和维护等属于特种作业,作业人员必须经专门的安全技术培训并考核合格,取得《特种作业操作证》后,方可上岗作业。高处作业吊篮属于危险性较大的分项工程,应在施工前编制专项施工方案。高处作业施工前,应对作业人员进行安全技术交底,对初次作业人员进行培训。

二、作业高度计算

作业高度,即作业区各作业位置至相应坠落高度基准面的垂直距离中的最大值。计算作业高度的主要步骤如下:

(1)确定基础高度h_b,基础高度是以作业位置为中心,以6m为半径,画出的垂直于水平面的柱形空间内的最低处与作业位置间的高度差。

(2)确定可能坠落范围半径R,其大小取决于作业现场的地形、地势或建筑物分布等有关的基础高度,具体的规定是在统计分析了许多高处坠落事故案例的基础上作出的。

当$2m \leq h_b \leq 5m$时,R为3m;

当$5m < h_b \leq 15m$时,R为4m;

当$15m < h_b \leq 30m$时,R为5m;

当$h_b > 30m$时,R为6m。

(3)确定作业高度h_w。

作业高度的计算示例如图3-15所示。

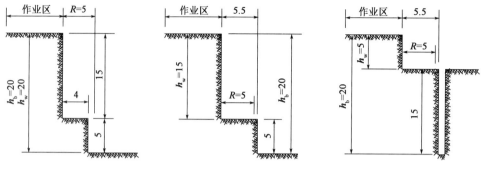

图 3-15　作业高度的计算示例(尺寸单位:m)

三、安全技术交底

安全技术交底是交底方就预防和控制生产安全事故发生或减少其危害的技术措施、施工方法向被交底方进行说明的技术活动,是用于指导公路工程建设的施工行为。根据《公路水运工程安全生产监督管理办法》(2017年)第四十条,施工单位应当建立健全安全生产技术分级交底制度,明确安全技术分级交底的原则、内容、方法及确认手续。

安全技术交底可分为设计交底、施工交底和班组交底,由于涉及部门及人员较多,相关规章或规范的表述不尽相同,故在实施过程中可能存在一定的争议。本书根据《公路水运工程施工安全标准化指南》整理安全技术交底要求,见表3-2,供参考。

安全技术交底要求　　表 3-2

交底类型	交底时间	交底双方	相关要求
设计交底	工程开工前	设计单位向建设单位、施工单位和监理单位进行施工图设计交底	应突出安全要点。 对涉及施工安全的重要部位和环节,如深基坑处理、施工顺序、预留和开凿剪力墙空洞位置等,在设计文件中注明,并对生产安全事故防范提出交底意见。 对于采用"四新技术"、特殊工艺要求、特殊性结构、特殊构造的工程项目,在设计中提出保障施工作业人员安全和预防安全事故的措施建议
施工交底	分部分项工程开工前	施工方案的编制人员向项目部管理人员、分包单位或作业班组负责人进行安全技术交底	安全技术交底由施工单位项目部技术负责人负责实施,实行逐级安全技术交底制度。横向涵盖项目内部各职能部门,纵向延伸到施工班组全体作业人员,任何人未经安全技术交底不准作业。 安全技术交底要具体、明确、及时,有针对性和可操作性,符合有关安全技术标准和操作规程的规定
	危险性较大的分部分项工程施工前	专项施工方案编制人员向参加施工的全体管理人员和作业人员交底	

续上表

交底类型	交底时间	交底双方	相关要求
施工交底	各工种作业的主要工序和特殊工序实施前	项目技术负责人向主管施工员交底;主管施工员向施工班组负责人交底;施工班组负责人向作业人员进行交底	安全技术交底应涵盖工程概况、施工方法、施工程序、安全技术措施等内容;危险性较大的分部分项工程的交底内容包括安全技术措施、施工方法、施工工艺、施工中可能出现的风险因素、安全施工注意事项和紧急避险措施等
	各工种作业的一般工序实施前	由施工技术员向各施工班组进行交底	
班组交底	工(班)前	班(组)长(工区施工负责人)向工人交底	应根据当天作业的施工要求、作业环境等,分部位、分工种交底。 专职安全生产管理人员应参与班(组)安全技术交底工作,并监督实施;施工单位内设的质量、安全管理部门等应督促施工班(组)做好班(组)的交底工作;重点部位的施工安全技术交底宜由施工单位技术人员组织。 应突出的内容:施工过程中的作业危险特点、重大危险源及危害因素;针对危险点和重大风险源制订具体的预防措施;作业过程中应注意的安全事项;特殊工序的操作方法和相应的安全操作规程和标准要求;发生安全生产事故后应采取的自救方法、紧急避险和紧急救援措施等
	上岗操作前	施工单位质量、安全管理部门联合向新进场工人进行本工种安全技术操作规程交底	操作内容或作业场地变化时应重新进行安全技术交底

安全典故

韦诞题榜(节选自《采古来能书人名》)

羊欣[南朝宋]

诞字仲将,京兆人,善楷书,汉魏宫馆宝器,皆是诞手写。魏明帝起凌云台,误先钉榜而未题,以笼盛诞,辘轳长絙(gēng)引之,使就榜书之。榜去地二十五丈,诞甚危惧。乃掷其笔,比下焚之。乃诫子孙,绝此楷法,著之家令。官至鸿胪少卿。

单元五 爆破作业

任务一 编制爆破器材安全管理清单

学习目标

（1）了解民用爆炸物品与爆破作业的基本概念，爆破工程重点环节、主要风险及相应的管控措施；熟悉爆破器材管理的相关规定。

（2）能结合案例编制爆破器材管理的安全管理清单。

任务要求

某在建高速公路双洞隧道，左右双线已开挖长度约 1800m，两隧道间已施工有两条人行横洞和两条车行横洞。某日在左洞掌子面附近发生了一起重大爆炸事故，事故造成 20 人死亡，1 人重伤，1 人轻伤。

事发当天早上约 7 点，18 名作业人员携带钻杆、钻头、扳手、锤子等工具，乘坐一辆农用运输翻斗车进入左线隧洞，另有两名爆破工骑摩托车进入。在距洞口约 275m 处，翻斗车停下来；作业人员从临时存放爆炸器材的人行横洞内，装载了 10 箱总重 240kg 的 2 号岩石乳化炸药、40 发导爆管雷管、一卷导爆索及起爆器等。值班员骑摩托车先到达掌子面，2 名测量人员在掌子面作业平台上及附近作业。2 名爆破工在距离掌子面约 745m 处的铁箱中取了约 40 发导爆管雷管后继续前进，摩托车在中途发生故障，排除故障后继续前进。

翻斗车沿隧道中线行驶,距掌子面 50 多米时准备掉头,先向左侧打方向盘,接近东侧墙时,向右侧打方向盘,随即发生爆炸。爆炸造成车上 18 名工人、1 名驾驶员、1 名值班员,共 20 人全部遇难。测量员 1 名轻伤,1 名重伤。2 名爆破工在距离汽车 230m 左右时,看到火光,听到巨大爆炸声,摔倒,未受伤。爆炸的直接原因是隧道内道路坑洼不平,翻斗车在急转弯时,车上的起爆器材在碰撞、挤压、摩擦等外力作用下,引发炸药爆炸。

爆炸点在地面形成了长 100cm、宽 70cm、深 14cm 的炸坑。爆炸后翻斗车车厢除大梁外几乎全部解体,残存车架所处位置在左洞西侧。车架下有积水,但无明显凹坑。根据爆炸现场隧道西侧墙电缆配电箱的状态,排除了因翻斗车倒车撞击配电箱导致电线短路造成爆炸的可能。

基于上述信息回溯到施工前,请以项目经理部专职安全员的身份,编制爆破器材管理的安全管理清单。

姓名：_____　　　班级：_____　　　学号：_____

_____项目经理部
_____安全管理清单

阶段/环节/分部分项：　　　　　　　　　　　　　　清单类型：

序号	安全事项	责任部门或责任人	完成标准或通过标准	是否通过	备注

安全管理清单检查人：　　　　　　　　　　　　　　　　　　　　日期：

填写说明(印刷在清单背面)

1. 一事一单:每个工序、每个岗位或每种特定工作,均需对应编制一张安全管理清单。

2. 相关阶段/环节:指明安全事项涉及的施工阶段或环节,如设计、施工、拆除等;也可以是不同分部分项工程的阶段划分,如基坑开挖阶段、主体结构施工阶段、装饰装修阶段,或土方工程、混凝土工程、砌筑工程等,每个阶段都需要关注不同的安全事项;还可以是针对特种作业的安全要求(如高处作业、吊装作业、焊接作业等)、针对安全事故发生时的应急预案清单(包括事故处理流程、人员分工、应急设备与物资供应等)、针对安全检查的安全检查清单。

清单类型:指的是"先操作后确认"和"边读边作"这两种清单类型的一种。

3. 序号:为清单中的每个事项分配一个唯一的序号,通常应按各项事项的最迟完成时间的顺序编号。按时间发展顺序排列,应先完成的事项编号更小,排在前面,后完成的事项编号更大,排在后面。

4. 安全事项:具体描述清单中的每个安全事项,清晰明确地表达其要求和目的。

5. 责任部门:明确负责执行和监督安全事项的部门,如施工队、监理单位、施工项目经理部、工程技术部等。

责任人:为每个安全事项分配具体的责任人,以确保事项得到贯彻执行。

6. 完成标准/验收标准:详细说明如何判断安全事项是否完成或达到验收标准,以便于评估执行情况。

7. 完成情况:记录安全事项的执行情况,如已完成、未完成或正在进行中等,或已完成且合格通过的打勾,未完成的进行文字备注。

8. 备注:提供其他与安全事项相关的重要信息。

9. 安全管理清单检查人:指的是每个安全事项"是否通过"的检查判定者。对于"边读边作"类型的清单,检查人也是该清单中大多数安全事项的责任人;对于安全检查清单等"先操作后确认"类型的清单,检查判定者通常为专职安全员或其他管理人员,而不是安全事项的责任人(当然,有时也可能是其中某些安全事项的责任人)。

10. 日期:填开始时间,或该清单最后一个安全事项通过检查的时间。

导学 问题

（1）搜集爆破器材管理相关的安全事故案例，总结其与本任务中描述事故的共性。

_____
_____
_____
_____
_____
_____

（2）本任务爆破器材的场内运输，主要违反了哪些规定？

_____
_____
_____
_____
_____
_____
_____
_____

提示 参见《民用爆炸物品安全管理条例》，下同。

（3）关于民用爆炸物品的储存有哪些规定？本任务爆破器材的临时存放方法是否合规？

_____
_____
_____
_____
_____

（4）关于民用爆炸物品的领取和发放有哪些规定？

_____
_____
_____
_____
_____

知识链接

一、民用爆炸物品与爆破作业

民用爆炸物品是指用于非军事目的、列入民用爆炸物品品名表的各类火药、炸药及其制品和雷管、导火索等点火、起爆器材。公路工程中涉及民用爆炸物品的施工项目主要有隧道爆破、路基石方爆破、拆除爆破等,常用的爆炸物品主要有炸药、雷管、导爆索、起爆器等,如图3-16所示。民用爆炸物品是工程建设中不可或缺的重要物资,因其爆炸会产生巨大破坏力,对人员生命健康和工程安全可能造成严重影响,因此需进行严格管理。

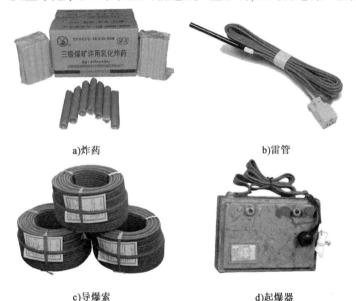

a) 炸药　　　　　　　　　b) 雷管

c) 导爆索　　　　　　　　d) 起爆器

图3-16　常用爆炸物品

爆破作业指利用炸药爆炸释放的能量对介质做功,以达到预定工程目标的作业。爆破作业应考虑的主要危险源或危险因素包括:火灾、爆炸、器材被盗、丢失等。爆破作业和爆破器材的采购、运输、储存等应按照现行《民用爆炸物品安全管理条例》和《爆破安全规程》(GB 6722)执行。

二、爆破工程风险管控清单

为持续深化安全生产清单制管理工作,着力构建安全生产责任体系,推动清单制管理工作提档升级,四川省住房和城乡建设厅于2021年12月发布了《建筑施工企业安全责任清单(2.0版)参考模板》,其中包括爆破工程风险管控清单,见表3-3,供参考。

爆破工程风险管控清单

表3-3

序号	重点部位或环节	主要风险概述	管控关键内容	具体管控措施	责任人
1	资质及人员管理	爆破从业单位不具备相应的资质能力或人员不具备相应能力，极易发生爆破器材丢失、爆炸事故	(1)爆破作业单位必须符合有关行政许可及资质等级规定。 (2)涉爆人员必须持有相关证件持证上岗。 (3)……	(1)爆破作业项目施工前应获得公安部门的施工许可及施工备案。对于需要公安部门进行审批的项目，应通过审批。 (2)民用爆炸物品从业单位、爆破安全评估单位、爆破监测单位、爆破振动第三方检测单位及相关从业人员的资质应符合相关规定。 (3)按规定配备爆破技术人员、爆破员、安全管员、保管员等涉爆人员，涉爆人员必须持有当地公安机关核发的证件上岗，保管员必须为本单位正式职工	原则上由从事爆破具体实施单位负责具体实施，企业安全管理人员负责协助办理并监督管理
2	爆破专项方案	未编制爆破方案或未按规定审批，属违法违规施工	(1)爆破作业必须进行专门爆破设计和审批。 (2)应向作业人员进行爆破交底。 (3)……	(1)爆破作业必须编制专门爆破设计方案，并履行审批程序。 (2)按照相关要求组织进行爆破安全评估，A、B级爆破工程的安全技术人员至少有3名具有相应作业级别和作业范围的爆破技术人员参加，复杂环境应邀请专家咨询。 (3)A、B级及在城区、风景名胜区、距居民聚居区、重要设施500m范围内的爆破设计方案应经所在地设区的市级公安机关审批，未经审批不准开工。 (4)爆破前，爆破技术人员应向爆破作业人员进行安全技术交底	原则上由爆破技术人员编制，企业技术负责人审核。爆破单位施工负责人爆破方案交底，企业安全管理人员负责监督和复核
3	库房管理	民爆物品管理不善，极易发生库物丢失、损坏甚至爆炸事故	(1)民爆物品的库房必须符合安全条件。 (2)建立库房管控体系，安全级应急管理体系。 (3)……	(1)民用爆炸物品的库房设施必须选址合适，远离人员密集场所及不良地质环境，并经当地公安机关审批，符合规范和企业安全条件要求。 (2)储存的民用爆炸物品数量不得超过储存设计容量，对性质相抵触的民用爆炸物品必须分库分储，严禁在库房内存放其他物品。 (3)炸药、雷管必须分库储存，账、卡、物必须相符一致，严禁在库房内存放其他物品	库房管理员负责日常管理，库房保卫人员负责保卫和消防工作，企业安全管理人员负责监督

续上表

序号	重点部位或环节	主要风险概述	管控关键内容	具体管控措施	责任人
3	库房管理	民爆物品管理不善,极易发生丢失、损坏甚至爆炸事故	(1)民爆物品的库房必须符合安全条件。 (2)建立库房监控系统、安全级应急管理体系。 (3)……	(4)对库房按要求进行巡查,及时消除洪汛、通风、外界人侵等方面隐患。 (5)民用爆炸物品丢失、被盗、被抢,应当立即报告当地公安机关。 (6)在爆破作业现场临时存放民用爆炸物品时,应当具备临时存放民用爆炸物品的条件,并设专人管理,不得任其不具备安全存放条件的民用爆炸物品。 (7)民用爆炸物品变质和过期失效的,应当及时清理出库,并予以销毁。销毁前应当登记造册,提出销毁实施方案,报省、自治区、直辖市国防科技工业主管部门所在地县级公安部门组织监督销毁	库房管理员负责日常管理,库房保卫人员负责保卫和消防工作,企业安全管理人员负责监督
4	申领、发放及运输	申领、发放及运输过程管理不善,极易造成民爆物品丢失甚至爆炸事故发生	(1)民爆物品的申领必须经过审批。 (2)发放过程中必须确认无误。 (3)运输过程中心须使用专用车辆、炸药、雷管必须分开运输。 (4)……	(1)民用爆炸物品领用必须由现场管理人员申请,申请单样式应由爆破作业项目上级单位统一制订。 (2)民用爆炸物品领用必须经在公安机关备案的项目负责人或其委托的专人2人以上审批签字。 (3)领取民用爆炸物品的专用班不得超过当班用量和审批数量。 (4)保管员和领用人员必须互相确认领用爆破器材的品种、数量,编号等。 (5)必须确认申领爆破器材在批准的指定场所内使用才可发放。 (6)押运人员必须由发放驾驶人员担任,并在发放单上签字;严禁一人多卡发放爆破器材。 (7)运输车辆和人员、专人押送,炸药、雷管人员混装,无关人员严禁搭乘运送车辆,车辆应按指定路线行驶,途中因故障停留必须立即报告,设警示标志,由专人看守	项目涉爆人员、现场管理人员、安全员、项目负责人等负责

续上表

序号	重点部位或环节	主要风险概述	管控关键内容	具体管控措施	责任人
5	爆破施工管理	爆破施工现场管理不规范，岗位人员违反操作规程极易发生爆炸等事故	(1)做好爆破施工前的现场调查，制定相应的安全措施，设置警戒。(2)装药前检查验收炮孔质量，强化过程工过程的安全监督，确保爆破施工符合相关规范要求。(3)装药、过程应严格按方案要求执行。(4)起爆前应预警，撤离人员、确认安全后方可起爆	(1)人工搬运爆破器材时，雷管、炸药必须分别放在专用背包（木箱）内，搬运人员之间必须保证足够安全距离，不得一人同时携带雷管和炸药。遇暴雨、雷电、大雾等恶劣天气必须停止运输和装卸作业。(2)爆破器材运至现场后必须清点复核品种、数量、规格，设置临时加工地点，设置警戒区，设置防爆箱，且严禁警戒无关人员靠证；临时加工存放的雷管、炸药必须保证足够安全距离，有专人看管，临时加工存放时间不得超过30min。(3)制定通信联络制度、爆破施工现场、起爆站、主要警戒哨建立并保持可靠的通信联络。(4)装药前对炮孔、硐室、爆炸器材逐个进行验收，做好记录保存，经公安机关审批的爆破作业项目施工验收，应有爆破设计人员参加。(5)爆破工程使用的炸药、雷管、导爆管、导爆索、电线、起爆量测仪表均应作现场检测，检测合格后方可使用。(6)严格按方案或规定施工，整个施工过程过在警戒区边界设置明显标识并派出岗哨。(7)爆破现场负责人确认安全后发出爆破指令，爆破员进行起爆	项目现场管理人员、爆破技术人员、爆破员、安全员等按照岗位职责履职
6	爆破后管理	爆破后，可能存在盲炮、另外，违规销毁爆破器材等也可能发生爆破事故	(1)爆破后检查爆破现场，评估爆破效果，确认安全后，方可进行后道工序施工。(2)爆破后剩余的爆破器材应及时退库。(3)爆破作业单位应在一段爆破施工时间后，进行爆破总结，根据实际情况调整爆破参数	(1)露天爆破5min后方可进入爆破作业地点进行检查；地下工程爆破后应经通风排除生排烟后至少经15min后，确认井下空气合格，检查人员方能进入爆破作业地点。(2)检查内容包括盲炮排查；露天爆破检查爆堆是否稳定，有无危险顶、危石、危岩、危房；地下爆破有无瓦斯及地下水突出，有无冒顶、危石、支撑是否破坏，有害气体是否排除；爆破警戒区内公用设施及重点防护建（构）筑物、管线安全情况，发现异常情况及时通知爆破现场负责人进行处理。(3)剩余的爆破器材应及时通知爆破器材退库，办理剩余爆破器材、账物手续，符合。(4)及时收集、整理、分析爆破效果及危害因素监测数据，调整爆破参数纠正爆破偏差。当危害因素监测值达到预警值时，立即停止爆破施工，报告爆破施工单位技术负责人，采取应对措施	技术员负责制定盲炮处理方案，爆破施工单位技术负责人负责审批；爆破员现场检查，保管爆破剩余爆破器材负责，办理剩余爆破器材重新入库并办理手续

安全典故

炮祸(节选自《癸辛杂识》)

[南宋]周密

赵南仲丞相溧阳私第常作圈,豢四虎于火药库之侧。一日,焙药火作,众炮倏(shū)发,声如震霆,地动屋倾,四虎悉毙,时盛传以为骇异。至元庚辰岁,维扬炮库之变为尤酷。盖初焉,制造皆南人,囊(náng)橐(tuó)为奸,遂尽易北人,而不谙药性。碾硫之际,光焰倏起,既而延燎,火枪奋起,迅如惊蛇,方玩以为笑。未几,透入炮房,诸炮并发,大声如山崩海啸,倾城骇恐,以为急兵至矣,仓皇莫知所为。远至百里外,屋瓦皆震,号火四举,诸军皆戒严,纷扰凡一昼夜。事定按视,则守兵百人皆糜碎无余,楹(yíng)栋悉寸裂,或为炮风扇至十余里外。平地皆成坑谷,至深丈余,四比居民二百余家,悉罹(lí)奇祸,此亦非常之变也。

本模块参考文献

[1] 中华人民共和国住房和城乡建设部.钢结构设计标准:GB 50017—2017[S].北京:中国建筑工业出版社,2017.

[2] 中华人民共和国住房和城乡建设部.施工脚手架通用规范:GB 55023—2022[S].北京:中国建筑工业出版社,2022.

[3] 中华人民共和国辽宁省安全科学研究院,北京起重运输机械设计研究院.起重机械安全规程 第1部分:总则:GB/T 6067.1—2010[S].北京:中国标准出版社,2011.

[4] 中华人民共和国中国工程爆破协会等.爆破安全规程:GB 6722—2014[S].北京:中国标准出版社,2015.

[5] 中华人民共和国上海市安全生产科学研究所,上海外高桥造船有限公司,上海市房地产科学研究院.高处作业分级:GB/T 3608—2008[S].北京:中国标准出版社,2009.

[6] 中国交通建设股份有限公司.公路工程施工安全技术规范:JTG F90—2015[S].北京:人民交通出版社股份有限公司,2015.

[7] 中交一公局集团有限公司,等.公路桥涵施工技术规范:JTG/T 3650—2020[S].北京:人民交通出版社股份有限公司,2020.

[8] 中华人民共和国住房和城乡建设部.建筑施工高处作业安全技术规范:JGJ 80—2016[S].北京:中国建筑工业出版社,2016.

[9] 沈阳建筑大学,等.建筑施工模板安全技术规范:JGJ 162—2008[S].北京:中国建筑工业出版社,2008.

［10］中华人民共和国住房和城乡建设部.建筑施工起重吊装工程安全技术规范:JGJ 276—2012[S].北京:中国建筑工业出版社,2012.

［11］国家铁路局.铁路工程基本作业施工安全技术规程:TB 10301—2020[S].北京:中国铁道出版社,2020.

［12］交通运输部工程质量监督局.公路水运工程施工安全标准化指南[M].北京:人民交通出版社,2013.

［13］黄绍金,刘陌生.装配式公路钢桥多用途使用手册[M].北京:人民交通出版社,2001.

［14］卜一德.起重吊装计算及安全技术[M].北京:中国建筑工业出版社,2008.

［15］广东省南粤交通投资建设有限公司,中铁隧道局集团有限公司.公路施工安全教程(第一册　安全管理)[M].北京:人民交通出版社股份有限公司,2018.

模块四

专业工程施工安全技术

单元一　路基施工
单元二　桥梁施工
单元三　隧道施工

单元一 路基施工

任务一　填写路基填筑日常安全检查记录表

学习目标

（1）了解路基工程相关概念、路堤填筑施工方法及主要危险源或危害因素、常见土石方机械及作业安全距离、安全检查的主要内容和形式等；熟悉施工机械设备进场前后的注意事项、土石方机械作业安全管理要点等。

（2）能结合任务填写路基填筑日常安全检查记录表。

任务要求

某道路建设工程的施工总包单位为甲公司，乙公司为专业分包施工单位，负责土方、路基及其附属设施等分项工程，监理单位为丙公司。开工前，甲公司组建了施工项目部并任命了相应的施工管理人员，随后组织施工人员陆续进入工地现场。项目部制定了相应的安全生产责任制度和各项安全管理制度、安全操作规程，完成了整个项目的施工组织设计。此外，还开展了各类安全生产教育，实施了安全例会制度，进行了各项安全技术交底，并均形成了相应的书面记录。乙公司任命陈某为分包项目负责人，由陈某负责分包项目组织管理工作。路基填筑所需土方由丁公司按分包项目管理团队的要求运送到指定地点，费用按进场车数计算。分包项目管理团队未对运土车辆进行有效的安全管理，未对其司机进行相应的安全技术交底和安全教育。分包单位乙公司租用1台推土机并聘用小谭为司机,分包项目管理团队对该推土机的调配使用没有计划。

前期由于各种原因,项目整体施工进度滞后于原计划。某段需采取水泥土搅拌桩方式进行软基处理,因高程不够需先行填土,但由于阴雨连绵不止,该工作面已停工半月。某日,因获知仍无土方进场,故监理单位未安排巡查,而分包项目负责人陈某见天气转晴,临时决定在该段开展填筑,但事先并未了解清楚丁公司车队安排车辆的数量以及工作面所能容纳的车辆数量,也未将复工作业事项及时报告项目监理机构和总承包单位。填筑点附近工作面地势较低,场地狭窄;彼时,外来土方运输车辆不断进入填筑地点倒土,形成较大土堆。同时,在该区域作业的有推土机司机小谭和分包单位管理人员老关,小谭负责操作推土机,老关负责现场指挥;为避开来往的土方运输车辆,老关走到推土机的右后方;受土堆影响,推土机司机小谭在操作时存在较大的视野盲区,看不见老关。

请结合以上描述,以安全监理工程师的身份填写日常安全检查记录表。

姓名：_____ 班级：_____ 学号：_____

_____建设项目
(　　)安全检查记录表

单位名称：　　　　　　　　　　　　　　　　　　　　　　编号：

检查负责人		参检人员	
检查区域/桩号		检查时间	
检查内容			
存在的问题或安全隐患			
对安全隐患采取的措施			
受检查单位签字	（签章）	日期	
对安全隐患采取措施的验收			验收人
			（签章）
			验收时间

注：1. 表头(　　)位置按照检查类型选择填写"日常""定期""专项"和"季节性"。
    2. 施工单位对施工队伍检查时，可取消受检查单位签字栏。

导学问题

(1)本任务中路堤填筑施工的主要危险源或危害因素有哪些？

(2)施工机械设备进场前后的注意事项有哪些？

(3)本任务中现场管理人员老关的指挥有何不妥之处？

提示 问题(2)和(3)参见现行《公路工程施工安全技术规范》(JTG F90)。

(4)若在本任务的推土机作业过程中发生碾压现场管理人员老关的安全事故，它属于哪种事故类型？请说明该事故的责任主体是哪家单位，并阐述理由。

提示 参见《建设工程安全生产管理条例》。

一、路基工程概述

路基是路面的基础,由路基结构和路基设施组成;路基结构本体依其所处的地形条件不同,有路堤、路堑、填挖结合三种基本形式。公路路基的施工方法和工艺是多种多样的,在施工过程中涉及的危险因素和安全风险也不尽相同。总体而言,路基施工的安全隐患较多,安全风险较高,安全工作的落实与否从根本上决定了路基施工的成败。

路基土石方施工是指为保证路基成型所进行的土石方填筑及开挖作业,主要包括路堤填筑、路堑开挖和填挖结合,如图 4-1 所示。

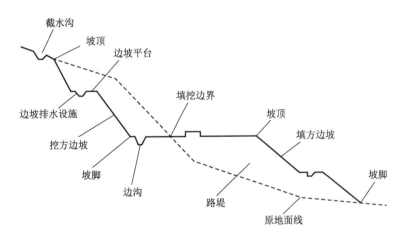

图 4-1 路基土石方填挖断面示意图

二、路堤填筑施工

如图 4-2 所示,土质路堤填筑方法主要有:水平分层填筑法、纵向分层填筑法、横向填筑法和混合填筑法。水平分层填筑法,即将路堤划分为若干水平层次,逐层向上填筑压实,是路堤施工的常用方法;纵向分层填筑法,即依路线纵坡方向分层逐层向上填筑,常用于地面纵坡较大的地段,用推土机从路堑取料,填筑距离较短的路堤;横向填筑法,即从路基一端或两端按横断面全高逐步推进填筑。这种填筑方法由于填土过厚,不易压实,仅用于无法自下而上填筑的滨海路基及深谷、陡坡、断崖、泥沼等机械无法采用水平分层填筑的路堤;混合填筑法,即路堤下层用横向填筑而上层用水平分层填筑,适用于因地形限制或填筑堤身较高,不宜采用水平分层填筑法进行填筑的情况。

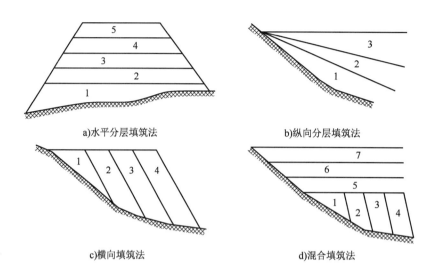

图 4-2　土质路堤填筑施工方法

注:图中数字代表填筑顺序。

石质路堤填筑施工方法主要有:分层压实法、强力夯实法和冲击压实法。分层压实法,即按若干水平层次,先填筑后压实,逐层填压;强力夯实法,即以夯锤冲击石质填料和地基,提高填筑密度和地基强度的方法;冲击压实法,即用冲击压实机的非圆形轮子冲压土石填料的方法。

路堤填筑按照"三阶段、四区段、八流程"的原则组织施工。三阶段,即准备阶段、施工阶段和竣工阶段;四区段,即填筑区段、平整区段、碾压区段和检测区段;八流程,即八步施工工艺流程,见表4-1。

路堤填筑施工工艺流程　　　　　表 4-1

序号	工艺流程	施工方法或技术要求
1	施工准备	线路复测、场地清理等;若必要则开展安全风险评估和编制专项施工方案
2	基底处理	清理地表并碾压平整,处理影响范围内的障碍物,处理不良地质等
3	分层填筑	确定机械选型、松铺厚度、碾压方法、碾压遍数等
4	摊铺平整	先用推土机粗平,后用平地机精平
5	洒水或晾晒	若高于最佳含水率则翻松晾晒;若低于最佳含水率则洒水处理
6	机械碾压	重叠碾压,不留死角;由低到高,先慢后快;确保边缘压实度
7	检验签证	每层碾压完成后,按规定的频次对压实度、宽度、平整度等进行检验;填筑至设计高程后进行弯沉检验
8	路基整修	对路基表面、两侧边坡等,采用人工配合机械的方法整修,做到肩棱明显,各项指标符合要求

路堤施工应考虑的危险源或危害因素主要有：

①复杂环境条件下的软弱路基、陡坡路基、高填方和危及既有建(构)筑物及交通的路堤填筑；

②施工影响范围内的既有建(构)筑物、设备设施、管线等；

③路堤失稳；

④水的影响；

⑤人机混合作业的影响；

⑥深取土场(坑)作业的影响；

⑦恶劣天气条件的影响；

⑧机械伤害，物体打击，交通事故，高处坠落等。

三、土石方机械

路基土石方施工涉及大量的机械作业，常用机械有挖掘机、装载机、推土机、铲运机、压路机、平地机、夯实机等，如图4-3所示。例如，摊铺整平作业常用推土机和平地机；碾压作业常用压路机和夯实机，临近结构物需用小型夯实机具压实。施工机械作业应考虑的主要危险源或危害因素有：机械倾覆、机械伤害、物体打击、高空坠落、触电等。

a)挖掘机　　　　b)压路机　　　　c)推土机

d)平地机　　　　e)装载机

图4-3　土石方机械

根据《建筑机械使用安全技术规程》(JGJ 33—2012)的相关规定，土石方机械作业应确保足够的安全距离，具体见表4-2。

土石方机械作业安全距离 表 4-2

机械名称	作业条件	项目内容	安全距离(m)
单斗挖掘机	在拉铲或反铲作业时	履带式挖掘机的履带与工作面边缘距离	>1.0
		轮胎式挖掘机的轮胎与工作面边缘距离	>1.5
挖掘装载机	在边坡卸料时,应有专人指挥	轮胎距边坡缘的距离	>1.5
推土机	在深沟、基坑或陡坡地区作业时,应有专人指挥	垂直边坡高度	<2.0
	两台以上推土机在同一地区作业时	前后距离	>8.0
		左右距离	>1.5
拖式铲运机	多台铲运机联合作业时	各机之间前后距离	>10
		各机之间左右距离	>2.0
	在新填筑的土堤上作业时	离堤坡边缘	>1.0
自行式铲运机	多台铲运机联合作业时	前后距离	≥20
		左右距离	≥2.0
	沿沟边或填方边坡作业时	轮胎离路肩	≥0.7
静作用压路机	在新建场地上进行碾压时,应从中间向两侧碾压	距场地边缘	≥0.5
	在坑边碾压施工时,应由里侧向外侧碾压	距坑边	≥1.0
	两台以上压路机同时作业时	前后间距	≥3.0
蛙式夯实机	多机作业时	平行间距	≥5.0
		前后间距	≥10

四、施工安全检查

安全检查是对施工项目贯彻安全生产法律法规的情况、安全生产状况、劳动条件、事故隐患等进行的检查。《安全生产法》(2021年)第四十六条规定,生产经营单位的安全生产管理人员应当根据本单位的生产经营特点,对安全生产状况进行经常性检查;对检查中发现的安全问题,应当立即处理;不能处理的,应当及时报告本单位有关负责人,有关负责人应当及时处理。检查及处理情况应当如实记录在案。

公路工程施工安全检查的主要内容见表 4-3。

公路施工安全检查的主要形式包括验收性检查、定期检查、专项检查、经常性检查、季节性检查等,具体见表 4-4。

公路工程施工安全检查主要内容 表 4-3

分项	具体内容	备注
物的状态是否安全	检查生产设备、工具、安全设施、个人防护用品、生产作业场所以及生产物料的存储是否符合要求	物的危险状态、人的不安全行为和管理上的缺陷可能导致事故的发生
人的行为是否安全	检查有无违章指挥、违章操作、违反安全生产规章制度的行为,重点检查危险性大的作业岗位是否严格按操作规程作业,危险作业是否执行审批程序	
安全管理是否完善	检查安全生产规章制度是否建立健全,安全生产责任制是否落实,安全生产目标和工作计划是否落实到各部门、各岗位,安全教育是否经常开展并使职工安全素质得到提高,安全生产检查是否制度化、规范化,检查发现的事故隐患是否及时整改,落实安全技术与措施计划的经费是否落实,是否按"四不放过"原则做好事故处置工作	

公路工程施工安全检查主要形式及其内容和要求 表 4-4

形式名称			检查内容	相关要求
开(复)工前检查			核查项目是否具备安全生产条件	新项目开工前和在建项目停工后复工前,应由监理单位组织施工单位等相关部门对工地进行全面检查。如发现问题应及时督促整改,符合安全生产条件的方可开(复)工
定期检查			重点检查重大危险源的安全防范技术措施及现场安全防护措施的落实情况	工程参建单位开展检查时,应由其主要负责人牵头组织。定期检查应明确检查频率,建设单位宜每季度组织不少于1次的检查,监理单位宜组织每两个月不少于1次的检查,施工单位应组织每月不少于1次的全面检查,施工班组每日应对施工生产进行检查
专项检查	内业检查	保证项检查	安全生产责任制、施工组织设计及专项施工方案、安全生产专项费用、风险评估管理、安全技术交底、安全检查评价、安全教育培训、应急管理等	安全管理部门组织开展,针对工程建设的关键环节、关键部位的安全状况采取有针对性的检查,宜对照专项施工方案进行检查,以发现并解决在施工前及施工中存在的问题
		一般项检查	分包单位的管理,持证上岗情况,生产安全事故处理等	
	外业检查		安全防护、施工用电、消防安全、设备安全、危险性较大的分部分项工程专项施工方案执行情况、安全标志等	
经常性检查			施工安全管理人员应针对当日作业分布情况,重点检查安全生产关键部位和事故易发环节。安全监理工程师应对重大危险源实施过程进行跟踪巡视检查	由施工单位安全管理人员或监理单位的安全监理工程师,根据工程施工作业进度适时安排。经常性检查应覆盖施工全过程

续上表

形式名称	检查内容	相关要求
季节性检查	检查内容可根据施工安全敏感时间段（如冬季、雨季、放假时间较长的节假日等）确定，同时应对该时间段的安全注意事项（如防滑、防冻、防坍塌、防火、防中毒、防坠落、防疲劳、防思想松懈等）提前作出布置并加强检查	可由项目负责人或安全管理机构负责人负责
验收性检查	主要检查对象是施工现场新搭设的脚手架、物料提升机、施工用电、塔式起重机、外用电梯、大型模板支撑系统等项目	检查应严格对照相关标准进行。工程实行总承包的，当存在两个或多个分包单位共同或交叉施工时，验收性检查应由总承包单位组织开展，对相关作业部位的安全作业环境条件进行验收和移交

安全 典故

小 港 渡 者

周容［清］

庚寅冬，予自小港欲入蛟川城，命小奚以木简束书从。时西日沉山，晚烟萦树，望城二里许。因问渡者："尚可得南门开否？"渡者熟视小奚，应曰："徐行之，尚开也；速进，则阖。"予愠为戏。趋行及半，小奚仆，束断书崩，啼，未即起。理书就束，而前门已牡下矣。予爽然思渡者言近道。天下之以躁急自败，穷暮而无所归宿者，其犹是也夫，其犹是也夫！

任务二　路堑开挖专项施工方案

学习 目标

（1）了解路堑开挖施工方法及主要危险源或危害因素、滑坡防治措施、专项施工方案主要内容等；熟悉专项施工方案的审批流程和实施管控要点等。

（2）能结合案例填写路堑开挖专项施工方案审查表以及相关监理指令表。

任务 要求

某高速公路建设工程的土建标段,施工总包单位为甲公司,监理单位为乙公司。甲公司成立了项目部,负责该标段工程建设管理工作;施工分包单位丙公司(劳务公司),负责其中某段长200m的路基工程施工。

该段路基位于构造剥蚀中低山山坡上,地势较陡,起伏大;地表多为杂树及杂草,局部见少量基岩裂隙水出露;山体西北侧约90m为村落。区内地层为残坡积地层和砂岩夹页岩,边坡原始覆盖层较薄,下伏岩层主要为砂岩夹页岩。地下水类型主要为基岩裂隙水,主要分布在下伏基岩裂隙中;地下水对边坡的主要影响为:雨水沿基岩裂隙渗入后会软化结构面。

该段原设计为整体式挖方路基,左侧边坡设计四级,最大边坡高度31.8m,路基中心最大挖深24.6m。边坡坡比自下而上依次为1:0.75、1:0.75、1:1、1:1,第一、二、三级边坡防护形式为锚杆框格梁(锚杆长11m),第四级边坡防护形式为复合网;各级边坡之间均设置宽2.0m、外倾4%的平台,并设平台截水沟。根据要求,该段边坡防护按动态变更设计原则处理,即在开挖一级后,根据现场开挖揭示的实际地质情况,由参建各方共同商定下一步防护方案;在第四级边坡开挖完成后,参建各方商定,第四级边坡防护形式由原设计的复合网和锚杆框格梁变更为现浇拱形格。

在进行现浇拱形格防护施工时,发现山体有滑动迹象;之后参建各方经现场踏勘商定的处治方案为:抗滑桩+适当清方+裂缝回填支撑,即,第一级边坡坡比1:0.75,第二级边坡坡比1:0.75,第三级坡面及以上至开裂位置按滑动面清方(清方后边坡坡比约为1:2.5),第二级坡顶处增设20根锚索抗滑桩(桩长16m,桩身1.5m×2.5m,桩中心间距7m,锚索长22m)。

在第二级平台抗滑桩浇筑完成后,发现山体二次滑坡,两根抗滑桩被剪断,其余抗滑桩被土体掩埋。之后参建各方经现场踏勘商定的处治方案为:基于现有方案,结合现场实情,采用减载+加固+回填反压,放缓了三级以上边坡,即第一级边坡采用11m锚杆框格梁,第二级边坡采用现浇混凝土拱形护坡,第三级边坡增加30m锚索框格梁(抗滑桩取消锚索),第四、五级边坡采用植草防护,第三、四、五级边坡在滑动面上回填压实土。

请你结合以上描述,以不同身份填写专项施工方案审查表和监理指令单。

姓名：_____ 班级：_____ 学号：_____

_____建设项目
专项施工方案审查表

施工单位：
监理单位： 编号：

分部分项工程名称		工程部位/桩号	
计划开工日期		计划完工日期	
项目部意见	致:公司(第_____总监办) 　　根据危险性较大分部分项工程专项方案安全管理办法，现上报安全专项施工方案文件一式_____份，请予以审查。 　　　　　　　　　　　　　　　　　项目部技术负责人：　　（签章） 　　　　　　　　　　　　　　　　　日期：		
施工单位意见	致:公司(第_____总监办) 　　根据危险性较大分部分项工程专项方案安全管理办法编制的_____安全专项施工方案，已通过专家论证。根据专家组论证意见，我单位对安全专项方案进行修改完善，现上报方案文件一式_____份，请予以审批。 　　　　　　　　　　　　　　　　　企业技术负责人：　　（签章） 　　　　　　　　　　　　　　　　　日期：		
专业监理 工程师意见	 　　　　　　　　　　　　　　　　　专业监理工程师： 　　　　　　　　　　　　　　　　　日期：		
安全监理 工程师意见	 　　　　　　　　　　　　　　　　　安全监理工程师： 　　　　　　　　　　　　　　　　　日期：		
总监理 工程师意见	 　　　　　　　　　　　　　　　　　总监理工程师： 　　　　　　　　　　　　　　　　　日期：		

注：若专项施工方案不需要专家论证，则施工单位意见栏可以取消不填。

姓名：_____ 班级：_____ 学号：_____

_____工程项目

监理指令单

编号：

施工单位		合同段	
监理机构			
签发人		日期	年　月　日

致_____
（说明监理指令的依据、施工单位不符合规定的事实及整改要求等内容）

请于_____年_____月_____日前回复。
抄送：

签收人		日期	年　月　日

导学问题

(1) 请以本任务安全监理工程师的身份,谈谈自己的工作重心。

(2) 请结合本任务阐述监理单位审查专项施工方案的内容和范围。

提示 参见现行《建设工程监理规范》(GB/T 50319)。

(3) 本任务由何单位编制专项施工方案,施工单位由何人审核签字?

提示 参见《公路水运工程施工安全标准化指南》。

(4) 本任务专项施工方案是否需组织专家论证、审查?请阐述理由。

提示 参见现行《公路工程施工安全技术规范》(JTG F90)。

(5) 监理机构该如何检查专项施工方案的实施情况,请结合本任务阐述要点。

知识链接

一、路堑开挖施工

土质路堑开挖施工方法主要有横向挖掘法、纵向挖掘法和混合挖掘法。

横向挖掘法可分单层横挖法和多层横挖法,前者适用于浅且短的路堑,从开挖路堑的一端或两端按断面全宽一次性挖到设计高程,再逐渐向纵深挖掘,挖出的土方一般向两端路堤段运送;后者适用于深且短的路堑,从开挖路堑的一端或两端按断面分层挖到设计高程,如图4-4所示。

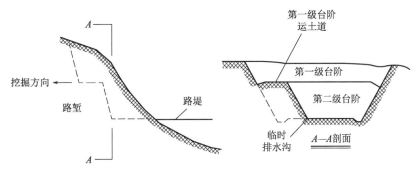

图4-4 多层横挖法

纵向挖掘法包括分层纵挖法、通道纵挖法和分段纵挖法。分层纵挖法适用于较长的路堑,沿路堑全宽以深度不大的纵向分层进行挖掘;通道纵挖法适用于较长或较深,两端地面纵坡较小的路堑,先沿路堑纵向挖掘一层通道,然后将通道向两侧拓宽,在拓宽至路堑边坡后,再挖下层通道,如图4-5所示;分段纵挖法适用于过长,弃土运距过远,一侧堑壁较薄的傍山路堑,先沿纵向选择适宜处,将较薄侧堑壁横向挖穿,使路堑分成数段,各段再纵向开挖。

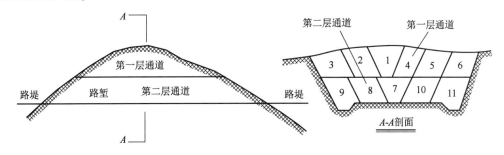

图4-5 通道纵挖法
注:图中数字为挖掘顺序。

混合挖掘法适用于长且深的路堑，横向挖掘法和纵向挖掘法结合，先顺路堑挖掘通道，后沿横向坡面挖掘。

土质路堑开挖遵循"排水先行、逐级开挖、逐级防护"的原则组织施工，主要施工工艺流程见表4-5。

土质路堑开挖施工工艺流程、方法及技术要求 表4-5

序号	工艺流程	施工方法或技术要求
1	施工准备	测量放样、场地清理、设置弃土场等，若必要则开展安全风险评估和编制专项施工方案
2	临时排水设施	在坡顶外缘施作截水沟
3	逐层开挖	机械开挖配合人工开挖，自上而下，逐层开挖，边挖边护
4	土方外运	装载机装土，自卸车外运
5	路床碾压	路堑贯通后，整修路槽，碾压成形
6	检查验收	压实度、弯沉、强度及其他质量要求

石质路堑开挖施工方法主要有爆破法、破碎法和松土法；爆破法利用炸药将岩石炸碎，再由机械挖运，适用于岩质坚硬的石质路堑；破碎法利用破岩设备凿碎岩块，或利用破碎剂使岩石开裂，然后挖运；松土法利用松土器将岩体翻松后搬运，适用于有较大的岩体破裂面或风化较严重的岩体。挖石方路基爆破的主要施工工艺流程见表4-6。

挖石方路基爆破施工工艺流程、方法及技术要求 表4-6

序号	工艺流程	施工方法或技术要求
1	施工准备	分析周边环境，编制爆破施工组织设计，安全技术交底，试爆确定技术参数，机具、材料和其他作业条件准备，测量放样等
2	钻孔	布设炮孔、钻制炮孔、炮孔检查等
3	装药	反向装药并严格控制药量、连接爆破网络等、布置安全岗哨
4	起爆	堵塞炮孔、爆破覆盖、起爆信号、起爆等。整个起爆过程中由专人统一指挥
5	爆后处理	起爆完成15min后，由专业技术人员进入爆破现场进行检查，主要检查雷管和炸药是否全部爆炸，如果出现盲炮等情况，需采取相应措施进行处理
6	解除警戒	在完全无安全隐患后，报告指挥人员发出指令解除警戒
7	分析记录	爆破效果分析及资料记录等

路堑施工应考虑的危险源或危害因素主要有：

①高边坡、深路堑、长大路堑、不良地质及周边环境复杂路堑开挖；

②施工影响范围内的既有建(构)筑物、设备、管线等；

③毗邻和施工范围内的既有交通设施；

④爆炸物品及爆破施工；

⑤变形超限引发路堑失稳和次生灾害；

⑥水的影响；
⑦危岩和坡面坡顶危石；
⑧人机混合作业的影响；
⑨弃土作业的影响；
⑩恶劣天气条件；
⑪机械伤害、物体打击、交通事故、高处坠落等。

二、滑坡防治措施

滑坡是指在一定地形地质条件下，因各种自然或人为因素的影响，斜坡上不稳定的岩土体在重力作用下，沿着一定的软弱面或带滑动的地质现象，是山区公路的主要病害之一，对山区公路危害较大。工程经验表明，在断裂破碎带、特殊岩土及松散土质深路堑、破碎软质岩高边坡、具有不利软弱层面的路堑高边坡、斜坡软弱地基上填筑路段以及地表水汇集或地下水发育等易产生滑坡的工程路段，需采取预防措施，设置必要的预加固工程，避免产生滑坡。总体上，滑坡防治措施可分为减滑措施和抗滑措施，截水排水、削坡减载等为减滑措施，填筑反压、抗滑支挡工程为抗滑措施。抗滑支挡结构包括抗滑挡土墙、抗滑桩、注浆锚杆、预应力锚索、隧道明洞等；各项防治措施可单独使用，也可综合使用。

滑坡防治监测包括施工安全监测、防治效果监测和动态长期监测，以施工安全监测和防治效果监测为主。施工安全监测结果是判断滑坡稳定状态、指导施工、检验防治效果的重要依据。施工安全监测内容包括地面变形监测、地表裂缝监测、滑体深部位移监测、地下水位监测、孔隙水压力监测、地应力监测等，见表4-7。防治效果监测要结合施工安全监测和长期监测进行，以了解工程实施后滑坡体的变化特征，为工程的竣工验收提供科学依据。

滑坡施工安全监测的主要内容、方法及目的　　　　表4-7

监测内容	监测方法	监测目的
地表水平位移监测	全站仪、光电测距仪	监测地表位移、变形发展情况
地表垂直变形监测	水准仪	监测地表位移、变形发展情况
地表裂缝监测	标桩、直尺或裂缝计	监测裂缝发展情况
地下位移监测	测斜仪	探测相对于稳定地层的地下岩体位移，证实和确定正在发生位移的构造特征，确定潜在滑动面深度，判断主滑方向，定量分析评价边（滑）坡的稳定状况，评判边（滑）坡加固工程效果
地下水位监测	人工测量	监测地下水位变化与降雨关系，评判边坡排水措施的有效性
支挡结构变形、应力	测斜仪、分层沉降仪、压力盒、钢筋应力计	支挡构造物岩土体的变形监测，支挡构造物与岩土体间接触压力监测

三、专项施工方案

专项施工方案,是在编制施工组织(总)设计的基础上,针对危险性较大的分部分项工程(简称"危大工程")单独编制的,包括安全技术与措施的施工技术文件。危大工程,是指公路水运工程在施工过程中存在的、可能导致作业人员群死群伤或造成重大不良社会影响的分部分项工程。专项施工方案的主要项目及对应内容见表4-8。

专项施工方案的主要项目及对应内容　　　　　　　　表4-8

项目	内容	备注
工程概况	危大工程概况、施工平面布置、施工要求和技术保证条件等	
编制依据	相关法律、法规、规范性文件、标准、规范及图纸(国标图集)、施工组织设计等	
施工计划	施工进度计划、材料与设备计划等	
施工工艺	技术参数、工艺流程、施工方法、检查验收等	
安全措施	组织保障、技术措施、应急预案、监测监控等	
人员计划	专职安全生产管理人员、特种作业人员等	
其他方面	计算书和相关图纸	应根据危大工程的特点和要求进行必要的设计计算

施工单位应严格按照专项施工方案组织施工,不得擅自修改、调整专项施工方案。如因设计、结构、外部环境等因素发生变化确需修改的,修改后的专项施工方案应重新审核。对于超过一定规模的危险性较大工程的专项施工方案,修改后的专项施工方案应重新组织专家进行论证。专项施工方案的审批流程如图4-6所示。

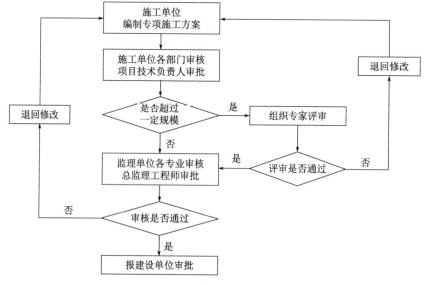

图4-6　专项施工方案的审批流程

监理机构应检查施工单位危险性较大工程的专项施工方案的实施情况,发现未按专项施工方案实施时,应签发监理指令单,要求施工单位整改。发现有危及人身安全的紧急情况时,应立即组织作业人员撤离危险区域;发生险情或事故时,施工单位应停止作业,及时启动并实施相应的应急预案,防止事态恶化;险情或事故处理后,应对施工现场进行清理,全面核查安全生产条件,经有关部门同意后,方可恢复施工。

安全 典故

暴虎冯(píng)河(节选自《论语集注》)

朱熹[南宋]

　　子谓颜渊曰:"用之则行,舍之则藏,惟我与尔有是夫!"……子路曰:"子行三军,则谁与?"……子路见孔子独美颜渊,自负其勇,意夫子若行三军,必与己同。子曰:"暴虎冯河,死而无悔者,吾不与也。必也临事而惧,好谋而成者也。"……惧,谓敬其事。成,谓成其谋。言此皆以抑其勇而教之,然行师之要实不外此,子路盖不知也。

单元二 桥梁施工

任务一 基础施工专项安全检查

学习 目标

（1）了解桥梁工程相关概念、桥梁基础施工的主要危险源或危害因素、挖孔桩施工工艺流程、有限空间安全作业五条规定等；熟悉人工挖孔桩施工的主要安全风险、技术要求和应急措施等。

（2）能结合任务填写人工挖孔桩安全检查表。

任务 要求

某公路大桥工程，全长557.0m，桥面净宽9.0m，上部结构采用预应力混凝土（后张）简支T梁，桥面连续，下部结构均采用桩基础。该工程施工总包单位为甲公司，劳务分包单位为乙公司。根据乙公司的工作安排，由员工小张和老李负责完成14号桥墩的挖孔桩施工，小张在孔内作业，老李在地面配合，如图4-7所示。在开挖深度h不足10m时，为降低噪声，改善工作环境，同时节省用电，未开启鼓风机；单节护壁高度为1m，为提高施工效率，一次浇筑2节护壁；在孔内连续作业2小时后，小张乘坐出渣桶（载有石渣）由电动葫芦提升出桩孔。

请你结合以上描述，以监管单位工作人员的身份，填写人工挖孔桩安全检查表。

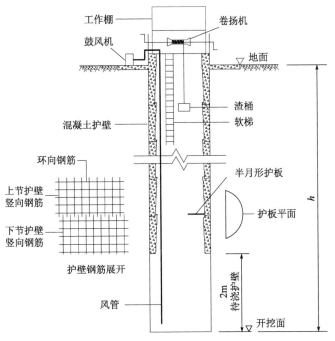

图 4-7 挖孔施工示意图

姓名：_____ 班级：_____ 学号：_____

_____建设项目
人工挖孔桩安全检查表

受检查单位名称：

序号	检查项目	检查内容	检查结果	备注
1	专项施工方案			
2	孔口防护			
3	井内防护	（半月形防护板等）		
4	通风及有毒有害气体监测情况			
5	护壁拆模			
6	井内作业	（劳动保护用品等）		
7	现场照明			
8	提升机情况			

检查人员： 日期：

导学 问题

(1)本任务中人工挖孔桩施工的主要安全风险有哪些？有何依据？

(2)本任务中人工挖孔桩是否需编制专项施工方案？是否需要经过专家论证？请阐述理由。

提示 参见现行《公路工程施工安全技术规范》(JTG F90)。

(3)整理《公路桥涵施工技术规范》(JTG/T 3650—2020)与《公路工程施工安全技术规范》(JTG F90—2015)中关于人工挖孔作业的通风要求，找出其中的不同之处，并谈谈自己的看法。

(4)若孔口辅助人员老李发现，小张在开挖作业过程中晕倒在井底，该如何处置？

知识链接

一、桥梁工程概述

桥梁是为实现交通功能而跨越各种障碍的构筑物,一般由上部结构、下部结构、支座和附属构造物组成,如图4-8所示。上部结构又称桥跨结构,下部结构包括桥台、桥墩和基础,支座为桥跨结构与墩台支承处所设的传力装置;附属构造物则指桥头搭板、锥形护坡、护岸、导流工程等。

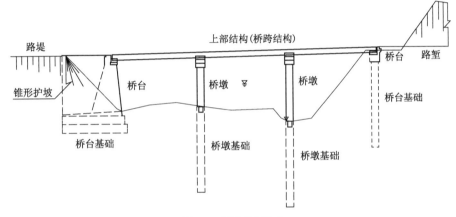

图4-8 桥梁基本组成

桥梁按照受力特点,划分为梁式桥、拱桥、悬索桥、斜拉桥、刚构桥、组合体系桥等基本类型。梁式桥施工易发生满堂支架垮塌、挂篮失稳、架桥机坠落等事故;拱桥施工易发生满堂支架坍塌、拱肋结构失稳等事故;悬索桥施工的主要隐患是深水沉井基础倾斜及隧道锚坍塌;斜拉桥施工的主要隐患是深水基础和桥塔施工以及混凝土的扰动和裂缝控制等。

二、桥梁基础施工

桥梁基础是桥梁下部结构的重要组成部分,其下端直接与地基接触,顶端连接桥墩或桥台。按构造和施工方法不同,桥梁基础可分为明挖基础、桩基础、沉井基础等主要类型。

明挖基础也称扩大基础,其埋置深度比其他类型基础浅,故为浅基础,广泛用于中小型桥涵及旱桥。明挖基础采用明挖法施工,若在水中开挖则应先筑围堰。桩基础是多根桩和桩顶承台所构成的基础,适用于土质深厚处,属于深基础。在桥梁中常用的桩材为木材、钢筋混凝土和钢材,其中钢筋混凝土应用较多,例如用于制造灌注桩。沉井基础是一种古老而且常见的深基础类型,它的刚性大,稳定性好,尤其适用于对基础承载力要求较高,对基础变位敏感的桥梁,如大跨度悬索桥、拱桥、连续梁桥等。

桥梁地基与基础工程施工作业应考虑的危险源或危害因素主要有:

①地下管线及建(构)筑物等未经探明或标识;
②地下管线及建(构)筑物未按设计或专项施工方案进行保护;
③机械设备未按规定进行检查验收,特种设备未检先用;
④围堰施工时,对其变形、渗水和冲刷等情况不进行监测或发现问题处理不及时;
⑤钢围堰的尺寸、强度、刚度、稳定性不足,顶面高程和锚定方法等不符合要求;
⑥钢板桩未按规定支护,吊环焊接不牢靠;
⑦未按规定的顺序和方法拆除沉井垫木;浮式沉井在下水前未进行水密性检查,起吊下水时起重设备受力不均衡;
⑧打桩机或钻机等高大设备基底不实,支垫不稳固;
⑨深基坑施工调查范围不符合要求;
⑩深基坑开挖未按规定放坡或支护,未按规定监测,基坑降水影响周边环境安全;
⑪基坑临边防护不到位,基坑周边违规堆载或进行动载作业;
⑫挖孔桩(井)等密闭、半密闭空间作业不进行有毒有害气体检测,无通风措施;
⑬作业平台及支撑系统的搭设、连接不牢固;
⑭违规进行爆破作业;
⑮危险处未按规定设置防护设施和安全标志;
⑯陡坡地段基坑开挖防护措施不当;
⑰劳动防护用品的配备和使用不当;
⑱水上施工无救生和消防等安全设施,无防汛和通航保障措施。

三、人工挖孔桩

灌注桩是一种就位成孔,灌注混凝土或钢筋混凝土而制成的桩,常用的有钻孔桩和挖孔桩。其中采用钻机机械成孔的即为钻孔灌注桩,简称钻孔桩;采用人工开挖成孔的即为挖孔灌注桩,也称人工挖孔桩,简称挖孔桩。就施工工艺而言,钻孔桩与挖孔桩各有优势,概而言之,钻孔桩对场地条件要求较高,技术难点在于质量控制;挖孔桩对地质条件要求较高,突出问题在于安全保障。

《公路桥涵施工技术规范》(JTG/T 3650—2020)第9.6.1条规定,在无地下水或有少量地下水且较密实的土层或风化岩层中,或无法采用机械成孔或机械成孔非常困难且水文、地质条件允许的地区,可采用人工挖孔施工;岩溶地区和采空区不宜采用人工挖孔施工;孔内空气污染物超过现行《环境空气质量标准》(GB 3095)规定的三级标准浓度限值,且无通风措施时,不得采用人工挖孔施工;桩径或最小边宽度小于1200mm时不得采用人工挖孔施工。

为防范化解房屋建筑和市政基础设施工程重大事故隐患,降低施工安全风险,推动住房和城乡建设行业淘汰落后工艺、设备和材料,提升房屋建筑和市政基础设施工程安全生产水平,根据《建设工程安全生产管理条例》等有关法规,住房和城乡建设部组织制定了《房屋建筑和市政基础设施工程危及生产安全施工工艺、设备和材料淘汰目录(第一批)》,并于2021年12月14日发布。其中规定,在新建、改建、扩建的房屋建筑和市政工程中,存在下列条件之一的区域不得使用基桩人工挖孔工艺:

①地下水丰富、软弱土层、流沙等不良地质条件的区域;
②孔内空气污染物超标准;
③机械成孔设备可以到达的区域。

挖孔桩施工工艺流程、方法及技术要求见表4-9。

挖孔桩施工工艺流程、方法及技术要求 表4-9

序号	工艺流程	施工方法或技术要求
1	施工准备	技术准备,安全技术交底,混凝土配合比设计及试验,测量放样等;机具准备,挖掘设备、提升设备、运输设备、安全设备等;材料准备,钢筋、水泥、砂石等
2	浇筑锁口圈	孔口处应设置高出地面不小于300mm的护圈;并应设置临时排水沟,防止地表水流入孔内
3	安装提升设备	安装垂直运输架、卷扬机、吊桶等,运输架必须稳定、牢固;钢丝绳的安全系数不小于5,并定期检查其磨损情况
4	桩孔开挖	每节开挖深度应符合专项施工方案要求,且不得超过1m;挖孔的弃土应及时转运,孔口四周作业范围内不得堆积弃土及其他杂物
5	施作护壁	挖孔作业时必须挖一节浇筑一节护壁,护壁的节段高度必须严格按专项施工方案执行,严禁只挖而不及时浇筑护壁的冒险作业
6	成孔验收	挖孔达到设计高程并经确认后,应将孔底的松渣、杂物和沉淀泥土等清除干净。挖孔桩终孔并对孔底处理后,应对桩孔孔位、孔径、孔深、倾斜度及孔底处理情况等进行检验
7	钢筋笼吊装	钢筋笼下放应采用专用吊具。钢筋笼孔口连接时,孔内钢筋笼应固定牢靠。作业人员不得在钢筋笼内作业,安全带不得扣挂在钢筋笼上
8	浇筑混凝土	混凝土应通过串筒、溜管(槽)或振动溜管(槽)等设施下落,自由倾落高度宜不超过2m;孔内有积水且无法排净时,宜按水下混凝土灌注的要求施工
9	桩基检测	宜选择有代表性的桩采用无破损法进行检测,重要工程或重要部位的桩宜逐桩进行检测;设计有规定或对无破损法检测的桩的质量有疑问时,应采用钻取芯样法对桩进行检测

四、有限空间安全作业

有限空间即通风不良、容易造成有毒有害气体积聚和缺氧的设备、设施或场所。有限空间可分为密闭或半密闭设备、地上有限空间、地下有限空间等。有限空间作业有发生中毒、窒息、爆炸、火灾、坠落、溺水、坍塌、触电、机械伤害、烫伤等事故的风险。其中，中毒、窒息和爆炸事故较为常见。

2014年9月29日，国家安全生产监督管理总局公布了《有限空间安全作业五条规定》，具体内容为：

①必须严格实行作业审批制度，严禁擅自进入有限空间作业；
②必须做到"先通风、再检测、后作业"，严禁通风、检测不合格作业；
③必须配备个人防中毒窒息等防护装备，设置安全警示标识，严禁无防护监护措施作业；
④必须对作业人员进行安全培训，严禁教育培训不合格者上岗作业；
⑤必须制定应急措施，现场配备应急装备，严禁盲目施救。

安全 典故

从井救人（节选自《论语集注》）

朱熹[南宋]

宰我问曰："仁者，虽告之曰：'井有仁焉'，其从之也？"子曰："何为其然也？君子可逝也，不可陷也；可欺也，不可罔也。"刘聘君曰"有仁之仁当作人"，今从之。从，谓随之于井而救之也。宰我信道不笃，而忧为仁之陷害，故有此问。逝，谓使之往救；陷，谓陷之于井。欺，谓诳之以理之所有；罔，谓昧之以理之所无。盖身在井上，乃可以救井中之人；若从之于井，则不复能救之矣。此理甚明，人所易晓，仁者虽切于救人而不私其身，然不应如此之愚也。

任务二　墩台施工安全隐患整改

学习 目标

（1）了解桥梁墩台施工方法及主要危险源或危害因素等；熟悉墩台翻升模板施工的技术要求、隐患整改程序闭合的标准等。

(2)能结合任务填写墩台施工安全隐患整改通知单和安全隐患整改回复单。

任务 要求

某在建高速公路工程,双向四车道,设计时速为80km/h,汽车荷载等级为Ⅰ级。其施工总包单位为甲公司,分包单位乙公司(劳务公司)主要负责其中某互通式立交桥施工,该桥等级为大桥。某日,乙公司模板工班组一行4人(无特种作业证)登上大桥左幅4号墩柱的作业平台(距地面30m),开展模板安装和拆除工作,如图4-9所示。该施工班组首先在原有的三节模板上方安装了第四节模板,其后吊拆第一节横桥向左右侧两块模板,再后吊拆第一节纵桥向前后两侧模板,并取掉该节模板的手动葫芦;在拆除第一节模板的同时将第二节模板的部分对拉杆切断;第三节模板有两层对拉杆,每层设螺纹钢筋$4\phi12$,其端头焊接螺纹钢筋$\phi20$。

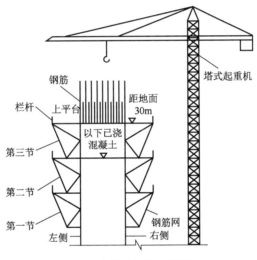

图4-9 桥梁墩柱施工示意图

请你结合以上描述,分别以上级监管部门和施工单位工作人员的身份,下达安全隐患整改通知单和填写安全隐患整改回复单。

姓名：＿＿＿＿＿＿＿＿＿＿ 班级：＿＿＿＿＿＿＿＿＿＿ 学号：＿＿＿＿＿＿＿＿＿＿

＿＿＿＿＿＿＿＿＿＿＿＿＿＿＿建设项目
安全隐患整改通知单

单位名称：　　　　　　　　　　　　　　　　　　　　　　　　　编号：

安全隐患里程桩号		通知日期	
安全隐患情况描述	（可附影像资料）	领导签批	
		（签章）	
		安全人员	
		（签名）	
整改要求		整改责任人	
		（签名）	
		整改日期	
验收意见		验收人	
		（签名）	
		日期	

注：本表由上级安全机构负责下达，交责任单位负责人限期整改落实。对拒不整改事故隐患而发生事故的，将实施严厉处罚。本表一式两份，由上级安全机构、责任整改单位各存一份。

姓名：_____　　班级：_____　　学号：_____

_____建设项目
安全隐患整改回复单

单位名称：　　　　　　　　　　　　　　　　　　　整改通知单编号：

整改部位/桩号		整改时间	
安全隐患形成原因分析			
采取的安全措施	（无法清楚描述的，可另附影像资料）		
整改验收意见		验收人	
		（签名）	
		日期	

注：本表由整改责任单位填写，报上级管理部门申请验收。本表一式两份，上级管理部门、整改责任单位各存一份。

导学 问题

(1) 本任务中墩柱施工采用哪种方法？实际作业存在哪些问题？你有何感想？

(2) 本任务中墩柱是否需编制专项施工方案？是否需要经过专家论证？请阐述理由。

提示 参见现行《公路工程施工安全技术规范》(JTG F90)。

(3) 本任务模板工班组需持何证上岗？请列出依据。

提示 参见《特种作业人员安全技术培训考核管理规定》。

知识链接

一、墩台施工方法

桥梁墩台是桥墩和桥台的合称,是支承桥跨结构的构筑物。桥墩位于相邻桥跨之间,桥台位于桥梁两端,与路堤相接,兼有挡土作用。桥梁墩台按构造可分为重力式墩台和轻型墩台两大类,如图 4-10 所示。

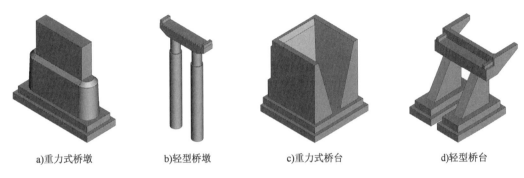

a)重力式桥墩　　b)轻型桥墩　　c)重力式桥台　　d)轻型桥台

图 4-10　桥梁墩台

公路桥梁墩台施工常用组合钢模板、翻升模板、爬升模板、滑升模板等方法,如图 4-11 所示。对于结构形式较简单,高度不大的墩(台)身,采用组合钢模板施工。一般情况下,若墩身高度不大于 10m,则一次浇筑成型,若超过 10m,则分节段浇筑。对于高度较大的墩(台)身及斜拉桥、悬索桥的索塔,多采用翻升模板、爬升模板或滑升模板施工,其共同特点是:模板依附于浇筑完成的墩壁上,随墩身的升高而同步升高。

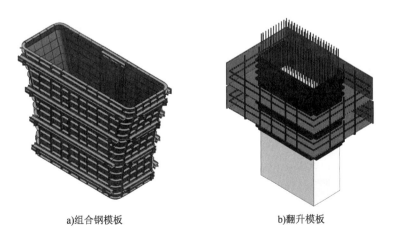

a)组合钢模板　　b)翻升模板

图　4-11

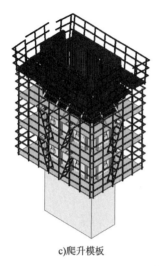
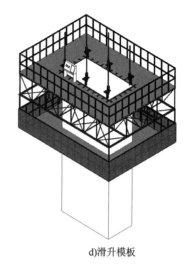

c)爬升模板　　　　　　　　　d)滑升模板

图 4-11　墩台施工方法

关于桥梁墩台各类施工方法(即工具式模板)的比较,见表 4-10。

墩台施工方法比较　　　　　　　　　　　　　表 4-10

项目	翻升模板	爬升模板	滑升模板
工法简介	由模板系统、翻升系统和操作平台系统组成,三层模板组成一个基本单元。浇筑完上层模板的混凝土后,将最下层模板拆除翻上来作为新上层模板。以此类推,循环施工	由模板系统、架体与操作平台系统、液压爬升系统及电气控制系统组成。利用墩壁中预埋件的支撑作用,通过导轨和爬架交替顶升完成模板就位,再灌筑墩身混凝土;如此循环,逐节爬升	一般由工作平台、内外模板、工作吊篮和提升设备等组成。先在墩身混凝土中预埋顶杆,利用千斤顶与提升架将滑升模板的全部施工荷载转至支撑杆上,待混凝土达到规定强度,通过自身液压提升系统将全体装置沿支承杆上滑,模板定位后浇筑混凝土,如此循环,逐节爬升
优点	因为采用整体大块模板,并且脱模时间有保证,所以实体及外观质量较好,施工缝易于处理	因为采用整体大块模板,并且脱模时间有保证,所以实体及外观质量较好,施工缝易于处理	施工速度快,安全度高
缺点	施工进度较慢,一般需要塔式起重机大型吊装设备配合	投入较大,施工进度较慢,墩身养护不便	投入较大,施工质量和外观质量较差,墩身垂直度难控制,墩身养护不便
适用范围	适用于实体或薄壁空心墩等,适用范围较广	适合浇筑钢筋混凝土结构,适用于墙体、桥梁墩柱、索塔塔柱等,适用范围较广	适用于结构形式单一、断面变化少、无局部凸出物或预埋件等墩台,适用范围较窄

桥梁墩台施工工艺流程见表 4-11。

墩台施工工艺流程　　　　　　　　　　　表 4-11

序号	工艺流程	施工方法或技术要求
1	施工准备	技术准备:编制施工方案;材料准备:墩台模板及支撑体系应进行专项施工设计和检算,具有足够的强度、刚度和稳定性;作业条件:水电供应,机械安装就位等
2	测量放样	在模板安装前,应在基础顶面放出墩、台身的轴线及边缘线;对分节段施工的墩、台身,其首节模板安装的平面位置和垂直度应严格控制。模板在安装过程中,应通过测量监控措施保证墩、台身的垂直度
3	钢筋绑扎	墩身钢筋绑扎高度超过 6m 时应采取临时固定措施
4	模板安装	模板安装前应清除表面灰浆污垢,并涂刷脱模剂;模板连接螺栓应按要求紧固,现场不得对模板进行随意切割和改动。模板拉杆的规格、材质、数量和安装位置等应符合模板设计要求
5	浇筑混凝土	混凝土应分层均匀对称灌注,专项施工方案中应明确混凝土浇筑顺序和浇筑速度;必要时,采取模板锚固等措施,防止浮模
6	养护拆模	混凝土浇筑完成后,应及时进行养护,养护时间不得少于 7d。高墩爬(滑)模施工,拆模应在混凝土强度达 2.5MPa 以上后实施。模板拆除应遵循"先上后下、先非承重后承重、分节分块、先立后拆"的原则。翻升模板拆除顺序:对拉杆、螺栓、模板及工作平台。爬升模板拆除顺序:模板、后移支架、导轨、液压装置、主平台。滑升模板拆除顺序:吊平台、液压系统、模板、操作平台、提升架

桥梁墩台施工中应考虑的危险源或危害因素主要有:

①墩台模板未进行专项设计和检算;模板及其拉结、支撑构件的强度不足或安装不符合模板设计要求;模板安装、拆除违反设计或方案要求(易导致爆模、失稳);

②高墩模板爬升体系未设置保险装置;

③墩台身钢筋绑扎、墩帽钢筋笼整体吊装时未设置双排井字架、揽风绳等稳固措施;墩身模板支立时未设置临时锚固设施;

④高大脚手架未进行专项设计、检算和验收,未按照专项施工方案或技术交底进行脚手架搭设、拆除(易导致架体坍塌);

⑤脚手板未满铺、固定;

⑥高度超过 10m 的脚手架未采用阻燃安全网、脚手板(不利于作业人员逃生和消防救援);

⑦塔式起重机基础不牢固;高处作业爬梯、塔式起重机、客货共用电梯、高处作业吊篮、施工升降机、混凝土高压泵送管道等未与桥墩可靠连接;

⑧无资质单位安装、拆卸特种设备;特种设备安装后未经检验合格即投入使用;特种设备无可遵循的安全技术操作规程;

⑨立体交叉作业未按规定设置安全防护设施和警示标志;

⑩高处作业人员不正确使用劳动防护用品,酒后或疲劳作业;

⑪高处作业未设临边防护缺损;

⑫高处作业违规使用吊笼吊人等。

安全 典故

曲突徙薪(节选自《汉书·霍光传》)

班固[东汉]

客有过主人者,见其灶直突,傍有积薪。客谓主人:"更为曲突,远徙其薪;不者,且有火患。"主人嘿然不应。俄而,家果失火,邻里共救之,幸而得息。于是杀牛置酒,谢其邻人,灼烂者在于上行,余各以功次坐,而不录言曲突者。人谓主人曰:"乡使听客之言,不费牛酒,终亡火患。今论功而请宾,曲突徙薪亡恩泽,焦头烂额为上客耶?"主人乃寤而请之。

任务三 特种设备安全管理资料

学习 目标

(1)了解桥梁上部结构施工方法、架桥机架设法的施工工艺、特种作业与特种设备相关概念、安全生产管理资料清单等;熟悉架桥机安装及拆卸管理、架桥机使用状态安全评估、特种设备作业人员的从业资质等。

(2)能结合任务填写施工单位安全资料告知备案表。

任务 要求

某公路桥梁建设项目,位于甲市下辖乙县,建设单位为乙县交通运输局,施工单位为丙公司,监理单位为丁公司,甲市交通质监站对工程进行质量安全监督。该桥梁全长506.78m,上部结构包含4×30m+3×30m+4×30m预应力混凝土先简支后连续箱梁,以及25m+36m+19m预应力混凝土现浇连续箱梁,桥梁下部结构为双柱式墩,分左右幅;桥面总宽24.5m,共112片预制箱梁,梁高1.6m,梁底宽1m,中梁顶宽2.4m、边梁顶宽2.85m,每孔每幅4片箱梁。

预制箱梁采用架桥机架设,架桥机型号为QJLY30-120,另配套运梁车一台,其为戊公司于8年前采购,戊公司安排老杨等5人负责完成架桥机的安装调试工作。前期甲市市场监督管理局(简称市场监管局)将架桥机《特种设备安装改造维修告知单》抄送甲市质检中心和乙县市场监管局,要求甲市质检中心依法对该架桥机进行监督检验,乙县市场监管局对该架桥机安装、检验、使用情况进行现场监督检查;甲市质检中心受理起重机械安装改造重大修理监督检验申请表,委派王某和朱某两人对架桥机进行了监督检验,检验结论为合格。

某日天气晴,最大风力2级,符合架桥机作业外部环境条件。在架桥作业过程中,由大姚负责指挥,老杨负责操作架桥机的控制手柄,董某和史某两人负责一前一后观察瞭望;将吊具与待架桥梁可靠地连接和将吊具从已架桥梁上拆除;负责将吊梁小车起升机构升降、吊梁小车纵向运行、吊梁小车横向运行,架桥机整机横移、架桥机过孔各种动作的要求准确地传达给指挥,由指挥将信号传送给司机;在危险情况下直接将操作指令传送给司机并要求司机按要求进行操作。

请你结合以上描述,整理架桥机相关安全管理资料备案,并填写施工单位安全资料告知备案表;若你在整理的过程中发现缺少部分资料,请向相关人员说明其必要性及如何办理。

姓名:_____ 班级:_____ 学号:_____

_____建设项目
施工单位安全资料告知备案表

施工单位:
监理单位: 编号:

安全管理资料名称		完成编制日期	
施工单位意见	致_____: 　　根据_____制度,我单位已完成_____的编制,现上报_____文件一式_____份,请予以登记备案。 　　　　　　　　　　　　　　　　　　　　　　项目负责人:　　　(签章) 　　　　　　　　　　　　　　　　　　　　　　日　　期:		
监理单位告知备案	 　　　　　　　　　　　　　　　　　　　　　　监理单位接收人: 　　　　　　　　　　　　　　　　　　　　　　日　　期:		
建设单位告知备案	 　　　　　　　　　　　　　　　　　　　　　　建设单位接收人: 　　　　　　　　　　　　　　　　　　　　　　日　　期:		
其他部门	 　　　　　　　　　　　　　　　　　　　　　　接收单位: 　　　　　　　　　　　　　　　　　　　　　　接收人: 　　　　　　　　　　　　　　　　　　　　　　日　　期:		
说明	安全管理资料备案文件包括以下文件及其附件资料:1.特种设备检验、验收资料登记台账;2.资质证书备案登记台账;3.特种(设备)作业人员登记表;4."三类人员"登记表;5.其他需要登记备案的文件		

导学 问题

(1)请以本任务专职安全管理人员的身份,谈谈针对架桥机的工作重心。

_____
_____
_____
_____

(2)简述架桥机安装及拆卸的管理流程及相关要求。

_____
_____
_____
_____

提示 参见现行《市政架桥机安全使用技术规程》(JGJ 266)。

(3)简述架桥机使用状态安全评估的条件,本任务中的架桥机是否需要进行使用状态安全评估?

_____
_____
_____
_____

提示 参见现行《架桥机安全规程》(GB 26469)。

(4)本任务中何人需持何证上岗?相应的发证机关是何单位或部门?请列出依据。

_____
_____
_____
_____

提示 参见《特种设备作业人员考核规则》。

一、上部结构施工方法

桥梁上部结构的形式多样,相应的施工方法较多,总体上可分为现场浇筑和预制安装两大类,前者包括支架现浇法、移动模架法、悬臂现浇法等,后者包括逐跨拼装法、悬臂拼装法、转体施工法、顶推施工法、横移施工法等,具体内容见表4-12。

桥梁上部结构施工方法　　　　　　表4-12

施工方法	工法简介	适用条件	相关说明
支架现浇法	支架现浇法是在桥位处搭设支架安装模板,整体浇筑混凝土,待混凝土达到设计强度后拆除模板、支架的施工方法	适用于桥梁墩台较低且地基条件较好的旱地现浇简支梁或连续梁施工	采用的支架结构形式有:满堂式支架、梁柱式支架和组合式支架
移动模架法	又称移动模架逐跨现浇法,是采用可在墩台上纵向移动的支架及模板,在其上逐跨现浇梁体混凝土,并逐跨施加预应力的施工方法	适用于跨路、跨河、多跨、中跨径的单箱梁、双箱梁等各种断面的桥梁施工	常用的移动模架有上行式和下行式
悬臂浇筑法	在以桥墩为中心的顺桥向两侧,采用专用设备对称平衡地逐段向跨中浇筑混凝土梁体,并逐段施加预应力的施工方法	适用于跨越山谷、河流、通行道路等,不便搭设支架的大跨径连续梁桥及刚构桥施工	主要施工设备是一对能行走的挂篮
逐跨拼装法	又称预制节段逐跨拼装法,是将预制好的梁体混凝土块件利用专用设备逐跨进行拼装,并逐段施加预应力的施工方法	适用于跨越江河、深谷、交通道路等的高墩、大跨度混凝土连续梁	吊装设备主要有汽车起重机、浮式起重机、架桥机、龙门起重机等
悬臂拼装法	在以桥墩为中心的顺桥向两侧,采用专用设备对称平衡地逐段向跨中拼装混凝土梁体预制块件,并逐段施加预应力的施工方法	适用于跨越江河、深谷、交通道路等的高墩、大跨度混凝土连续梁,特别是工程量大和工期较短的梁桥施工	按起重吊装方法可分:架桥机悬拼、悬拼吊机悬拼、浮吊悬拼、缆索起重机悬拼等
转体施工法	利用地形地貌预制两个半孔桥跨结构,在桥墩或桥台上旋转就位跨中合龙的施工方法	适合于单跨和三跨桥梁,可在深水、峡谷中建桥采用,同时也适应位于平原区及城市的跨线桥	转体施工法的关键技术问题是转动设备与转动能力、施工过程中的结构稳定和强度保证、结构的合龙与体系的转换

续上表

施工方法	工法简介	适用条件	相关说明
顶推施工法	梁体逐段浇筑或拼装,在梁前端安装导梁,采用专用设备纵向顶推或牵引,使梁体到达各墩顶设计位置的施工方法	适合于城市特大跨度桥梁、长线引桥或立体交叉的施工	可分为单点顶推和多点顶推
横移施工法	是在待安置结构的位置旁预制梁体,并横向移动该梁体,将它安置在设计位置的施工方法	多用于钢桥或正常通车线路上的桥梁工程的换梁	

桥梁上部结构的各种施工方法,或涉及大型临时工程,比如支架、脚手架、移动模架、挂篮等,或涉及大型预制构件的运输与安装,或涉及起重吊装工程,施工风险普遍较高,通常属于危大工程,需编制专项施工方案,部分还需经过专家论证、审查。

二、架桥机架设法

架桥机就是将预制好的梁片放置到预制好的桥墩上的设备,架桥机架设在桥梁结构上,沿纵向变换支承位置,将预制桥梁梁体安装在墩台指定位置。架桥机属于起重机范畴,因为其主要功能是将梁片提起,然后运送到位置后放下。架桥机与一般意义上的起重机有很大的不同,其架设要求的条件苛刻,并且需在梁片上走行。

公路架桥机按过孔方式不同,一般可分为导梁式、走行式和步履式。目前,公路桥梁多采用步履式架桥机,其中DF50/200型较为常用,主要用于架设跨度50m及以下、梁重200t及以下的公路预制梁。架桥机架设法施工工艺流程、方法及技术要求见表4-13。

架桥机架设法施工工艺流程、方法及技术要求　　　　　表4-13

序号	工艺流程	施工方法或技术要求
1	施工准备	拼装场地布设;机械、机具、设施、材料检查等
2	测量放样	支座中心线、梁板边线、断线;高程、跨径尺寸;安装支座
3	架桥机拼装及试运行	架桥机的安装及拆卸应由具有相应资质的单位来完成;架桥机安装完成后应检查各系统的运行是否正常
4	架桥机过孔	调整起重天车位置,以满足过孔稳定性要求,架桥机过孔时抗倾覆稳定系数不小于1.5
5	预制梁板运输	梁板装运前,认真检查运梁道路的净空、坡度、转弯半径是否满足要求,并提前确认限界内的障碍物;重点确认运梁车所通过的填方路基和桥涵结构物能否满足荷载要求
6	预制梁板安装	梁板就位后,应及时设置保险垛或支撑将构件临时固定,对横向自稳性较差的T形梁或I形梁,应与先安装的构件进行可靠的横向连接,防止倾倒
7	落梁后检查	及时检查梁板位置、梁间距、高程等是否符合要求;确认后,应及时在湿接缝处焊接钢筋和灌注混凝土

架桥机过孔主要步骤如图4-12所示。

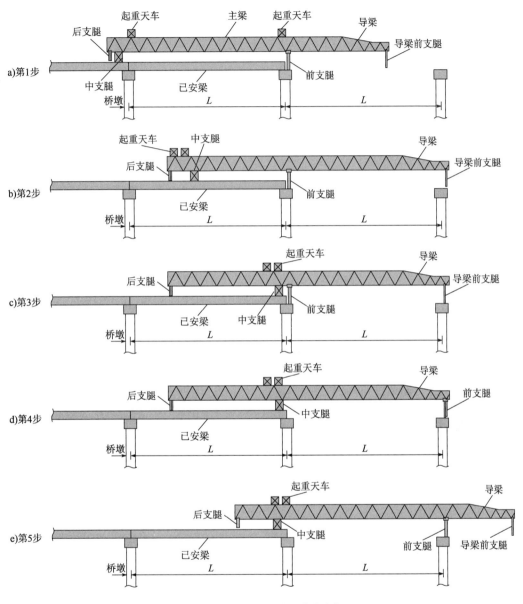

图4-12 架桥机过孔主要步骤示意

第1步,收起后支腿,随主梁移动至中支腿后方,支好后支腿。调整两台起重天车位置,使其作为配重满足过孔稳定性要求,架桥机过孔抗倾覆稳定性系数应不小于1.5。

第2步,顶高前后支腿,前移中支腿(调整与前支腿距离),收起后支腿,随主梁前移,至导梁前支腿到前方桥墩支撑好,支好后支腿。

第3步,顶高前后支腿,前移起重天车。

第4步，收起前支腿，移动至前方桥墩支好，前支腿过孔就位。

第5步，后移起重天车位置，收起后支腿，随主梁前移，主梁过孔就位。

三、特种作业与特种设备

特种作业，是指容易发生事故，对操作者本人、他人的安全健康及设备、设施的安全可能造成重大危害的作业。根据《安全生产法》(2021年)第三十条，生产经营单位的特种作业人员必须按照国家有关规定经专门的安全作业培训，取得相应资格，方可上岗作业。特种作业人员的范围由国务院应急管理部门会同国务院有关部门确定。

特种设备，是指对人身和财产安全有较大危险性的锅炉、压力容器(含气瓶)、压力管道、电梯、起重机械、客运索道、大型游乐设施、场(厂)内专用机动车辆，以及相关规定的其他设备。根据《特种设备安全法》(2014年)第十四条，特种设备安全管理人员、检测人员和作业人员应当按照国家有关规定取得相应资格，方可从事相关工作。

特种作业人员或特种设备作业人员的资格证书有三种，分别为特种作业操作证、建筑施工特种作业操作资格证、特种设备作业人员证，三者互不统属，相关内容见表4-14。

特种作业人员或特种设备作业人员资格证书及相关信息 表4-14

证书名称	特种作业操作证	建筑施工特种作业操作资格证	特种设备作业人员证
从业要求	特种作业人员必须经专门的安全技术培训并考核合格，取得《中华人民共和国特种作业操作证》(简称特种作业操作证)后，方可上岗作业	持有资格证书的人员，应当受聘于建筑施工企业或者建筑起重机械出租单位，方可从事相应的特种作业	从事特种设备作业的人员应当按相关规定，经考核合格取得《特种设备作业人员证》，方可从事相应的作业或者管理工作
主管部门	安全生产监督管理总局	住房和城乡建设部	质量监督检验检疫总局
作业种类和工种类别	(1)电工作业； (2)焊接与热切割作业； (3)高处作业； (4)制冷与空调作业； (5)煤矿安全作业； (6)金属、非金属矿山安全作业； (7)石油天然气安全作业； (8)冶金(有色)生产安全作业； (9)危险化学品安全作业； (10)烟花爆竹安全作业； (11)安全监管总局认定的其他作业	(1)建筑电工(代码01，下同)； (2)建筑架子工(02)； (3)建筑起重信号司索工(03)； (4)建筑起重机械司机(04)； (5)建筑起重机械安装拆卸工(05)； (6)高处作业吊篮安装拆卸工(06)； (7)经省级以上人民政府建设主管部门认定的其他特种作业	(1)特种设备安全管理(项目代号A，下同)； (2)锅炉作业(G1、G2、G3)； (3)压力容器作业(R1、R2、R3)； (4)气瓶作业(P)； (5)电梯作业(T)； (6)起重机作业(Q1、Q2)； (7)客运索道作业(S1、S2)； (8)大型游乐设施作业(Y1、Y2)； (9)场(厂)内专用机动车辆作业(N1、N2)； (10)安全附件维修作业(F)； (11)特种设备焊接作业

续上表

证书名称	特种作业操作证	建筑施工特种作业操作资格证	特种设备作业人员证
有效期	特种作业操作证有效期为6年,每3年复审1次;有效期届满需要延期换证的,应申请延期复审	资格证书有效期为两年,有效期满需要延期的,向原考核发证机关申请办理延期复核手续	每四年复审一次,持证人员应当在复审期届满3个月前,向发证部门提出复审申请
相关规定	《特种作业人员安全技术培训考核管理规定》	《建筑施工特种作业人员管理规定》	《特种设备作业人员监督管理办法》《特种设备作业人员考核规则》(TSG Z6001—2019)

四、安全生产管理资料

安全生产管理资料是施工安全管理活动的真实记录,是总结安全生产经验和教训的主要依据,也是考核工程参建单位安全生产目标管理和安全责任落实情况的重要载体,是施工安全标准化的重要组成。安全管理资料随工程施工同步形成,分类归集保管,直至工程竣工交付后处理或归档。

建设、监理单位主要安全生产管理资料,汇总见表4-15。

建设、监理单位主要安全生产管理资料　　表4-15

类别	建设单位资料	监理单位资料
安全生产组织与管理	工程项目安全生产领导小组成立文件及组织机构图;安全生产领导小组成立文件及组织机构图;管理人员名册、各岗位职责资料;相关人员资格材料;各类经济合同(有安全指标的);各类上级主管部门、企业本部等单位安全方面文件台账;安全生产目标和考核指标;安全例会纪要、安全生产其他专题会议纪要	安全生产领导小组成立文件及组织机构图;监理人员名册、各岗位职责资料;总监理工程师、安全监理工程师相关人员资格材料台账及材料;各类经济合同(有安全指标的);各类上级主管部门、企业本部、建设等单位安全方面文件台账;安全生产目标和考核指标;安全生产监理计(规)划和监理细则;安全例会纪要以及其他安全生产专题会议纪要;安全监理台账;安全监理日志
安全生产责任制及考核	工程项目安全生产责任书;工程项目安全生产总目标;安全生产责任书,安全生产责任制考核奖惩资料	安全生产责任书,安全生产责任制考核奖惩资料
安全生产管理制度	建设单位安全生产制度汇编	安全生产制度汇编
安全生产条件审查	施工单位安全生产许可证等资质台账及资料;施工单位"三类人员"台账及资料;监理单位安全监理人员台账及资料	施工单位安全生产许可证等资质台账及资料;施工单位"三类人员"台账及资料
安全检查	安全事故隐患排查、登记、整改和验收销号记录;安全日常检查和整改记录;上级部门的安全检查通报或整改文件	安全事故隐患排查、登记、整改和验收销号记录;安全日常检查和整改记录;专项安全检查计划及相关资料;上级部门的安全检查通报或整改文件;隐患通知单及隐患整改回复单等

续上表

类别	建设单位资料	监理单位资料
安全生产专项费用	安全生产专项费用使用计划资料;安全生产专项费用明细及支付凭证	审查安全生产专项费用使用计划资料;审查施工单位安全生产专项费用明细及支付凭证资料
"平安工地"考核评价	考核评价自评表及相关材料	考核评价自评表及相关材料
安全生产应急管理	项目总体应急预案;应急救援预案演练记录;安全生产事故台账	
安全技术措施和专项方案审查		审查施工组织设计的安全技术措施资料;审查各类专项施工方案资料;审查临时用电组织设计资料
安全教育	安全培训教育计划;安全教育记录;年度培训考核记录	安全培训教育计划;安全教育记录;年度培训考核记录

施工单位主要安全生产管理资料,汇总见表4-16。

施工单位主要安全生产管理资料及其内容 表4-16

类别	内容
安全生产组织机构	安全生产领导小组成立文件及组织机构图;管理人员名册、各岗位职责资料;安全生产许可证等资质材料(证书原件或复印件);"三类人员"进出场管理台账(证书原件或复印件)
安全生产责任制及考核	安全生产责任书、安全生产责任制考核资料
安全生产管理制度	施工单位安全生产制度汇编;各工种安全技术操作规程
安全生产管理	各类经济合同(有安全指标的),包括与分包或租赁单位签订的分包协议及安全合同等;各类施工手续;各类上级主管部门、企业本部、建设等单位安全方面文件台账;安全生产目标和考核指标;安全例会纪要以及安全生产其他专项会议纪要;项目负责人带班计划及相关资料;施工安全日志
安全技术	施工组织设计的安全技术措施;各类专项施工方案;超过一定规模危险性较大的分部分项工程专项施工方案的专家论证资料;临时用电组织设计(临时用电专项方案)
安全检查	安全事故隐患排查、登记、整改和验收销号记录;安全事故隐患排查治理方案;安全日常检查和整改记录;专项安全检查计划及相关资料;上级部门的安全检查通报或整改文件
"平安工地"考核评价	考核评价自评表及相关材料
安全生产专项费用	安全生产专项费用使用计划资料;安全生产专项费用明细及支付凭证资料
施工机械管理	施工机械分类管理台账及出场合格证、检验验收、安装拆除等资料;施工机械保养、维修记录;特种设备台账及出场合格证、检验验收、安装拆除等资料;特种设备保养、维修记录

续上表

类别	内容
安全防护用品及消防	安全用品台账;领取、更换、报废台账;消防器材台账、消防器材分布图
危险品管理	危险品台账;管理人员相关资格证明材料;领取、使用、位置等资料
风险管理	危险源辨识、重大危险源登记、监控管理方案等资料;风险评估报告;危险告知书等资料
技术交底	安全生产管理技术交底书及记录;各工种安全技术交底书及记录;危险性较大的分部分项工程安全技术交底书及记录;施工现场临时用电技术交底书及记录;采用新工艺、新技术、新材料的安全交底书及记录
安全教育	安全培训教育计划;安全教育记录;施工管理人员年度培训考核记录;新入场人员三级安全教育考核记录;专职安全员年度培训考核记录;特种作业人员培训考核记录;班前安全活动记录
人员管理	全员劳动用工登记及信息资料;特种作业人员台账;从业资格证原件或复印件;意外伤害保险
应急管理	施工合同段总体应急预案;专项应急预案;现场处置方案;应急救援预案演练记录;安全生产事故报告台账
安全标志	施工现场安全标志布置总平面图;分阶段现场安全标志布置平面图;施工现场消防设施布置图

安全典故

窃金不止(节选自《韩非子·内储说上》)

韩非子[战国]

  荆南之地,丽水之中生金,人多窃采金。采金之禁:得而辄辜磔(gū zhé)于市。甚众,壅离其水也,而人窃金不止。大罪莫重辜磔于市,犹不止者,不必得也。故今有于此,曰:"予汝天下而杀汝身。"庸人不为也。夫有天下,大利也,犹不为者,知必死。故不必得也,则虽辜磔,窃金不止;知必死,则有天下不为也。

单元三
隧道施工

任务一　洞身开挖支护安全检查

学习目标

（1）了解公路隧道的概念，洞身开挖支护的主要危险源或危害因素，超前地质预报的概念和作用，隧道施工安全九条规定等；熟悉洞身开挖支护作业的安全措施及技术要求等。

（2）能结合任务填写隧道洞身开挖专项安全检查记录表。

任务要求

某在建城市快速路隧道工程，双洞六车道，按钻爆法设计施工；隧道洞身结构采用复合式衬砌，初期支护以喷射混凝土、锚杆、钢筋网、钢拱架为主要支护手段，二次衬砌使用 C35 模筑钢筋混凝土；隧道断面外轮廓宽 15.1m、高 11.0m。

某时，隧道内共有 26 名作业人员，具体分布如图 4-13 所示。右线隧道掌子面位于水库下方，埋深约 19m。根据项目勘察报告，右线隧道掌子面附近拱顶地层为中风化花岗岩，判定为Ⅳ级围岩；超前地质预报仅采用物探方式，由第三方监测单位负责，根据之前的预报报告，该段节理裂隙发育，岩体局部破碎，以块-块碎石结构为主，岩体稳定性较差；实际揭露该段隧道拱顶地层以强风化花岗岩为主，节理裂隙极发育、破碎、富水、遇水易软化崩解，自稳能力差，一旦隧道施工形成临空面，风化深槽土体在水土荷载作用下容易坍塌(之前曾发生拱顶坍塌)。该段隧道实际采用台阶法施工,设超前小导管 42×4(未注浆),上台阶每榀拱架设 4 根系统锚杆(未注浆),钢架间距为 0.6m,开挖循环进尺为 1.8m;最近一次爆破后,因停电延工导致 9 小时未作喷锚支护。

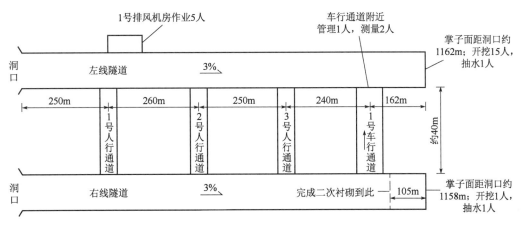

图 4-13 隧道作业人员平面分布示意图

请你结合以上描述,以安全管理部门工作人员的身份,针对右线隧道掌子面的施工风险填写专项安全检查表。

姓名：_____ 班级：_____ 学号：_____

_____建设项目
(　　)安全检查记录表

单位名称：　　　　　　　　　　　　　　　　　　　　　　　　　　　　　编号：

检查负责人		参检人员	
检查区域/桩号		检查时间	
检查内容			
存在的问题或安全隐患			
对安全隐患采取的措施			
受检查单位签字	（签章）	日期	
对安全隐患采取措施的验收			验收人 （签章） 验收时间

注：1.表头(　　)位置按照检查类型选择填写"日常""定期""专项"和"季节性"。
　　2.施工单位对施工队伍进行检查时，可取消受检查单位签字栏。

导学问题

(1)本任务隧道开挖支护施工的主要安全风险有哪些？有何对策？

_____
_____
_____

(2)有人认为：隧道必须严格按照设计文件施工，根据项目勘察报告，本任务右线隧道掌子面处为Ⅳ围岩，应按Ⅳ级围岩开展隧道施工。对此你有什么看法？

_____
_____
_____

(3)本任务隧道的超前地质预报措施有何不妥？请阐述理由，并给出具体的建议。

_____
_____
_____

提示 问题(2)和(3)参见现行《公路隧道施工技术规范》(JTG/T 3660)。

(4)本任务隧道的施工措施及参数是否满足规范要求？请逐条列出依据。

_____
_____
_____

提示 参见现行《公路工程施工安全技术规范》(JTG F90)。

(5)若本任务右线隧道掌子面发生透水事故，哪些工作人员最危险？有什么具体的处理方法？

_____
_____
_____

提示 参见《公路水运工程施工安全标准化指南》。

知识链接

一、公路隧道概述

隧道是一种置于地下的条形建筑物,是人类利用地下空间的重要形式,按用途可分为交通隧道、水工隧道、市政隧道和矿山隧道等。公路隧道是交通隧道的主要类型之一,是供汽车及非机动车和行人通行的地下通道,一般分为汽车专用隧道和汽车、非机动车与行人共同通行的隧道。

公路隧道的施工方法,主要有钻爆法、明挖法、掘进机法和沉管法等,其中采用最多的是钻爆法。各种施工方法的技术特点迥异,很难一概而论,本单元内容适用于以钻爆法为主要开挖手段的隧道施工。隧道施工属于隐蔽工程,作业空间狭窄,工作环境恶劣,作业综合性强,施工过程呈动态变化,不可预见的因素较多,管理难度大,安全风险高。

根据《公路工程施工安全技术规范》(JTG F90—2015)的规定,隧道施工前应开展安全风险评估,辨识施工过程中的主要危险源及危害因素,制定安全防护措施,并应根据工程建设条件、技术复杂程度、地质与环境条件、施工管理模式以及工程建设经验对隧道工程实施动态风险控制和跟踪处理。

二、隧道开挖方法

应根据隧道长度、断面大小、结构形式、工期要求、机械设备、地质条件等,选择适宜的开挖方案,并应具有较强适应性。隧道的开挖方法可分为全断面法、台阶法和分部开挖法三大类,开挖方法与隧道地质条件、断面大小等条件相适应的程度,在很大程度上决定了隧道开挖的安全。调查表明,由于开挖方法选择不当,造成隧道塌方、发生安全事故的现象比较普遍。隧道开挖前应根据地质条件、断面大小等因素选择开挖方法,编制专项施工方案;在隧道地质条件较差的情况下,需采用台阶法或分部法开挖,但分部法开挖的初期支护不能尽早成环,也会带来相应弊端。目前国内外都有在地质条件较差的隧道,通过对掌子面前方和周边围岩采用帷幕注浆、玻璃纤维锚杆等技术手段进行预加固后,实施全断面开挖,取得成功的案例。一般情况下的隧道开挖方法建议见表4-17。

隧道开挖方法建议　　　　　　　　表 4-17

开挖方法		方法简介	双车道隧道的围岩级别	三车道隧道的围岩级别
全断面法		隧道设计开挖断面一次开挖成形的开挖方法	Ⅰ~Ⅲ	Ⅰ~Ⅱ
台阶法		将设计开挖断面分成上、下断面（或上、中、下断面），先上后下，分次开挖成形的开挖方法。台阶法按台阶长度可细分为长台阶（台阶长度大于50m）、短台阶（台阶长度5~50m）和超短台阶（也称微台阶，台阶长度3~5m）	Ⅲ~Ⅳ（长台阶）、Ⅳ~Ⅴ（短台阶）、Ⅴ（超短台阶）	Ⅱ~Ⅲ（长台阶）、Ⅲ~Ⅳ（短台阶）、Ⅳ（超短台阶）
分部开挖法	环形开挖留核心土法	先开挖上部环形导坑并进行支护，再分部开挖两侧边墙及中部核心土的开挖方法	Ⅴ~Ⅵ	Ⅲ~Ⅳ
	中隔壁法（也称CD法）	将设计开挖断面分成左、右两个断面，先开挖隧道一侧，并施工中隔壁竖向支撑，再开挖另一侧的开挖方法	Ⅴ~Ⅵ	Ⅳ~Ⅴ
	交叉中隔壁法（也称CRD法）	将设计开挖断面分成左、右两个断面，先按台阶法开挖隧道一侧，施工中隔壁竖向支撑和横隔板；再按台阶法开挖隧道另一侧，并施工横隔板的开挖方法	Ⅴ~Ⅵ	Ⅳ~Ⅴ
	双侧壁导坑法	将设计开挖断面分成左、中、右三个断面，先开挖隧道两侧断面，并施工隔离墙竖向支撑，再分部开挖中间断面的开挖方法		Ⅴ~Ⅵ

公路隧道洞身开挖方式有钻爆法、机械开挖和人工开挖等；钻爆法应采用光面爆破技术，钻爆设计应根据围岩地质条件、周边环境等因素，重点控制循环进尺和同段位炸药用量，降低对围岩和周边环境的影响；机械开挖应根据其断面和作业环境合理选择机型，划定安全作业区域；人工开挖一般是在地质条件差，容易掉块、塌方的地层中，作业人员应保持安全操作距离，并设专人指挥。洞身开挖方式以钻爆开挖为主，钻爆开挖的主要工艺流程见表4-18。

钻爆作业工艺流程、方法及技术要求　　　　　　　　表 4-18

序号	工艺流程	施工方法或技术要求
1	施工准备	超前地质预报、爆破设计、测量放线等；隧道采用钻爆法开挖必须进行钻爆设计
2	钻孔装药	钻孔与清孔、钻孔质量检查、装药与堵塞、连接和检查起爆网络等；钻孔前，必须由专人对开挖作业面安全状况和作业人员安全防护状况进行检查，及时消除各种安全隐患
3	起爆	起爆前应设置警戒；必须严格控制炸药用量，以减少爆破振动对围岩的影响；爆破作业前，施工单位必须确定指挥人员、警戒人员、起爆人员，并确保统一指挥
4	通风	爆破后必须经充分通风排烟，15min后安全检查人员方可进入开挖工作面，主要检查有无盲炮、有无残余炸药及雷管、顶板及两帮有无松动的岩块、支护有变形或开裂等

续上表

序号	工艺流程	施工方法或技术要求
5	找顶排险	隧道开挖爆破后应先采用机械进行找顶,然后人工找顶
6	出渣	装渣作业应规定作业区域,严禁非作业人员进入;装渣与卸渣作业应有专人指挥
7	检查	根据爆破效果及围岩变化,及时调整爆破设计参数

隧道洞身开挖作业(含出渣)应考虑的危险源或危害因素主要有:
①开挖方法选择不当;
②开挖循环进尺过大,支护不及时,安全防护距离不足;
③找顶不彻底;
④开挖作业台架防护措施不到位;
⑤民用爆炸物品使用和管理、爆破作业不符合相关规定;
⑥通风不足,粉尘及有毒有害气体含量超标;
⑦光照度不足;
⑧设备管理混乱,车辆伤害、机械伤害事故。

开挖循环进尺过大,容易引起隧道拱部塌方造成安全事故,这也是隧道塌方最常见的原因;根据《公路隧道施工技术规范》(JTG/T 3660—2020),洞身开挖循环进尺或距离要求见表4-19。

洞身开挖循环进尺要求 表4-19

开挖方案	开挖部位	适用条件	循环进尺
全断面法		Ⅰ、Ⅱ级围岩,使用气腿式凿岩机	可控制在4m左右
		Ⅲ级围岩	宜控制在3m左右
台阶法	上台阶	Ⅲ级围岩	宜不大于3m
		Ⅳ级围岩	宜不大于2榀钢架间距
		Ⅴ级围岩	宜不大于1榀钢架间距
	下台阶	Ⅳ、Ⅴ级围岩	宜不大于2榀钢架间距
环形开挖留核心土法	环形开挖	Ⅳ级围岩	宜不大于2榀钢架间距
		Ⅴ级围岩	宜不大于1榀钢架间距
	核心土		宜与其他分部循环进尺相一致
	中下台阶		不得大于2榀钢架间距
中隔壁法	各分部		不得大于1钢架间距
交叉中隔壁法	各分部		不得大于1钢架间距

采用台阶法开挖时,初期支护应尽早封闭成环;仰拱单独开挖时,应严格控制仰拱一次开挖长度,并应及时施作初期支护。实际施工中,人们往往更注重上台阶的循环进尺

控制,但很多事故教训表明,台阶下部开挖时若一次开挖长度过长,更易造成安全事故,特别是作业人员被困洞内的重大安全事故。

三、支护与衬砌

支护与衬砌作为隧道承载结构体系的组成部分,一方面应通过有效的工程措施、合理的衬砌形式和适宜的施工方法,充分利用围岩的自承能力,保证隧道施工安全。在自稳性差的地段,围岩涌水突泥地段或地下水丰富需要治理的地段,还应辅以围岩稳定措施(包括预加固和预支护)和涌水处理措施;另一方面应具有足够的强度、稳定性和耐久性,以保证隧道长期使用安全。

隧道支护衬砌主要有喷锚衬砌、整体式衬砌、复合式衬砌等形式,其中复合式衬砌是标准结构形式,在各级公路隧道中被普遍采用。复合式衬砌是由内外两层衬砌组合而成,第一层称为初期支护,简称初支,一般是喷锚衬砌,在洞身开挖后尽快施作;第二层为二次衬砌,简称二衬,一般是整体式衬砌,在初支变形稳定后施作;初期支护与二次衬砌之间夹防水层。

初期支护一般是喷锚衬砌,采用喷射混凝土、锚杆、钢筋网和钢架等支护单独或组合使用,初期支护总体施工工艺流程见表4-20。

初期支护总体施工工艺流程、方法及技术要求 表4-20

序号	工艺流程	施工方法或技术要求
1	施工准备	机具准备,材料准备,找顶安全确认合格等
2	初喷混凝土	包括混合料的制备、机具就位、喷射混凝土作业及养护等工序
3	打设锚杆	以砂浆锚杆为例,包括钻孔及质量检查、灌浆、锚杆安装及垫板安装等工序
4	安装钢架	包括测量放样、清除脚底浮渣、安装钢架、打设锁脚锚杆、焊纵向连接筋等工序
5	铺设钢筋网	包括网片制作、挂网、焊联等工序
6	复喷混凝土	包括混合料的制备、机具就位、喷射混凝土作业及养护等工序
7	检查验收	包括锚杆拔力、喷射混凝土强度、喷层厚度及空洞检测等项目

支护与加固作业应考虑的危险源或危害因素主要有:
①临时用电不符合要求,照明光照度不足;
②找顶不彻底;
③围岩变形超限失稳,工作面坍塌,支护强度不足;
④作业台(支)架失稳,无安全防护或安全防护失效;
⑤施工机械倾覆或误操作。

二次衬砌一般是整体式衬砌,采用模筑混凝土或模筑钢筋混凝土。隧道二次衬砌的主要工艺流程、方法及技术要求见表4-21。

衬砌施工工艺流程、方法及技术要求 表4-21

序号	工艺流程	施工方法或技术要求
1	施工准备	监控量测确定施作二次衬砌时间;隧道净空断面尺寸检查;布设轨道
2	铺设防水层	土工布设置在防水卷材与喷混凝土层之间,其兼作衬背排水层和缓冲层。衬背防水层施工以可靠便利为原则,直接在洞内铺挂抟找
3	安装衬砌钢筋	按设计加工、安装钢筋,严格控制保护层厚度;安装钢筋时小心损坏防水层,若防水层损坏,必须将防水层修补好
4	台车就位	按施工实际专门设计、加工台车。拱架制成设计所需形状,在洞外拼装而成,检查合格后方可移入洞内;墙架与工作平台结合考虑
5	台车加固	台车净空与衬砌厚度检查;台车面板整修涂脱模剂;台车加固、输送管安装与挡头板安装;台车就位后,根据操作要求进行台车加固,预防台车因弹性变形而导致混凝土错台;挡头模板与初次支护面之间的缝隙嵌堵严密,不能漏浆
6	混凝土配料、拌和与运输	水灰比应根据抗压强度、抗冻害性、对化学作用的耐久性、水密性等决定;混凝土的拌和必须采用强制式搅拌机搅拌混凝土,运输采用混凝土搅拌运输车
7	混凝土浇筑	混凝土采用混凝土输送泵灌注,二次衬砌混凝土需连续灌注,不得不间歇时,其间歇时间不大于混凝土初凝时间;混凝土用内部捣固器和插入式振捣器振捣,拱圈封顶混凝土尤其应振捣密实
8	脱模与养护	封顶混凝土强度达到 2.5MPa 时便可脱模,有承载要求或承受围岩压力时,应根据具体受力条件来确定;灌注完衬砌后需进行养护
9	检查	衬砌内净空检查、外观检查、混凝土强度检测等

衬砌作业应考虑的危险源或危害因素主要有:
①作业台架失稳,无安全防护或安全防护失效导致高处坠落和物体打击;
②结构钢筋安装失稳坍塌;
③火灾或引发防水材料燃烧中毒;
④混凝土泵送作业操作不当,堵管处理不当。

四、超前地质预报

超前地质预报,是通过掌子面的超前钻探、超前导坑或各种类型的地球物理探测手段来查明隧道岩体的状态、特征以及可能发生地质灾害的不良地质体的位置、规模和性质,预测前方未施工段地质情况的方法。

开挖前对地质情况的了解,对于隧道建设有着十分重要的作用。通过地质预报,可以及时掌握和反馈隧道地质条件信息,调整和优化隧道设计参数、防护措施,为优化隧道施工组织、制定施工安全应急预案、控制工程变更设计提供依据。做好隧道超前地质预报工作,可以为各类突发地质灾害发生提供预警,以便积极采取措施,降低地质灾害发生几率,实现隧道工程安全、质量、工期、环境和投资控制目标,将直接或间接地创造巨大的经济效益和社会效益。

目前在隧道施工期间采用的超前地质预报方法从专业技术方面可分为常规地质法和物探法两大类,对于复杂地质地段,要坚持地质方法与物探方法相结合。由于受超前地质预报技术发展水平的限制,目前尚无一种能解决所有工程地质预报问题的方法。同时,预报环境受到的干扰因素太多,不同的物探方法对环境的要求也不尽相同,因此要求对位于区域地质条件复杂的隧道选用多种不同原理的方法,并对测得的资料进行综合分析,以达到这些超前地质预报方法相互补充和相互印证、提高超前地质预报准确率的目的。应根据隧道工程地质与水文地质条件和复杂程度、地质因素对隧道施工影响程度、诱发环境问题程度等,针对不同类型地质问题,按表4-22选择不同方法和手段,分段、分级进行超前地质预测预报。

地质预测预报分级　　　　　　　　　　表4-22

影响因素		预报分级			
		A	B	C	D
超前地质预报方式		采用地质分析法、弹性波反射法(地震波法、水平声波剖面法、陆地声纳法)、地质雷达法、高分辨直流电法、瞬变电磁法、激发极化法、超前水平钻探法等进行综合预报	采用地质分析法、弹性波反射法(地震波法、水平声波剖面法、陆地声纳法),辅以高分辨直流电法、瞬变电磁法、激发极化法、地质雷达法,必要时进行超前水平钻孔	以地质分析法为主。对重要地质层界面、断层或物探异常地段宜采用弹性波反射法(地震波法、水平声波剖面法、陆地声纳法)进行探测,必要时采用超前水平钻孔	采用地质分析法,必要时补充其他方法
地质因素对隧道施工的影响程度		危及施工安全,可能造成重大安全事故	存在安全隐患	可能存在安全问题	局部可能存在安全问题
诱发环境问题程度		可能造成重大环境灾害	施工、防治不当,可能诱发一般环境问题	特殊情况下可能出现一般环境问题	无
地质复杂程度(含物探异常)	岩溶发育程度	极强,厚层块状质纯灰岩,大型溶洞、暗河发育,岩溶密度每平方公里>15个,最大泉流量>50L/s,钻孔岩溶率>10%	强烈,中厚层灰岩夹白云岩,地表溶洞落水洞密集、地下以管道水为主,岩溶密度每平方公里5~15个,最大泉流量10~50L/s,钻孔岩溶率5%~10%	中等,中薄层灰岩,地表出现溶洞,岩溶密度每平方公里1~5个,最大泉流量5~10L/s,钻孔岩溶率2%~5%	微弱,不纯灰岩与碎屑岩互层,地表地下以溶隙为主,最大泉流量<5L/s,钻孔岩溶率<2%
	涌水涌泥程度	特大突水(涌水量>$1×10^5 m^3/d$)、大型突水(涌水量$1×10^4$~$1×10^5 m^3/d$)、突泥,高水压	中小型突水(涌水量$1×10^3$~$1×10^4 m^3/d$)、突泥	小型涌水(涌水量$1×10^2$~$1×10^3 m^2/d$)、涌泥	涌水量<$1×10^2 m^3/d$,涌突水可能性极小

续上表

影响因素		预报分级			
		A	B	C	D
地质复杂程度(含物探异常)	断层稳定程度	大型断层破碎带、自稳能力差、富水,可能引起大型失稳坍塌	中型断层带,软弱,中~弱富水,可能引起中型坍塌	中小型断层,弱富水,可能引起小型坍塌	中小型断层,无水,无掉块
	地应力影响程度	极高应力,严重岩爆(岩石点荷载强度与围岩最大切向应力的比值<0.083),大变形	高应力,中等岩爆(岩石点荷载强度与围岩最大切向应力的比值0.083~0.15),中~弱变形	弱岩爆(岩石点荷载强度与围岩最大切向应力的比值0.15~0.20),轻微变形	无岩爆(岩石点荷载强度与围岩最大切向应力的比值>0.20),无变形
	瓦斯影响程度	瓦斯突出:瓦斯压力 $P \geq 0.74$ MPa,瓦斯放散初速度≥10mL/s,煤的坚固性系数 $f \leq 0.5$,煤的破坏类型为Ⅲ类以上	高瓦斯:全工区的瓦斯涌出量≥0.5m³/min	低瓦斯:全工区的瓦斯涌出量<0.5m³/min	无

五、《隧道施工安全九条规定》

为进一步加强隧道施工安全生产工作,有效防范和坚决遏制重特大事故,国家安全监管总局、交通运输部、国务院国资委、国家铁路局于2014年印发了《隧道施工安全九条规定》。

《隧道施工安全九条规定》适用于采用矿山法施工的在建铁路、公路等隧道,主要针对软弱围岩及不良地质段,防止隧道施工过程中塌方、有毒有害气体危害及爆炸、民用爆炸物品爆炸等事故或险情,保证施工人员生命安全。具体内容及解释如下:

第一条 必须证照齐全,严禁无资质施工、转包、违法分包和人员不经教育培训上岗作业。

条文释义:

①从事隧道建设的施工单位(包括专业分包和劳务分包,下同)、勘察单位、设计单位和工程监理单位必须取得相应等级的资质证书后,方可在其资质等级许可的范围内从事隧道施工活动。建筑施工单位还应取得安全生产许可证。

②从事隧道施工的人员,必须依法取得相应的执业资格证书,并在执业资格证书许可的范围内从事建筑活动。

③转包是指施工单位承包工程后,不履行合同约定的责任和义务,将其承包的全部工程或者将其承包的全部工程肢解后以分包的名义分别转给其他单位或个人施工的行

为。违法分包是指施工单位承包工程后违反法律法规或者施工合同关于工程分包的约定,把单位工程或分部分项工程分包给其他单位或个人施工的行为。

④隧道施工单位应建立健全劳动安全生产教育培训制度,作业人员进入新的岗位或者新的施工现场前,应当接受安全生产教育培训。未经教育培训人员,不得上岗作业。

第二条 必须按照标准规范和设计要求编制专项施工方案,确保按方案组织实施,严禁擅自改变施工方法。

条文释义:

①隧道施工组织设计和施工方案的编制、评审和批准程序应符合行业主管部门的有关规定。隧道施工单位项目负责人应依据工程建设有关的法律、法规、有关现行标准及设计文件等主持编制施工组织设计,由施工单位技术负责人审批后报监理单位和业主单位批准。建筑施工单位应建立健全施工组织设计和施工方案审批制度。

②涉及爆破设计、软弱围岩及不良地质段的隧道,施工单位必须编制专项施工方案,必要时,专项方案需经专家评审后组织实施。

③施工单位必须严格按照设计和批准的施工方案施工,其工程管理和技术主管部门应定期或不定期检查项目的施工组织设计和施工方案执行情况。

第三条 必须强化施工工序和现场管理,确保支(防)护到位,严禁支护滞后和安全步距超标。

条文释义:

①软弱围岩及不良地质段每道工序及工艺质量对保障隧道安全非常关键。隧道施工单位必须强化施工工序管理,严格执行工序质量验收程序,不得随意调整施工工序。支护和防护未经验收,不得进行下道施工工序。

②软弱围岩隧道采用台阶法开挖时,中上台阶、边墙、仰拱开挖每循环进尺不得大于相关规定要求,隧道设计单位应明确施工步距和要求。

③隧道开挖后初期支护应及时施作并封闭成环,Ⅳ、Ⅴ、Ⅵ级围岩封闭成环位置和二次衬砌距掌子面不得大于设计规定值。

第四条 必须落实超前水文地质探测预报各项规定,监控量(探)测数据超标立即停工撤人,严禁冒险施工作业。

条文释义:

①隧道施工单位应将监控量测和超前地质预报预测作为关键工序纳入隧道工程施工组织管理。施工前应编制监控量测、地质预报监测方案、实施细则,通过监测结论分析动态管理,为施工方案优化、支护参数调整、安全风险评估管理等方面的决策提供重要依据。

②对被评定为高、极高风险隧道的铁路隧道,超前地质预报责任主体单位为设计单位,由设计单位组织实施。其他隧道的超前地质预报的责任主体为施工单位,由施工单位委托有资质的第三方实施。

③隧道设计单位应按有关规定要求,对软弱围岩及不良地质隧道进行专项超前地质预报设计,及时收集分析预报资料,完善设计方案并指导现场施工。

④隧道施工单位要结合开挖、支护作业的进程,进行监控量测工作,量测断面间距、量测内容、测点数量及位置、监测频率、仪器、人员等符合标准规范和设计要求,围岩变形测点不得设置在喷射混凝土或钢拱架上。

⑤当拱顶下沉值、水平收敛速率或位移累计值达到标准规范或设计规定的预警值时,应暂停掘进,撤出人员,并及时分析原因,采取处理措施。

第五条 必须对有毒有害气体进行监测监控,加强通风管理,严禁浓度超标施工作业。

条文释义:

①对于瓦斯隧道项目,隧道施工单位应建立专门机构进行通风、防突、防爆及瓦斯检测工作,设置消防设施,隧道内供风量应根据计算确定。

②瓦斯隧道装药爆破时,总回风道风流中瓦斯浓度应小于0.75%。当爆破作业面附近20m以内风流中瓦斯浓度达到1%时,必须停止钻孔作业;当瓦斯浓度达到1.5%时,必须停止一切作业,撤出现场作业人员,切断电源,采取措施进行处理。

第六条 必须严格控制现场作业人数,掘进作业面应实施机械化作业,严禁超员组织施工作业。

条文释义:

①隧道施工单位要提升隧道施工装备水平,积极采用大型化、专业化隧道工程施工装备,合理安排工序,减少和控制掌子面作业人员数量。

②隧道施工单位应在施工方案中明确劳动力配置计划,确定工程用工量并编制专业工种劳动力计划表,在施工中严格按照方案安排人员作业,严禁超员组织施工。

第七条 必须按照规定设置逃生通道,严禁在安全设施不到位的情况下施工作业。

条文释义:

①隧道施工单位要按照有关规定和设计要求,在软弱围岩隧道开挖掌子面至二次衬砌之间设置逃生管道,随着开挖进尺不断前移,逃生通道距离开挖掌子面不大于20m,保证隧道出现险情时能够安全逃生。

②逃生通道应有一定的刚度、强度及抗冲击能力,通常使用内径$\phi 600 \sim \phi 800$mm、壁厚大于6mm的承插钢管,每节管长宜为5m,也可通过验证后,使用其他新材料的逃生管道,但必须满足相应的安全性能。

第八条 必须按照规定严格民用爆炸物品管理,严禁在施工现场违规运输、存放和使用民用爆炸物品。

条文释义:

①隧道施工单位要按照有关规定要求保管民用爆炸物品。如需要在专用仓库内储存民用爆炸物品时,应按照国家规定设置技术防范设施,经有关主管部门验收合格后方可投入使用。不得在未经主管部门批准的场所存放民用爆炸物品。

②作业地点只准许存放当次作业所需的民用爆破物品,雷管或起爆体应和炸药分别存放,间隔距离应确保雷管爆炸不致引爆炸药,严禁雷管或起爆体与炸药同车混装运输。

③爆破作业单位应当按照其资质等级承接爆破作业项目,爆破作业人员应当按照其资格等级从事爆破作业。

第九条 必须按照规定制定应急预案、配备救援装备,严禁事故发生后违章指挥、冒险施救。

条文释义:

①隧道施工企业应在隧道施工前进行危险源辨识和安全风险评估,并制定针对性的措施和应急预案。必须配备必要的救援物资和设备器材。

②当隧道施工中发生险情时,如量测数据超标、拱顶或侧壁掉块、钢拱架变形、隧道渗水变为线流或股状出水及变浑等情况时,应迅速作出判断,确定相应的响应级别,并按响应级别启动应急救援程序,科学开展疏散、人员救助、工程抢险等应急救援工作。

安全 典故

断轴自免(节选自《史记·田单列传》)

司马迁[汉]

田单者,齐诸田疏属也。湣王时,单为临菑(zī)市掾(yuàn),不见知。及燕使乐毅伐破齐,齐湣王出奔,已而保莒城。燕师长驱平齐,而田单走安平,令其宗人尽断其车轴末而傅铁笼。已而燕军攻安平,城坏,齐人走,争涂,以錧(wèi)折车败,为燕所虏,唯田单宗人以铁笼故得脱,东保即墨。燕既尽降齐城,唯独莒、即墨不下。燕军闻齐王在莒,并兵攻之。淖齿既杀湣王於莒,因坚守,距燕军,数年不下。燕引兵东围即墨,即墨大夫出与战,败死。城中相与推田单,曰:"安平之战,田单宗人以铁笼得全,习兵。"立以为将军,以即墨距燕。

任务二 瓦斯隧道安全技术交底

学习 目标

(1)了解瓦斯相关特性及瓦斯隧道分类、瓦斯隧道施工技术、隧道施工通风方式等;熟悉瓦电闭锁的工作原理,计算绝对瓦斯涌出量,评定瓦斯工区类别,瓦斯隧道停复工注意事项等。

（2）能结合任务填写瓦斯隧道安全技术交底记录表。

任务 要求

某在建一级公路(双向四车道,60km/h)隧道工程,采用分离式双洞结构,按钻爆法设计施工。左线隧道全长2895m,右线隧道全长2870m,左右洞净距为14.5～28.4m,进出口两端为小间距隧道,全隧共设置车行横通道3处和人行横通道8处。隧道最大埋深约151m,开挖断面面积为112.5m²,洞身穿越地层的围岩等级以Ⅳ级和Ⅴ级为主,分别长5060m和694m。

隧址区属构造剥蚀地貌,表层为剥残积粉质黏土,厚0～2m,下伏基岩为泥岩夹砂岩局部夹薄层石膏,地下水以基岩裂隙水为主,主要富集于砂岩内;根据天然气专项测试检测报告,隧道洞身穿越地层含有天然气,综合判定为低瓦斯隧道。隧道进口位于公路旁,地面坡度35°,地表坡面即岩层层理面,厚层状中粒砂岩,岩体完整,节理不发育;隧道出口附近有村落,地表多为覆土掩盖,局部基岩出露,斜坡地段坡残积黏土层厚0～3m,坡脚缓坡地带厚4～6m,下伏基岩为泥岩夹砂岩,岩体完整,节理不发育。

项目合同工期为36个月,土建部分计划工期为24个月。隧道总体施工方案:在进出口两端双洞对向掘进,在中部贯通;在隧道洞身穿越中风化地层区段(Ⅳ级或Ⅴ级围岩)采用台阶法开挖,在浅埋段、小净距段及洞身穿越土层或强风化层区段(Ⅴ级围岩)采用中隔壁法开挖。瓦斯隧道施工安全是项目建设的关键点之一,施工通风采用压入式通风,瓦斯检测与监测采用自动监测系统与人工检测相结合的方式,瓦斯自动监测传感器平面布置如图4-14所示。

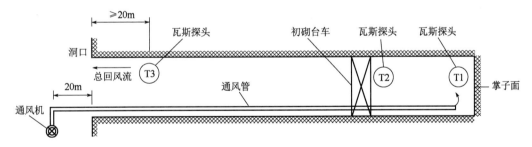

图4-14 压入式通风瓦斯自动监测传感器平面布置

请你结合以上描述,以专项施工方案编制人员的身份,向参加施工的全体管理人员、作业人员进行安全技术交底。

姓名：_____　　班级：_____　　学号：_____

_____建设项目
安全技术交底记录表

交底单位名称：　　　　　　　　　　　　　接受交底单位名称：

交底内容		交底日期	
交底人		被交底人数	

交底部位：_____
安全交底具体内容：

接受交底单位负责人

(不够可在签到表中续写)						

所有接受交底人员：(可另附签到表)

导学问题

（1）如何开展本任务的安全技术交底？谈谈自己的策略或思路。

_____

_____

_____

_____

（2）请结合图4-14阐述本任务瓦电闭锁的工作原理。

_____

_____

_____

_____

（3）根据提供的风表读数，计算绝对瓦斯涌出量，见下表。

施工阶段瓦斯工区风速与瓦斯浓度记录表

工程名称：			测试断面桩号：		掌子面桩号：			年 月 日		
序号	实测最大瓦斯浓度（%）	断面尺寸（m）	测点断面面积（m^2）	风表读数（转/分）			实际风速（m/s）	计算风量（m^3/min）	计算绝对瓦斯涌出量（m^3/min）
				一	二	三	表速			
1										
2										
3										
4										
分析及结论：										
测风：			记录：		计算：			审核：		

(4)若上表所列为本任务瓦斯工区的实测记录,请以此校核评定本任务的瓦斯工区类别。

(5)施工单位计划春节放假12天,请列出停工和复工的注意事项。

提示 问题(3)、(4)、(5)参见现行《公路瓦斯隧道设计与施工技术规范》(JTG/T 3374)。

知识链接

一、瓦斯相关特性

瓦斯是在地层中赋存或逸出的烷烃类气体,其成分以甲烷(CH_4)为主,根据生成、赋存条件可分为煤层瓦斯、非煤瓦斯两类。有煤的地方几乎都存在瓦斯。瓦斯比空气轻得多,对空气的相对密度是0.554,易积聚在坑洞顶部。瓦斯无色、无味,看不见也闻不出,只能依靠专门仪器检测。瓦斯本身无毒,但达到一定浓度时,能使人因缺氧而窒息。瓦斯易燃、易爆,其爆炸的必要条件包括:具有一定浓度、高温火源和充足的氧气。根据瓦斯特性,防止瓦斯爆炸主要从降低瓦斯浓度和严禁火源两方面着手。

瓦斯在煤矿采煤作业和隧道施工中有四大危害:

①可以燃烧,在瓦斯浓度低于5%时,遇火能在火焰外围形成燃烧层;在瓦斯浓度高于16%时,遇火会燃烧。

②会爆炸,当空气中瓦斯浓度为5%~16%时,遇火会引起爆炸。

③使人窒息,当矿内空气中瓦斯浓度超过50%时,能使人因缺氧而窒息死亡。

④会发生煤(岩)与瓦斯突出,摧毁、堵塞巷道,可引起人员窒息死亡、甚至瓦斯爆炸。

二、瓦斯隧道分类

在隧道勘察或施工过程中,若隧道内存在瓦斯,则应定义为瓦斯隧道。瓦斯隧道勘察难度大、施工风险高、建设管理环节多。瓦斯隧道开工前,应编制瓦斯隧道专项施工方案和应急预案,应坚持"加强通风、勤测瓦斯、严控火源"的基本原则。瓦斯隧道分为微瓦斯、低瓦斯、高瓦斯和煤(岩)与瓦斯突出四类。煤(岩)与瓦斯突出是指在地应力和瓦斯的共同作用下,破碎的煤、岩和瓦斯由煤体内突然喷出到开挖空间的动力现象,简称"突出",在公路隧道中此类案例很少。瓦斯隧道类别应按瓦斯地层或瓦斯工区的最高类别确定。

瓦斯地层即含有瓦斯的地层。瓦斯地层可分为煤系瓦斯地层和非煤系瓦斯地层,非煤系地层中的瓦斯包括天然气(油田气、气田气、泥火山气、生物生成气等)和邻近煤系地层渗透至非煤系地层的瓦斯。瓦斯地层按隧道内绝对瓦斯涌出量(单位时间涌出的瓦斯量)可分为微-高瓦斯地层,见表4-23。

瓦斯地层绝对瓦斯涌出量判定指标   表 4-23

瓦斯地层类别	非瓦斯地层	微瓦斯地层	低瓦斯地层	高瓦斯地层
绝对瓦斯涌出量 Q_{CH_4} (m³/min)	$Q_{CH_4}=0$	$0<Q_{CH_4}<1$	$1 \leqslant Q_{CH_4}<3$	$Q_{CH_4} \geqslant 3$

注:以下情况应进行煤(岩)与瓦斯突出危险性鉴定,或直接认定为突出煤(岩)层:①有瓦斯动力现象的;②煤(岩)层瓦斯压力达到或超过 0.74MPa 的;③隧道穿越相邻矿井开采的同一煤(岩)层发生突出事故或被鉴定、认定为突出的。

  隧道施工区段内任一处有瓦斯,则洞口至开挖掌子面的施工区段为瓦斯工区。瓦斯隧道工区分为非瓦斯工区、微瓦斯工区、低瓦斯工区、高瓦斯工区、煤(岩)与瓦斯突出工区五类。在瓦斯隧道掘进过程中,隧道内检测到瓦斯时,应结合地层的瓦斯赋存情况确定瓦斯工区类别。当施工区段内全部瓦斯地层穿越完毕,经检测并评定无瓦斯时,后续施工区段为非瓦斯工区。两瓦斯地层间的非瓦斯地层段宜结合地层段长度、实测瓦斯情况、施工情况等确定瓦斯工区类别。一座隧道一端洞口至开挖掌子面作为一个施工工区,在一个施工工区内可能一次或多次穿越瓦斯地层,因此瓦斯工区与非瓦斯工区是一个动态变化的过程,如图 4-15 所示。

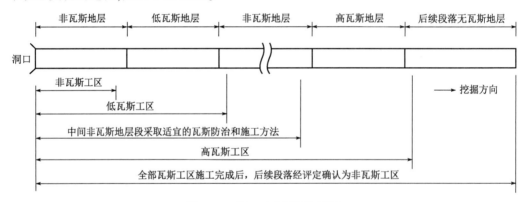

图 4-15 瓦斯工区动态管理示意图

三、瓦斯隧道施工

  瓦斯隧道应根据瓦斯地层类别提出超前地质预报、钻爆作业、衬砌结构防护的技术要求,应根据瓦斯工区类别提出电气设备、作业机械、施工通风、瓦斯检测与监测技术要求,见表 4-24。一个瓦斯隧道施工工区中瓦斯工区与非瓦斯工区是动态调整变化的,为避免施工设备频繁调整影响施工安全、增加施工管理难度和工程费用,瓦斯工区电气、瓦斯检测与监测、通风及作业机械等设备应按通过的最高瓦斯工区类别的要求配置。

瓦斯隧道施工技术要求 表 4-24

项目名称	微瓦斯地层或工区	低瓦斯地层或工区	高瓦斯地层或工区	煤(岩)与瓦斯突出地层或工区
爆破器材	常规爆破器材	安全等级不低于二级的煤矿许用炸药	安全等级不低于三级的煤矿许用炸药	安全等级不低于三级的煤矿许用含水炸药
电气设备①	可按非瓦斯工区配置	矿用一般型	矿用防爆型	矿用防爆型
施工用电	风电闭锁	风电闭锁	三专供电、两闭锁②；应配置两路独立电源	三专供电、两闭锁；应配置两路独立电源
电缆连接及敷设	可不采取防爆措施	应采取防爆措施	应采取防爆措施	应采取防爆措施
作业机械	可按非瓦斯工区配置	可按非瓦斯工区配置	矿用防爆型	矿用防爆型
通风方式	—	—	通风长度大于1500m时宜采用巷道式	通风长度大于1500m时宜采用巷道式
局部通风机、射流风机	—	防爆型	防爆型	防爆型
洞内通风风速	≥0.15m/s	≥0.25m/s	≥0.5m/s	≥0.5m/s
放炮后通风时间	≥15min	≥15min	≥30min	≥30min
日常通风检查	≥1次/天	≥1次/天	≥1次/班	≥1次/班
瓦斯检测与监测	可只采用人工检测的方式	宜采用自动监测系统与人工检测相结合的方式	应采用自动监测系统与人工检测相结合的方式，自动监测的探头宜采用双探头	应采用自动监测系统与人工检测相结合的方式，自动监测的探头宜采用双探头
瓦斯检测仪器	配备低浓度光干涉式甲烷测定器	配备低浓度光干涉式甲烷测定器	同时配备低浓度光干涉式甲烷测定器和高浓度光干涉式甲烷测定器	同时配备低浓度光干涉式甲烷测定器和高浓度光干涉式甲烷测定器
人工瓦斯检测频率	≥1次/4h	≥1次/2h	≥1次/2h	提高检测频率
瓦斯浓度③限值	任意处0.25%	任意处0.5%	一般1.0%	一般1.0%
应急救援	—	—	开工前与专业矿山救护队建立联系	开工前与专业矿山救护队建立联系

注：①电气设备通常包括：高低压电机、馈电开关、照明灯具、电铃、电缆接线盒、按钮、通信、自动化装置和仪表仪器等。
②专用变压器、专用开关、专用线路简称"三专供电"，风电闭锁和瓦电闭锁简称"两闭锁"。风电闭锁是指，当开挖工作面的局部通风机停电时，自动切断开挖工作面及其回风道内全部非本质安全型电气设备的电源；瓦电闭锁是指，当瓦斯监测仪检测到瓦斯超标时，自动切断与其连锁的全部非本质安全型电气设备的电源。
③瓦斯浓度指瓦斯在空气中的体积占比，以百分数表示。

在开挖工作面装药前、爆破前和爆破后,爆破工、瓦检员、安全员应同时检测放炮地点 20m 以内风流中的甲烷浓度,这是预防瓦斯灾害的常规并行之有效的做法,也是常说的"一炮三检"和"三人联锁爆破"。

四、施工通风方式

独头掘进长度超过 150m 时,应采用机械通风;独头掘进长度超过 1.5km 时,宜进行通风设计。应根据隧道长度、断面大小、施工方法、设备条件等综合确定通风方式,常用的通风方式包括抽出式、压入式、送排风并用式、送排风混合式、正洞送风+竖井排风式、巷道式、局部风机式等,具体见表 4-25。

隧道施工通风方式及其特点 表 4-25

通风方式		方式简介	方式特点
抽出式	集中式	在洞外按需风量总和设置大容量风机,风管吸风口设在开挖面附近,通过风管排出废风	优点:排烟速度快,且风流主要在回风段调节,对行人影响小;掌子面风压呈负压状态,有利于应对主扇停风时瓦斯等有毒有害气体突然涌出的情况; 缺点:要求风管距掌子面不超过 5m,布置困难,常常因此造成通风效果差的问题。新鲜空气流经全洞,到掌子面时已不太新鲜。污风通过主扇,腐蚀性较大
	串联式	在风管内设置小型风机,随开挖面推进,可接长风管和增加风机,通过风管排出废风	优点:动力有保证; 缺点:设备要求高
压入式	集中式	设备与集中抽出式相同,但是将风管送风口设在开挖面附近,通过风管将新鲜风从洞口吹入开挖面,并由巷道排出废风	优点:可以使用柔性风管,风管体积小、重量轻,便于运输、安装、拆除,费用较低。有利于无轨运输方式。 缺点:风管风压高于洞内,容易漏风
	串联式	设备与串联抽出排风式相同,但是将新鲜空气通过风管送入开挖面,并由巷道排出废风	优点:动力有保证; 缺点:设备要求高
送排风并用式	集中式	将轴流风机设置在洞外和洞内	优点:通风效果好; 缺点:噪音大
	串联式	设备由串联抽出式和串联送风式构成	优点:动力有保证; 缺点:设备要求高
送排风混合式		由下导坑或侧壁导坑作超前开挖时,在超前导坑部采取送风式,在全断面部采取排风式	优点:可有效提高通风长度; 缺点:风管容易损坏
竖井排风+正洞送风式		在长隧道中,利用竖井排风,并在正洞口内竖井底口附近设送风机送风至开挖面	优点:通风效果好; 缺点:成本高

续上表

通风方式	方式简介	方式特点
巷道式	在特长隧道中,将辅助坑道作排风道、正洞作进风道,在辅助坑道的洞口附近安设大容量风机	优点:通风系统布置方便,通风效果好;缺点:成本高
局部风机式	在开挖面附近局部地方设置风机(风扇),或者在横洞处设置局部风机,诱导通风	

安全 典故

煤炭(节选自《天工开物·燔石》)

[明]宋应星

凡取煤经历久者,从土面能辨有无之色,然后掘挖,深至五丈许方始得煤。初见煤端时,毒气灼人。有将巨竹凿去中节,尖锐其末,插入炭中,其毒烟从竹中透上,人从其下施钁(jué)拾取者。或一井而下,炭纵横广有,则随其左右阔取。其上支板,以防压崩耳。

本模块参考文献

[1] 中国交通建设股份有限公司.公路工程施工安全技术规范:JTG F90—2015[S].北京:人民交通出版社股份有限公司,2015.

[2] 四川省公路规划勘察设计研究院有限公司等.公路瓦斯隧道设计与施工技术规范:JTG/T 3374—2020[S].北京:人民交通出版社股份有限公司,2020.

[3] 中华人民共和国交通运输部.公路路基施工技术规范:JTG/T 3610—2019[S].北京:人民交通出版社股份有限公司,2019.

[4] 中交一公局集团有限公司,等.公路桥涵施工技术规范:JTG/T 3650—2020[S].北京:人民交通出版社股份有限公司,2020.

[5] 中交一公局集团有限公司,等.公路隧道施工技术规范:JTG/T 3660—2020[S].北京:人民交通出版社股份有限公司,2020.

[6] 中华人民共和国住房和城乡建设部.建筑机械使用安全技术规程:JGJ 33—2012[S].北京:中国建筑工业出版社,2012.

[7] 国家铁路局.铁路路基工程施工安全技术规程:TB 10302—2020[S].北京:中国铁道出版社,2020.

[8] 国家铁路局.铁路桥涵工程施工安全技术规程:TB 10303—2020[S].北京:中国铁道出版社,2020.

[9] 国家铁路局.铁路隧道工程施工安全技术规程:TB 10304—2020[S].北京:中国铁道出版社,2020.

[10] 中交第一公路工程局有限公司.公路工程施工工艺标准(路基 路面 隧道)[M].人民交通出版社,2007.

[11] 中交第一公路工程局有限公司.公路工程施工工艺标准(桥涵)[M].人民交通出版社,2007.

[12] 交通运输部工程质量监督局.公路水运工程施工安全标准化指南[M].北京:人民交通出版社,2013.

[13] 云南省交通运输厅工程质量监督局,云南省交通科学研究院.云南省公路建设工程安全生产管理标准化用表指南[M].北京:人民交通出版社股份有限公司,2014.

[14] 本书编写组.公路工程施工安全技术规范与施工规范对照手册[M].北京:人民交通出版社股份有限公司,2015.

[15] 广东省交通运输厅.公路施工安全教程(第二册)路基路面施工安全技术[M].北京:人民交通出版社股份有限公司,2018.

[16] 广东省交通运输厅.公路施工安全教程(第三册)桥梁施工安全技术[M].北京:人民交通出版社股份有限公司,2018.

[17] 广东省交通运输厅.公路施工安全教程(第四册)隧道施工安全技术[M].北京:人民交通出版社股份有限公司,2018.

模块五

施工安全风险评估

单元一　总体风险评估
单元二　专项风险评估

单元一
总体风险评估

任务一　路堑高边坡工程总体风险评估

学习目标

(1)了解风险评估的基本概念、路堑高边坡工程总体风险评估的指标体系等;熟悉路堑高边坡工程总体风险评估的主要步骤、指标体系法在路堑高边坡工程总体风险评估中的应用等。

(2)能结合任务编写路堑高边坡工程总体风险评估报告。

任务要求

某段长200m的挖方路基工程,设计为四级边坡,最大边坡高度31.8m,边坡自下而上坡率依次为1∶0.75、1∶0.75、1∶1、1∶1,第一、二、三级边坡防护形式为锚杆框格梁(锚杆长11m),第四级边坡防护形式为复合网。各级边坡之间均设置宽2.0m、外倾4%的平台,并设平台截水沟。

该段路基位于构造剥蚀中低山山坡上,地势总体较陡,起伏大,自然横向坡度15°~25°,局部可达35°。区内上覆地层为残坡积地层和强风化砂岩夹页岩,下伏岩层主要为中风化砂岩夹页岩。基岩赋水性较差,地下水埋深较深,地下水对边坡的主要影响为雨水可能沿基岩裂隙渗入,软化结构面,降低边坡稳定性。

为保障该路基工程的施工安全,受项目部委托,某单位组建了风险评估小组,参照

《高速公路路堑高边坡工程施工安全风险评估技术指南(试行)》及其他相关标准、规范和设计文件,在施工前对该工程进行总体风险评估。评估小组在调研过程中发现:

(1)坡体上覆强风化砂岩夹页岩岩质极软,岩层与边坡顺层,两组节理裂隙结构面相互切割岩层,岩层结构面及裂隙结构面抗剪强度低。

(2)附近区域多发中低级地震,催化了岩层结构面及裂隙结构的发育。偶发性的强降雨或长期阴雨可导致岩土土体浸水饱和,降低结构面抗剪强度,易发生滑坡等病害。

(3)该高边坡工点有一个勘察断面,此断面有3个勘探点。施工单位委托勘察单位在边坡体周围进行了变形动态监测预警。

(4)"一坡一图一说明"图件完整,但缺少计算参数、边坡破坏力等内容。

请你结合以上描述,编写该高边坡工程的总体风险评估报告,其中重点反映指标体系法的应用。

导学 问题

(1) 参照表 5-5, 按指标权重不大于 0.4, 且小于 0.05 的指标不多于 2 项的原则, 建立本任务的总体风险评估指标体系。

_____
_____
_____
_____
_____

(2) 对本任务总体风险评估的指标体系进行重要性排序。

_____
_____
_____
_____
_____
_____

(3) 结合本任务举例说明, 如何计算指标的权重系数和评估分值。

_____
_____
_____
_____
_____
_____
_____

(4) 为本任务路堑高边坡工程施工安全划分总体风险等级。

_____
_____
_____
_____
_____

知识链接

一、风险评估概述

风险评估(也称安全评估),是以保障安全为目的,按照科学的程序和方法,从系统的角度出发对工程项目或工业生产中潜在的危险进行预先的识别、分析和评估,为制定防范措施和管理决策提供依据。安全生产重在预防,风险评估是一种现代安全管理模式,体现了以人为本和预防为主的理念。风险评估起源于保险业,近年来,风险评估作为行之有效的风险预防措施,已被各行业广泛采用,尤其在安全生产领域发挥了重要作用。就交通建设行业而言,任何工程都有风险,需通过风险评估与管理的手段将风险降低至"可接受"的程度。

交通建设行业属于高危行业,因建设环境复杂、施工条件差、不安全因素动态变化快、安全事故诱因复杂和主体从业人员流动大等,多年来交通建设工程安全事故较多,尤其在桥梁、隧道和路堑高边坡(一般指高于20m的土质边坡、高于30m的岩质边坡)工程中最为突出,已成为三大高风险工程。进一步深究其原因可发现:一方面,桥梁、隧道和路堑高边坡等工程施工环境复杂、施工技术难度大、施工安全风险高;另一方面,更突出的问题可能是,对重大风险缺乏正确认识和有效控制。故针对桥梁、隧道和路堑高边坡等高风险工程开展风险评估与管理是很有必要的。

风险评估在交通建设领域尚处于初级阶段,为推行和指导公路工程施工安全风险评估工作,有效控制施工安全风险,科学规避施工安全事故的发生,保障公路桥梁、隧道及路堑高边坡工程的建设安全,交通运输部于2011年和2014年先后发布了《公路桥梁和隧道工程施工安全风险评估指南(试行)》和《高速公路路堑高边坡工程施工安全风险评估指南(试行)》。其后经过多年的应用反馈和研究积累,为进一步规范风险评估工作和提升安全管理水平,交通运输部自2022年起陆续又发布《公路水运工程施工安全风险评估指南》系列通用性标准。

风险评估的方法很多,诸如安全检查表法(SCL)、预先危险性分析法(PHA)、故障树分析法(FTA)、事件树分析法(ETA)、作业条件危险性评价法(LEC)、风险矩阵法等,不同的方法各有特点和适用范围,应根据评估对象特点、具体条件和要求、评估目标等,经分析和比较,选择合适的方法,必要时,可同时采用几种方法,相互补充和验证,以提高评估结果的准确性。《公路水运工程施工安全风险评估指南》从实用的角度出发,推荐采用指标体系法,并通过总结和凝练专家经验,制定了基于数学方法的评估指标体系,实现了定量评估,既相对科学合理,又简单易于掌握,解决了公路工程点多面广,同时安全评估专家少的实际困难。

根据《公路水运工程施工安全风险评估指南 第1部分:总体要求》(JT/T 1375.1—2022),施工安全风险评估是针对施工过程潜在的风险进行辨识、分析、估测,并提出控制措施建议的系列工作。它分为总体风险评估和专项风险评估两个阶段,前者是宏观的静态评估,后者是微观的动态评估,要考虑具体施工方案及工程进展情况,两者的比较见表5-1。

总体风险评估与专项风险评估　　　　表5-1

项目	总体风险评估	专项风险评估
基本概念	以工程项目或具有独立使用功能的主体结构、作业单元①为评估对象,根据工程特点、施工环境、地质条件、气象水文、资料完整性等,评估其施工的整体风险,确定风险等级并提出控制措施建议	以作业活动或施工区段②为评估对象,根据其施工技术复杂程度、施工工艺成熟度、施工组织便利性、施工环境条件匹配性以及类似工程事故案例等,进行风险辨识与风险分析、风险估测,确定风险等级,提出相应的风险控制措施建议
评估方法	宜采用专家调查法和指标体系法等方法	可综合采用安全检查表法、作业条件危险性评价法、专家调查法、指标体系法、风险矩阵法等方法
措施建议	提出主要风险控制措施建议,重点提出风险控制总体思路,以及安全管理力量投入、资源(财、物)配置、施工单位选择的建议	提出系统全面、重点突出的风险控制措施建议,为现场安全管理、专项施工方案编制和完善、安全技术交底、应急处置提供依据。专项风险评估中风险等级为Ⅲ级(较大风险)及以上时,应分析确定导致较大或重大风险的关键指标,提出有针对性的措施降低风险
组织评审	总体风险评估报告应由建设单位组织评审	专项风险评估报告应由施工单位组织评审
时间要求	宜在项目施工招标前完成	包括施工前专项风险评估、施工过程专项风险评估和风险控制预期效果评价等环节,贯穿整个施工过程
结论应用	可为建设单位的项目组织实施、安全管理力量投入、资源配置和施工单位选择等方面决策提供支持,可作为施工单位编制施工组织设计和开展专项风险评估的依据	应作为施工单位完善施工组织设计、编制完善专项施工方案的依据

注:①作业单元是指具有特定功能、目的的作业场所或区域。
　　②施工区段是指工程施工中地质条件相近、可能发生同类事故的纵向段落。

专项风险评估将在本模块单元二中详细介绍。

二、总体风险评估

总体风险评估是以工程项目或具有独立使用功能的主体结构、作业单元(具有特定功能、目的的作业场所或区域)为评估对象,根据工程特点、施工环境、地质条件、气象水文、资料完整性等,评估其施工的整体风险,确定风险等级并提出控制措施建议。

公路工程施工安全总体风险评估应将整个工程项目按照桥梁工程、隧道工程、边坡工程、基坑工程,大型临时工程和"两区三厂"(即生活区、办公区、钢筋加工厂、拌和厂及预制厂)等重点区域分类划分为相互独立的作业单元,作为总体风险评估对象。

总体风险评估宜采用专家调查法和指标体系法等方法;专家调查法的关键是基于专家丰富的实践经验,在工点资料不完整或不准确的情况下,组织有经验的专家开展评估,其结果可能更有说服力。在评估小组人员类似工作经验不足的情况下,可选择指标体系法。

总体风险评估结论应包括风险等级和风险控制措施建议,总体风险评估等级分为四级:低风险(Ⅰ级)、一般风险(Ⅱ级)、较大风险(Ⅲ级)、重大风险(Ⅳ级)。应根据总体风险评估结果与接受准则,提出风险控制措施,见表5-2。

总体风险等级及控制措施 表5-2

风险等级	定性描述	接受准则	控制措施
Ⅰ	低风险	可忽略	维持日常安全生产管理工作,不需采取附加的风险防控措施
Ⅱ	一般风险	可接受	需采取风险防控措施:加强安全管理,严格日常安全生产管理工作
Ⅲ	较大风险	不期望	应采取措施降低风险:采取加大安全管理力量投入、强化安全资源配置、选择有经验及自控能力强的施工单位、增加工程保险投保等措施
Ⅳ	重大风险	不可接受	应采取一整套的措施降低风险:采取优化工程设计方案或设计阶段的施工指导方案,高度重视项目的后续组织实施,加大安全管理力量和资金投入、强化安全资源配置、选择有经验及自控能力强的施工单位、增加工程保险投保等措施

三、专家调查法

专家调查法,是专家依据自身的工程知识和经验,在现场调查的基础上,对工程施工安全风险作出评估的一种方法。专家调查法总体风险评估流程如图5-1所示。

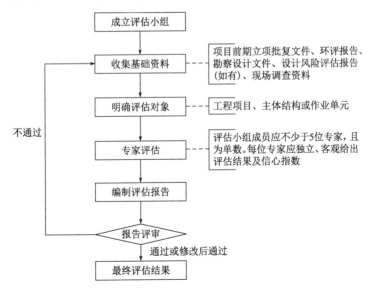

图5-1 专家调查法总体风险评估流程

采用专家调查法选择专家时要兼顾勘察、设计、施工、评估等各方面因素,确保专家组内各成员之间专业特长的互补性。此处以路堑高边坡工程总体风险评估为例,阐述专家调查法的具体步骤和内容。

首先,专家组每个成员,应先分别对建设规模、地质条件、诱发因素、施工环境、资料完整性5个分项,按4个风险等级分别给出分项评定分值R_i。Ⅰ级(低风险)、Ⅱ级(一般风险)、Ⅲ级(较大风险)、Ⅳ级(重大风险)的取值分别为1、2、3和4。

其次,专家对分项评估分值根据对评估对象的认识程度、类似工作经验、专业技术水平等给出专家信心指数W_i。若认为自己的评估结果可靠,信心指数高,则$W_i=1$;若对评估分项完全没有概念,则$W_i=0$;在两种情况之间,可视具体情况为W_i赋值(小数点后取1位)。

然后,按式(5-1)分别计算专家组每个成员的评估结果D_{rj},并填写得分表,见表5-3。

$$D_{rj} = \sum_{i=1}^{5}(R_{ij} \times W_{ij}) \Big/ \sum_{i=1}^{5} W_{ij} \tag{5-1}$$

式中:R_{ij}——评定分值,取值1、2、3或4;

W_{ij}——信心指数,取值范围0~1;

i——分项评估内容,$i=1,2,3,4,5$;

j——专家数;

r——分值和信心指数的评估。

专家调查法各专家评估结果　　　　表5-3

分项	分项评估内容	专家1		专家2		专家j	专家N	
		分值	信心指数	分值	信心指数		分值	信心指数
1	建设规模	R_{11}	W_{11}	R_{12}	W_{12}		R_{1N}	W_{1N}
2	地质条件	R_{21}	W_{21}	R_{22}	W_{22}		R_{2N}	W_{2N}
3	诱发因素	R_{31}	W_{31}	R_{32}	W_{32}	……	R_{3N}	W_{3N}
4	施工环境	R_{41}	W_{41}	R_{42}	W_{42}		R_{4N}	W_{4N}
5	资料完整性	R_{51}	W_{51}	R_{52}	W_{52}		R_{5N}	W_{5N}
合计		D_{r1}		D_{r2}		D_{rj}	D_{rN}	

最后,按式(5-2)计算专家组的整体评估结果D_r,并按表5-4划分路堑高边坡施工安全风险等级。

$$D_r = \sum_{j=1}^{N} D_{rj} \Big/ N \tag{5-2}$$

式中:D_{rj}——专家j的评估结果,按式(5-1)计算;

N——专家总数,不小于5的整数。

路堑高边坡施工安全总体风险分级标准(专家调查法)　　　表 5-4

风险等级	定性描述	接受准则	计算分值
Ⅰ	低风险	可忽略	$D_r < 1.5$
Ⅱ	一般风险	可接受	$1.5 \leq D_r < 2.5$
Ⅲ	较大风险	不期望	$2.5 \leq D_r < 3.5$
Ⅳ	重大风险	不可接受	$D_r \geq 3.5$

可以看出,专家成员有无类似工作经验,对评估结果的影响极大。考虑到专家各有所长,为防止专家对不熟悉的内容作出不合理评定,故引入专家信心指数对评定结果进行调整。专家组的评估结果,是在综合专家成员评定结果的基础上提出的,反映了专家成员的平均水平。

四、指标体系法

指标体系法,是根据影响工程施工安全风险的主要致险因素,建立体现风险特征的评估指标体系,对各评估指标进行数值区间量化分级,并综合考虑各评估指标的权重系数,对工程施工安全风险作出评估的一种方法。指标体系法总体风险评估流程如图 5-2 所示。

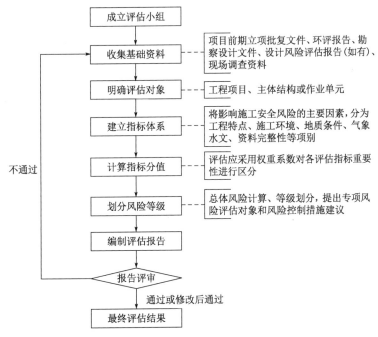

图 5-2　指标体系法总体风险评估流程

在评估工作中,指标体系的建立应作为一个独立的工作步骤。指标体系法的关键,是指标的选择及其重要性排序,这决定了评估结果的准确性和可靠性,评估小组应慎重对待。一经合理确定,不宜随意改动。选取的指标应具有全面性和代表性。全面性指选取的指标尽可能涵盖影响施工安全风险的各个方面;代表性指选取的指标兼具特殊性和典型性,便于定性描述和定量分级。此处以路堑高边坡工程总体风险评估为例,阐述指标体系法的具体步骤和内容。

根据《高速公路路堑高边坡工程施工安全风险评估指南(试行)》,路堑高边坡施工安全总体风险评估主要考虑的指标体系可划分为 5 类:建设规模、地质条件、诱发因素、施工环境、资料完整性,根据各指标的具体情况建立评估指标体系,参见表 5-5。

路堑高边坡施工安全总体风险评估指标体系 表 5-5

分类	评估指标	分级		基本分值 R 范围	说明
建设规模 X_1	边坡高度 X_{11}	土质边坡 $H_t \geq 40$m; 岩质边坡 $H_y \geq 60$m		75~100	总高度,若 $H_t \geq 60$m、$H_y \geq 80$m,则 $R=100$,其他可按高度线性插值。 单级坡,当 $H_t \geq 12$m、$H_y \geq 15$m 时取大值;当 $H_t \leq 6$m、$H_y \leq 8$m 时取小值;当 $H_t = 8$m、$H_y = 10$m 时,取中间值。其他按高度线性插值。 当上述两种标准给定分值不一时,取大值
		土质边坡 30m $\leq H_t <$ 40m; 岩质边坡 40m $\leq H_y <$ 60m		50~74	
		土质边坡 20m $\leq H_t <$ 30m; 岩质边坡 30m $\leq H_y <$ 40m		25~49	
		土质边坡 $H_t <$ 20m; 岩质边坡 $H_y <$ 30m		0~24	
	坡形坡率 X_{12}	路堑边坡超过所在自然斜坡比拟坡度值 $\Delta\alpha \geq 15°$		75~100	自然坡斜坡的比拟坡是广义的概念,可选择当地极限稳定坡、稳定坡或所在自然坡的坡度。$\Delta\alpha \geq 25°$时,分值为100,其他分值可按 $\Delta\alpha$ 实际值线性内插取值
		10° $\leq \Delta\alpha <$ 15°		50~74	
		5° $\leq \Delta\alpha <$ 10°		25~49	
		$\Delta\alpha <$ 5°		0~24	
地质条件 X_2	地层岩性 X_{21}	易滑及软弱地层		75~100	易滑及软弱地层,是指煤系地层岩组、泥质岩岩组、残积层、第四系重力堆积层;地层分布复杂者取大值;反之,取小值
		全风化层基岩		50~74	
		强风化层基岩		25~49	
		弱风化层基岩		0~24	
	坡体结构 X_{22}	坡体中存在顺坡向缓倾的软弱结构面或组合体	贯通	75~100	根据结构面贯通性和发育程度取值。缓倾的软弱结构面是指结构面的倾角小于路堑边坡角。结构面及其组合面的倾向与边坡倾向之间的夹角 $\beta = 0°$ 取大值,$\beta = 45°$ 取中间值,$\beta = 60°$ 取小值,其他的值建议用线性内插法确定
			不贯通	50~74	
		坡体中存在顺坡向缓倾的硬性结构面或组合体	贯通		
			不贯通	25~49	
		坡体中存在其他方向结构面,且贯通和发育			
		坡体中其他方向的结构面,不贯通、不发育		0~24	

续上表

分类	评估指标	分级	基本分值 R 范围	说明
地质条件 X_2	地下水 X_{23}	边坡下部 $0.25H$ 范围内有地下水,且无排水措施(下同)	75~100	若有排水措施则不在考虑之列。根据地下水的分布范围、地下水的类型及边坡体的储水构造确定。基岩承压水取大值,基岩裂隙和土层孔隙潜水取小值
		中下部 $0.25~0.5H$ 范围内有地下水	50~74	
		中上部 $0.5~0.75H$ 范围内有地下水	25~49	
		上部 $0.75~1.0H$ 范围内有地下水	0~24	
诱发因素 X_3	施工季节 X_{31}	过去5年内年均降雨量超过800mm	75~100	若没有过去5年内年均降雨量资料,可用当地的年降雨量数据代替;若降雨量超过1000mm,则 $R=100$,其他分值可按实际值线性内插取值
		过去5年内年均降雨量 600~800mm	50~74	
		过去5年内年均降雨量 300~600mm	25~49	
		过去5年内年均降雨量不超过300mm	0~24	
	自然灾害的影响 X_{32}	自然灾害频发	75~100	自然灾害指施工区域暴雨、洪水、泥石流、崩塌、滑坡等,自然灾害多发季节施工取大值
		自然灾害多发	50~74	
		自然灾害偶发	25~49	
		自然灾害很少	0~24	
施工环境 X_4	工程措施类型 X_{41}	抗滑桩	75~100	本指标只考虑边坡处治采用单一工程措施的情况。一个边坡采用多种工程措施时,取施工难度较大的工程措施对应的分值,并酌情提高取值
		锚固工程	50~74	
		注浆类工程	25~49	
		挡土墙工程	0~24	
	周边环境 X_{42}	在坡顶开挖线以外 $0.5H$、路基下方 $1.0H$ 范围内有地表建筑物、地下埋藏物、高压线塔、水体设施	75~100	上边坡为土质、岩层产状顺层的取大值;岩质边坡岩层产状反倾的边坡取小值。下边坡位于沟谷地带,地形较陡的,有河流水体的取大值;反之,取小值。如果上下自然边坡高陡,虽离路堑边坡水平距离较大,但也受到影响的,应酌情提高指标取值
		在坡顶开挖线以外 $1.0H$、路基下方 $1.5H$ 范围内有地表建筑物、地下埋藏物、高压线塔、水体设施	50~74	
		在坡顶开挖线以外 $1.5H$、路基下方 $2.0H$ 范围内有地表建筑物、地下埋藏物、高压线塔、水体等设施	25~49	
		设施位于上述范围以外	0~24	
资料完整性 X_5	地质资料 X_{51}	有一个或没有勘察断面,每个断面有1个或没有勘探点(钻探、挖探、物探)	75~100	对地形地貌、地层岩性、地质构造、水文地质条件调查分析清楚,岩土计算参数选取依据充分的取小值;调查分析不够清楚、依据欠充分的取大值;缺乏调查分析,无依据的提高一档进行指标赋值,最高分为100
		至少有一个勘察断面,每个断面有2个勘探点(钻探、挖探、物探)	50~74	
		至少有一个勘察断面,每个断面有3个勘探点(钻探、挖探、物探)	25~49	
		至少有一个勘察断面,每个断面至少有3个钻探和挖探点	0~24	

续上表

分类	评估指标	分级	基本分值 R 范围	说明
资料完整性 X_5	设计文件 X_{52}	"一坡一图一说明"图件不完整	75~100	完整的图件包括平面图、立面图、断面图、结构图及大样图等
		"一坡一图一说明"图件较完整	50~74	
		"一坡一图一说明"图件完整,有计算参数,有边坡破坏力大小(如滑坡推力),有破裂面位置	25~49	
		"一坡一图一说明"图件很完整,有计算参数,有边坡破坏力大小(如滑坡推力),有破裂面位置,有工程措施的抗滑力(如抗滑桩的抗滑力),提出施工安全工况、特殊工程的施工工艺及注意事项、施工风险分析及控制措施	0~24	

在对具体路堑高边坡进行评估时,表5-5中所列的11个指标不一定全部参与评估,选出比较重要的指标进行排序。将选出的评估指标按重要性从高到低进行排序,可采用权重系数对各评估指标重要性进行区分。权重系数γ应综合运用多种方法进行确定,《高速公路路堑高边坡工程施工安全风险评估指南(试行)》推荐"按评估指标重要性排序确定权重取值"的方法,计算公式为:

$$\gamma = \frac{2n - 2m + 1}{n^2} \tag{5-3}$$

式中:n——评估指标(重要指标)项数;

m——重要性序号,$m \leqslant n$。

路堑高边坡施工安全总体风险F按式(5-4)计算:

$$F = \sum X_{ij} = \sum R_{ij} \gamma_{ij} \tag{5-4}$$

式中:R_{ij}——基本分值,按表5-5取值;

γ_{ij}——权重系数,按式(5-3)计算;

i——指标体系类型;

j——某一指标体系下评估指标类型。

按式(5-4)计算得出F值后,对照表5-6确定路堑高边坡施工安全总体风险等级。

路堑高边坡施工安全总体风险分级标准(指标体系法) 表5-6

风险等级	定性描述	接受准则	计算分值
Ⅰ	低风险	可忽略	$F \leqslant 30$
Ⅱ	一般风险	可接受	$30 < F \leqslant 45$
Ⅲ	较大风险	不期望	$45 < F \leqslant 60$
Ⅳ	重大风险	不可接受	$F > 60$

安全典故

少算不胜(节选自《孙子兵法·始计篇》)

孙武[春秋]

孙子曰:兵者,国之大事,死生之地,存亡之道,不可不察也。故经之以五事,校之以计,而索其情:一曰道,二曰天,三曰地,四曰将、五曰法。

道者,令民与上同意也,故可与之死,可与之生,而不畏危也。

天者,阴阳、寒暑、时制也。

地者,远近、险易、广狭、死生也。

将者,智、信、仁、勇、严也。

法者,曲制、官道、主用也。

凡此五者,将莫不闻,知之者胜,不知者不胜。故校之以计,而索其情,曰:主孰有道?将孰有能?天地孰得?法令孰行?兵众孰强?士卒孰练?赏罚孰明?吾以此知胜负矣。

……

夫未战而庙算胜者,得算多也;未战而庙算不胜者,得算少也。多算胜,少算不胜,而况于无算乎?吾以此观之,胜负见矣。

单元二 专项风险评估

任务一 隧道洞口工程专项风险评估

学习目标

(1) 了解专项风险评估、风险辨识、风险分析、风险估测的基本概念；熟悉施工作业程序分解、风险辨识、风险分析、风险估测的方法、风险控制的基本原理。

(2) 能结合任务应用作业条件危险性评价法（LEC法）进行风险估测计算，并填写相关表格。

任务要求

某拟建公路隧道，全长445m，最大埋深约130m，采用钻爆法施工。隧道内纵坡采用单向坡形式，坡度2.8%。隧道横断面为单洞双向两车道，建筑限界净空尺寸（宽×高）为9.0m×5.0m（按二级公路标准）。隧道进口处为沟谷地貌，两侧为低山；出口处为山前台地地貌，场地内多为垦砌梯田。

根据区域地质资料及现场调查，场区边坡处于自然稳定状态，局部乡村路旁的边坡陡峭。因岩性较破碎，会有危岩掉落，要采取一定的整治措施。在雨季，部分冲沟内可能会有碎石、泥沙被冲下山谷，但不会形成较大规模冲刷物，对周围环境无影响，但要采取措施保护现有植被，在隧道洞口两侧应设置排水沟。对隧道进出口施工弃渣要及时清运，以免对周围环境产生不利影响。

隧道两端进出口段围岩稳定性较差,结合地质和地形条件,进出口均采用削竹式洞门,并接较长明洞。明洞基坑采用机械开挖,临时开挖边坡坡率为1∶0.5;坡面采用锚喷防护:ϕ22mm 砂浆锚杆,长2.5m,间距1.5m×1.5m;挂网钢筋ϕ6.5mm,网距25cm×25cm;喷射C20混凝土,厚度10cm。明洞开挖断面如图5-3所示。在明暗分界处采用大管棚进洞,即沿暗挖隧道拱部设置ϕ108mm 大管棚辅助施工,施工工序为:先施工管棚导向墙,然后施工大管棚,最后开挖隧道。

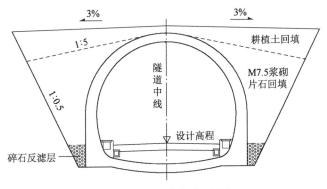

图5-3 明洞开挖断面示意图

请你结合以上描述,以施工单位工作人员的身份,完成洞口工程施工作业的风险辨识、风险分析和风险估测,填写风险估测及控制一览表。

班级：_____ 姓名：_____ 学号：_____

风险辨识、估测及控制一览表

单位名称：_____ 建设项目_____

分部分项工程/工艺工序名称：_____ 里程桩号：_____

序号	作业活动	风险事件类型	风险估测				危险等级	控制措施
			L	E	C	D		

填表人：

导学 问题

(1) 对本任务洞口工程进行施工作业程序分解,要求分解至单位作业。

(2) 列举上题各单位作业的典型事故并说明理由,每项作业至少列举一例。

(3) 针对本任务某项作业活动,结合风险分析,采用 LEC 法进行风险估测计算,并说明取值理由。

(4) 选择洞口工程相关的规范条文,从 LEC 法的角度阐述风险控制的原理。

提示 参见现行《公路工程施工安全技术规范》(JTG F90)。

知识链接

一、专项风险评估

专项风险评估，是以作业活动或施工区段(工程施工中地质条件相近、可能发生同类事故的纵向段落)为评估对象，根据其施工技术复杂程度、施工工艺成熟度、施工组织便利性、施工环境条件匹配性以及类似工程事故案例等，进行风险辨识与风险分析、风险估测，确定风险等级，提出相应的风险控制措施建议。与总体风险评估相比，专项风险评估属于微观的动态评估，它包括施工前专项风险评估、施工过程专项风险评估和风险控制预期效果评价等环节。分部分项工程开工前，应完成施工前专项风险评估。施工前专项风险评估结论及重大作业活动清单应作为专项施工方案的专篇，在此基础上细化改进施工安全风险监测与控制措施。若施工过程中发现重大作业活动存在遗漏，或出现新的重大作业活动，或原有的作业活动发生了重大变化等，应开展施工过程专项风险评估。对于较大风险(Ⅲ级)和重大风险(Ⅳ级)的作业活动，应在实施风险控制措施、完成典型施工或首件施工后，开展风险控制预期效果评价。

公路水运工程施工安全专项风险评估的基本程序应包括风险辨识、风险分析、风险估测、风险控制。具体工作流程见表5-7。

专项风险评估流程　　　　表5-7

序号	主要步骤	工作内容	采用方法	阶段成果
1	成立评估小组			
2	风险辨识	资料收集、施工现场调查，施工队伍素质调查	由建设单位提供，或由评估小组自行收集整理	专项风险等级见表5-8
		施工作业程序分解、风险事件辨识	现场调查、评估小组讨论、专家咨询	
3	风险分析	致险因素分析、风险事件后果类型分析	风险传递路径法、鱼刺图法、故障树分析法	
4	风险估测	一般作业活动①	检查表法、LEC法	一般作业活动风险估测汇总表5-10
		重大作业活动②	风险矩阵法、指标体系法	重大作业活动风险估测汇总表5-11

续上表

序号	主要步骤	工作内容	采用方法	阶段成果
5	风险控制	针对Ⅰ级、Ⅱ级风险,提出控制措施建议		
		针对Ⅲ级、Ⅳ级风险,找出关键指标,提出降低风险措施		
6	编写评估报告	评估过程记录及签字		

注:①一般作业活动,是指施工工艺较简单或受外部因素影响较小,其致险因素间关联性较低,通常仅导致单一风险事件发生,运用一般知识与经验即可防范的作业活动。
②重大作业活动,是指施工工艺较复杂或受外部因素影响较大,其致险因素间关联性较高,可能导致多种风险事件的发生,或可能引发的风险事件后果严重程度较大,需要从作业人员、施工设备、危险物品、地质水文条件、作业环境、技术方案及管理措施等多方面进行控制和防范的作业活动。

专项风险评估等级分为四级:低风险(Ⅰ级)、一般风险(Ⅱ级)、较大风险(Ⅲ级)、重大风险(Ⅳ级)。应根据专项风险评估结果与接受准则,提出风险控制措施。对于重大作业活动,还应根据不同的风险等级提出分级控制措施,确定层级责任和责任人,实施现场管理和监控预警,见表5-8。

专项风险等级及控制措施　　　　表5-8

风险等级	定性描述	接受准则	控制措施	分级控制措施
Ⅰ	低风险	可忽略	不需要采取特别的风险防控措施	日常管理
Ⅱ	一般风险	可接受	需采取风险防控措施,严格日常安全生产管理,加强现场巡视	日常管理;监控预警;专项整治
Ⅲ	较大风险	不期望	应采取措施降低风险,将风险至少降低到可接受的程度	日常管理;监控预警;多方面专项整治;应急预案、应急准备
Ⅳ	重大风险	不可接受	应暂停开工或施工,同时采取措施,综合考虑风险成本、工期及规避效果等,按照最优原则,将风险至少降低到可接受的程度,并加强监测和应急准备	日常管理;监控预警;暂停开工或施工,全面整治;应急预案、应急准备

二、风险辨识

风险辨识,指通过对工程施工过程进行系统分解,辨识各施工工序潜在风险事故的过程。风险辨识是风险评估的基础,主要工作步骤包括:工程资料的收集整理、施工现场地质水文条件和环境条件的调查(或补充勘察)、施工队伍素质和管理制度调查、施工作业程序分解和风险事件辨识等。

施工作业程序分解即依据施工图设计文件及施工组织设计等,通过现场调查、评估小组讨论、专家咨询等方式,将施工过程划分为不同的作业活动;可参照现行《公路工程质量检验评定标准》(JTG F80/1),按照单位工程→分部工程→分项工程→单位作业的层次进行分解,明确单位作业主要工序、施工方法、机械设备、建筑材料等特点,便于风险辨识。专项风险评估单元大小视具体需求而定,可以是分部工程、分项工程或单位作业。单位作业是具有一定专业特征,在施工中由相应工种完成,并与其他作业活动间有较清晰界面的施工作业活动,如:模板作业、钻孔作业、爆破作业、吊装作业等。

施工作业程序分解后,辨识各作业活动中可能发生的典型风险事件类型。每项施工作业可能对应多种可能的事故类型,严格地说,施工安全风险评估应针对每项作业活动的每种事故类型,但从实际的角度,一般仅考虑典型施工作业活动的重大事故类型。事故辨识是经验性非常强的一项工作,应广泛听取专家意见,结合前期事故资料收集整理结果,确定本工作主要作业活动可能发生的事故类型,特别是重大事故类型。

三、风险分析

风险分析,是采用系统安全工程理论对风险源可能导致的事故进行分析,找出可能受伤害人员、致险因子、事故原因等,确定物的不安全状态和人的不安全行为。风险分析的主要工作内容包括致险因素分析和风险事件后果类型分析。

风险分析应在深入分析已有资料的基础上进行,特别是针对确定的施工组织设计、工程施工环境条件、可能的现场情况,从人、机、料等方面找出受伤害对象(人或物)、伤害主体(机械、临时结构、外部条件等)、损失程度(人员伤亡、财产损失)、事故原因。

风险分析通过评估小组讨论会的形式实施,可采用风险传递路径法、鱼刺图法(图5-4)、故障树分析法等系统安全工程理论进行分析。分析致险因子时应找出可能导致事故发生的物的不安全状态和人的不安全行为,且应重点针对物的不安全状态,适当考虑过程中可能出现的人的不安全行为。分析致险因素:物的不安全状态可从地质条件、施工方案、施工环境、施工机械、自然灾害等方面考虑;人的不安全行为可从施工操作、作业管理等方面考虑。物的不安全状态和人的不安全行为分类参见现行《企业职工伤亡事故分类》(GB 6441)。

风险辨识与风险分析结果应填入表5-9。

风险辨识与风险分析表 表5-9

作业活动	风险事件类型	致险因素		风险事件后果类型		
		物的不安全状态	人的不安全行为	受伤害人员类型①	伤害程度	……
作业活动1						
作业活动2						
……						

注:①受伤害人员类型包括作业人员自身、同一作业场所的其他作业人员、作业场所周围其他人员。

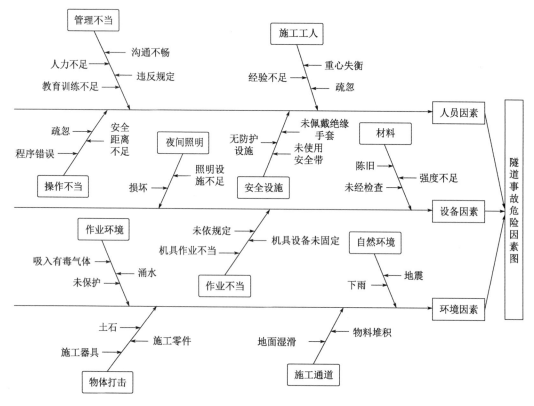

图 5-4 采用鱼刺图法进行事故致因分析示例

四、风险估测

风险大小＝事故发生可能性×事故严重程度，其中"×"表示事故发生可能性和事故严重程度的组合，并非数学乘积。风险估测，指采用定性或定量的方法，对事故发生的可能性及严重程度进行估算，并根据风险分级标准和接受准则，对工程风险进行等级排序的过程。风险估测旨在区分风险源、确定风险等级和方便安全管理。风险估测方法众多，应结合工程施工内容、安全管理方案、可能发生的事故特点等因素确定。

作业活动按照复杂程度分为一般作业活动和重大作业活动。具体工程项目应对照常见作业活动清单，结合风险辨识与风险分析结果，确定一般作业活动和重大作业活动。

一般作业活动点多面广，多采用常识性的防范措施，量化管理的必要性不大，宜对其开展定性评估，风险估测可采用定性（检查表法）或半定量方法（如 LEC 法）。检查表法又称调查表法，该方法把检查对象加以分解，将大系统分割成若干子系统，以提问或打分的形式，对检查项目列表逐项检查。LEC 法又称作业条件危险性评价法，根据作业人员作业所在的具有潜在危险性环境，用与作业风险有关的三种因素指标值的乘积来评价风险。一般作业活动的风险估测情况应以风险描述方式汇总，见表 5-10。

一般作业活动风险估测汇总表　　　　　　　　表5-10

一般作业活动	风险描述	理由
一般作业活动1		
一般作业活动2		
……		
一般作业活动N		

重大作业活动风险估测可采用定性与定量相结合的方法。风险事件后果严重程度的估测方法宜采用专家调查法,风险事件可能性的估测方法宜采用指标体系法。物的不安全状态、人的不安全行为以及两者的组合所导致的风险事件可能性等级包括:几乎不可能(1级)、可能性很小(2级)、偶然(3级)、可能(4级)、很可能(5级)。风险事件后果严重程度主要考虑人员伤亡和直接经济损失,等级包括:小(1级)、一般(2级)、较大(3级)、重大(4级)、特大(5级)。

物的不安全状态引起的风险事件可能性评估指标,应根据可能发生的风险事件类型,从本质安全的角度出发,分析可能导致风险事件发生的致险因素,在此基础上选取提出,具体来说,宜从工程自身特点、地质条件、气象水文条件、施工方案、施工作业环境等方面提出。人的不安全行为引起的风险事件可能性评估指标采用安全管理评估指标,宜从企业资质、分包情况、作业班组及技术管理人员经验、安全管理人员配备、安全生产费用、机具设备、配置及管理、施工组织设计、专项施工方案、企业工程业绩及信用情况等方面提出。

根据风险事件发生的可能性、后果严重程度等级,可采用风险矩阵法等方法确定重大作业活动的施工安全风险等级。将专项风险评估的风险等级用不同颜色在施工形象进度图中标识出来,形成"红橙黄蓝"四色施工安全风险分布图,并附在评估报告中,同时以列表方式汇总重大作业活动风险等级,见表5-11。

重大作业活动风险估测汇总表　　　　　　　　表5-11

重大作业活动	风险事件可能性等级	风险事件后果严重程度				风险等级	评估理由
		人员伤亡	直接经济损失	……	风险事件后果严重程度等级		
重大作业活动1							
重大作业活动2							
……							
重大作业活动N							

五、作业条件危险性评价法(LEC法)

作业条件危险性评价法,也称LEC法,是对具有潜在危险性作业环境中的危险源进

行半定量安全评价的方法,该方法以危险性分值 D 来评价作业条件的危险性等级,计算公式为:

$$D = L \times E \times C \tag{5-5}$$

式中:L——Likelihood,事故发生的可能性大小,取值见表5-12;
　　　E——Exposure,人员暴露于危险环境中的频繁程度,取值见表5-12;
　　　C——Criticality,一旦发生事故可能造成的后果,取值见表5-12。

作业条件危险性评价法赋值　　　　表5-12

事故发生的可能性	赋值 L	暴露于危险环境的频繁程度	赋值 E	事故造成的后果	赋值 C
完全会被预料到	10	连续暴露	10	10人以上死亡	100
相当可能	6	每天工作时间内暴露	6	3人以上9人以下死亡	40
可能,但不经常	3	每周一次或偶然暴露	3	1人死亡	15
完全意外,可能性小	1	每月暴露一次	2	严重伤残	7
可以设想,不太可能	0.5	每年暴露几次	1	有伤残	3
极不可能	0.2	非常罕见暴露	0.5	轻伤,需救护	1
实际上不可能	0.1				

按式(5-5)计算危险性分值 D,对照表5-13确定危险性等级。

危险性等级划分标准　　　　表5-13

危险等级	危险程度	危险性分值	备注
1	稍有危险,可以接受	$D < 20$	可接受的风险
2	比较危险,需要注意	$20 \leq D < 70$	可接受的风险
3	显著危险,需要整改	$70 \leq D < 160$	不可接受的风险
4	高度危险,需要整改	$160 \leq D < 320$	不可接受的风险
5	极度危险,不能继续作业	$D \geq 320$	不可接受的风险

本模块参考文献

[1] 中华人民共和国交通运输部.公路水运工程施工安全风险评估指南 第1部分:总体要求:JT/T 1375.1—2022[S].北京:人民交通出版社股份有限公司,2022.
[2] 交通运输部工程质量监督局.公路桥梁和隧道工程施工安全风险评估制度及指南解析[M].北京:人民交通出版社,2011.
[3] 交通运输部安全与质量监督管理司.高速公路路堑高边坡工程施工安全风险评估指南(试行)[M].北京:人民交通出版社股份有限公司,2015.

模块六

劳动保护

单元一　劳动防护用品

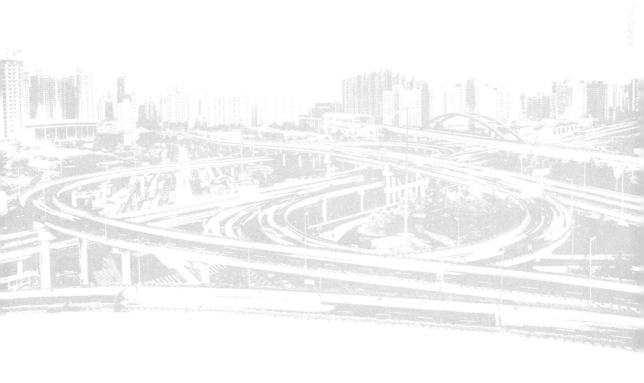

单元一 劳动防护用品

任务一 选择劳动防护用品

学习目标

(1)了解劳动保护和劳动防护用品的基本概念、劳动防护用品的配备原则、劳动防护用品的分类、劳动保护相关法律法规。

(2)能正确选用劳动防护用品,并进行日常管理。

任务要求

某桥梁工程采用人工挖孔桩施工,桩直径分别为1.3m、1.5m和1.8m,开挖桩基的最大桩长为25m,施工方案如下:

(1)施工现场准备

平整场地,清除坡面危石、浮土,坡面有裂缝或坍塌迹象者应增加采取必要的保护措施,铲除松软的土层并夯实。井口四周设围栏防护,并悬挂明显标志。井口护壁混凝土应高出地面20~30cm,防止土、石滚入孔内伤人。挖孔暂停期间,人不在井下作业时,孔口要加盖。孔口四周挖好排水沟,及时排除地表水;搭好孔口遮挡雨棚,安装提升设备,修建出渣道路。用于运出土渣的吊桶、吊钩、钢丝绳、卷扬机等,应经常检查更换。

(2)机具准备

人工挖孔灌注桩施工用的机具主要有:小型水磨钻机、卷扬机、吊桶、护壁钢模板、扬程水泵、通风及供氧设备、空压机、风镐、镐、锹、土筐、潜孔钻、插捣工具、串筒、应急软爬梯、手推车、安全活动盖板、防水照明灯、电焊机、劳保用品等。

(3) 材料准备

建立标准的混凝土搅拌站和钢筋加工堆放场,将混凝土集中拌和,钢筋集中堆放加工。所有的材料经检验合格后方可进场使用。

(4) 工艺流程

场地平整 → 测量控制 → 锁孔口 → 检查桩位(中心)轴线 → 安装施工机具 → 逐层往下循环作业 → 检查验收 → 吊放钢筋笼 → 浇筑桩身混凝土。

(5) 施工过程介绍

人工从上到下逐层用镐、锹进行施工作业,如遇坚硬土层则用风镐或弱爆破进行破碎。弃土装入吊桶内,垂直运输,在孔口上安支架,用 2t 电动提升机提升。吊至地面后,用机动翻斗车或手推车运出。每挖深 1m 支模,浇一圈混凝土护壁,如此不断往下深挖,一直挖到设计要求的高程,然后在孔内安放钢筋笼,灌注桩基混凝土。桩孔挖掘及支撑护壁两道工序须连续作业,不宜中途停顿,以防坍孔。在挖孔过程中,应经常检查桩孔尺寸平面位置、竖轴线情况,如有偏差及时纠正。

若你为该项目专职安全管理人员,请结合施工情况,根据劳动者工作场所中可能存在的危险、有害因素种类及危害程度、劳动环境条件、劳动防护用品有效使用时间等制定适合本单位的"劳动防护用品配备标准",并填写"劳动防护用品发放登记表"。

姓名：_____ 班级：_____ 学号：_____

劳动防护用品配备标准

岗位/工种	作业者数量	危险、有害因素类别	危险、有害因素浓度/强度	配备的防护用品种类	防护用品型号/级别	防护用品发放周期	呼吸器过滤元件更换周期

劳动防护用品发放登记表

序号	岗位/工种	员工姓名	防护用品名称	型号	数量	领用人签字	备注

导学 问题

(1) 本任务情景中,涉及哪些工种或岗位?

___

(2) 这些工种或岗位分别存在哪些危险有害因素?将会对作业人员的哪些身体部位造成伤害?

___

(3) 为了给作业人员提供劳动保护,公司应该给各岗位作业人员分别配备哪些劳动防护用品?

___

提示 参见现行《建筑施工作业劳动防护用品配备及使用标准》(JGJ 184)。

(4) 对于配备的劳保用品,日常应进行怎样的维护?具体的报废、更换标准是什么?

___

提示 参见《用人单位劳动防护用品管理规范》(安监总厅安健〔2018〕3号)。

知识链接

一、劳动防护用品概述

劳动防护用品指从业人员为防御物理、化学、生物等外界因素伤害所穿戴、配备和使用的护品的总称,有时也称为个体防护装备,包括安全帽、耳塞、自吸过滤式防毒面罩、防静电服、安全带等,如图 6-1 所示。

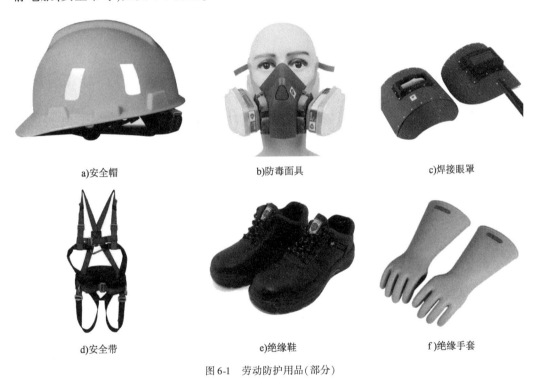

a)安全帽　　　　b)防毒面具　　　　c)焊接眼罩

d)安全带　　　　e)绝缘鞋　　　　f)绝缘手套

图 6-1　劳动防护用品(部分)

二、劳动防护用品的分类

应根据辨识的作业场所危害因素和危害评估结果,结合劳动防护用品的防护部位、防护功能、适用范围、防护装备同作业环境和使用者的适配性,选择合适的劳动防护用品。

劳动防护用品分为以下十大类:
(1)防御物理、化学和生物危险及其他有害因素对头部伤害的头部防护用品。
(2)防御缺氧空气和空气污染物进入呼吸道的呼吸防护用品。

(3)防御物理和化学危险及其他有害因素对眼面部伤害的眼面部防护用品。

(4)防噪声危害及防水、防寒等的耳部防护用品。

(5)防御物理、化学和生物危险及其他有害因素对手部伤害的手部防护用品。

(6)防御物理和化学危险及其他有害因素对足部伤害的足部防护用品。

(7)防御物理、化学和生物危险及其他有害因素对躯干伤害的躯干防护用品。

(8)防御物理、化学和生物危险及其他有害因素损伤皮肤或引起皮肤疾病的护肤用品。

(9)防止高处作业劳动者坠落或者高处落物伤害的坠落防护用品。

(10)其他防御危险及其他有害因素的劳动防护用品。

三、劳动防护用品配备原则

作业场所中存在职业性危害因素和危害风险时,用人单位应为作业人员配备符合国家标准或行业标准的劳动防护用品。用人单位为作业人员配备的劳动防护用品应与作业场所的环境状况、作业状况、存在的危害因素和危害程度相适应,应与作业人员相适合,且劳动防护用品本身不应导致其他额外的风险。用人单位配备劳动防护用品时,应在保证有效防护的基础上,兼顾舒适性;需要同时配备多种劳动防护用品时,应考虑使用的兼容性和功能替代性,确保防护有效。用人单位应对其使用的劳务派遣工、临时聘用人员、接纳的实习生和允许进入作业地点的其他外来人员进行劳动防护用品的配备及管理。

四、劳动防护用品配备程序

根据现行《个体防护装备配备规范 第1部分:总则》(GB 39800.1)要求,劳动防护用品的配备应按图6-2所示流程执行。其中,危害因素的辨识和评估、劳动防护用品的正确选择是整个配备流程的关键环节。对于危害因素的辨识,应依据国家法律、法规、标准,结合专业知识,针对不同作业场所、生产工艺、作业环境的特点,识别可能的危害因素。同时,还应对生产经营活动中各因素,包括人员、设备设施、使用物料、工艺方法、环境条件、管理制度等进行系统分析。需要注意的是,不仅应分析正常生产操作中存在的危害因素,还应分析技术、材料、工艺等发生变化、设备故障或失效、人员操作失误等情况下可能产生的危害因素。具体来说,可从以下方面进行分析:正常工作状态,异常工作状态,人员作业活动,设备采购、储存和输送以及设备设施的运行、维修和保养,原(辅)材料、中间产品和最终产品,生产、施工工艺,环境条件,管理制度,其他辅助活动和意外情况。危害因素识别完成后,还应判断是否超过职业接触限值和实际的危害水平,结合危害因素存在的位置、危害方式、危害发生的时间、途径及后果,确定需要防护的人群范围,以及各类人员需要防护的部位和需要的防护水平。

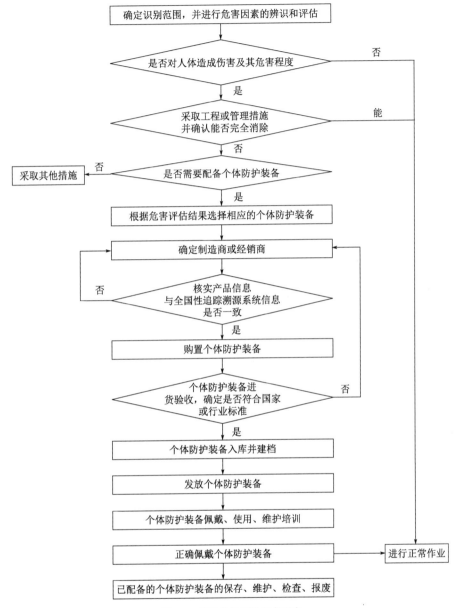

图 6-2 劳动防护用品配备程序

五、劳动防护用品配备管理

1. 基本要求

用人单位应建立健全劳动防护用品管理制度,至少应包括采购、验收、保管、选择、发放、使用、报废、培训等内容,并应建立健全劳动防护用品管理档案。用人单位应在入库前对劳动防护用品进行进货验收,确定产品是否符合国家或行业标准。对国家规定应进行定期强检的劳动防护用品,用人单位应按相关规定,委托具有检测资质的检验检测机构进行定期检验。在作业过程中如发现存在其他危害因素,且现有劳动防护用品不能满足作业安全要求需要另外配备时,应立即停止相关作业,按照针对该类情况的具体要求配备相应的劳动防护用品后,方可继续作业。

2. 追踪溯源

用人单位应购置在最小贴码包装及运输包装上具有追踪溯源标识的劳动防护用品,该标识应能通过全国性追踪溯源系统实现追踪溯源。制造商在每一批产品售出前应在全国性追踪溯源系统中录入制造商信息、产品信息及该产品款号的由具有检测资质的检验检测机构出具的检验检测报告信息。每一批产品应对应一个由全国性追踪溯源系统生成的产品追踪溯源标识。经销商在产品售出前应在全国性追踪溯源系统中录入必要的销售信息。检验检测机构应在全国性追踪溯源系统中录入检验检测报告信息。每一个检验检测报告应对应一个由全国性追踪溯源系统生成的检验检测报告追踪溯源标识。用人单位在采购劳动防护用品时,可通过产品和检验检测报告的追踪溯源标识,对产品实物信息和产品检验检测报告信息进行核实。

3. 判废和更换

劳动防护用品出现以下情况之一,用人单位应给予判废和更换新品:
(1)劳动防护用品经检验或检查被判定不合格;
(2)劳动防护用品超过有效期;
(3)劳动防护用品功能已经失效;
(4)劳动防护用品的使用说明书中规定的其他判废或更换条件。
被判废或被更换后的劳动防护用品不得再次使用。

4. 培训和使用

用人单位应制定培训计划和考核办法,并建立和保留培训和考核记录。用人单位应按计划定期对作业人员进行培训,培训内容至少应包括工作中存在的危害种类和法律法规、标准等规定的防护要求,本单位采取的控制措施以及劳动防护用品的选择、防护效果、使用方法及维护保养方法、检查方法等。当有新员工入职、员工转岗、劳动防护用品配备发生变化、法律法规及标准发生变化等情况,需要培训时,用人单位应及时对相关人员进行培训。未按规定佩戴和使用劳动防护用品的作业人员,不得上岗作业。作业人员应熟练掌握劳动防护用品的正确佩戴和使用方法,用人单位应监督作业人员劳动防护用品的使用情况。在使用劳动防护用品前,作业人员应对劳动防护用品进行检查(如外观检查、适合性检查等),确保劳动防护用品能够正常使用。用人单位应按照产品使用说明书的有关内容和要求,指导并监督劳动防护用品使用人员对在用的劳动防护用品进行正确的日常维护和使用前的检查,对必须由专人负责的,应指定培训合格人员负责日常检查和维护。

六、安全"三宝"

建筑行业有安全"三宝",即安全帽、安全带、安全网,它们也是保护建筑业职工人身安全的必备劳动防护用品。

1. 安全帽

安全帽是生产现场最常用的劳动防护用品之一,它是指对人体头部受坠落物及其他特定因素的伤害起防护作用的帽,由帽壳、头盔、颈后带、附件等组成,如图6-3所示。

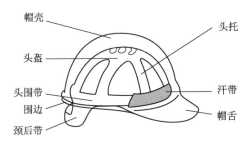

图6-3 安全帽的构造及附件

安全帽的帽壳呈半球形,坚固、光滑并有一定弹性,打击物的冲击和穿刺动能主要由帽壳承受。帽壳和头盔之间留有一定空间,可缓冲、分散瞬时冲击力,从而避免或减轻打击物冲击对头部的直接伤害。良好的冲击吸收性能、耐穿刺性能、侧向刚性、电绝缘性、阻燃性是对安全帽的基本技术性能的要求。对于安全帽的选用,应注意选用在规定年限内的产品,保证各部件完好、无异常,其制造商应取得国家规定的相关资质并在有效期内。同时,安全帽应按功能、样式、颜色、材质的顺序进行选择,具体要求可参见现行《头部防护 安全帽选用规范》(GB/T 30041)。

根据安全帽的性能,其类别特点以及适用的场合见表6-1。

安全帽类别特点及适用场合　　　　表6-1

安全帽性能	安全帽特点	参考适用范围
基本性能	由塑料、橡胶、玻璃钢等材料制成,抵御坠物对头部所造成的伤害	存在坠物危险或头部可能产生碰撞的场所
阻燃性能	在普通型安全帽的基础上增加阻燃功能,抵御明火燎烧所造成的伤害	存在坠物危险或头部可能产生碰撞及有明火、高温物体或具有易燃物质的场所
防静电性能	在普通型安全帽的基础上消除电荷在帽体上的聚积	存在坠物风险或头部可能产生碰撞及不允许发生放电的场所,多用于精密仪器加工、石油化工、煤矿开采等行业
电绝缘性能	在普通型安全帽的基础上阻止电流通过,防止人员意外触电	存在坠物危险或头部可能产生碰撞及带电作业场所,如电力水利行业等

续上表

安全帽性能	安全帽特点	参考适用范围
侧向刚性	在普通型安全帽的基础上具有侧向刚性性能,防止头部受到挤压伤害	存在坠物危险头部可能产生碰撞及挤压的作业场所,如坑道、矿井等
防寒性能	在普通型安全帽的基础上具有耐低温及保温性能,防止人员冻伤	低温作业环境中存在坠物危险或对头部可能产生碰撞的场所,如冷库、林业等

注:以上信息仅供参考。

安全帽样式的选择原则为:当作业环境可能发生淋水、飞溅渣屑以及阳光、强光直射眼部等情况时,应选用大沿、大舌安全帽;当作业环境为狭窄场地时,应选用小沿安全帽;当进行焊接作业且应佩戴安全帽时,可选用符合现行《职业眼面部防护 焊接防护 第1部分:焊接防护具》(GB/T 3609.1)要求的焊接工防护面罩与安全帽进行组合,或者选用焊接工防护面罩和安全帽一体式的防护具,并应符合该标准相关规定;当按现行《护听器的选择指南》(GB/T 23466)规定方法测量调查作业人员按额定8h工作日规格化的噪声暴露级 $L_{gx.sn} \geq 85$ dB(A)时,作业人员选用的安全帽应与所佩戴的护听器适配、无冲突,佩戴带有护听器的安全帽应符合现行《护听器的选择指南》(GB/T 23466)的相关规定;当作业场所还需对眼面部进行防护时,作业人员所选用的安全帽应与所佩戴的个人用眼护具适配、无冲突,佩戴与安全帽组合的面罩时应符合现行《眼面防护具通用技术规范》(GB 14866)的相关规定;当佩戴其他头面部防护装备时,所选用的安全帽应与其适配、无冲突。

安全帽颜色的选择原则为:安全帽颜色应符合相关行业的管理要求,如管理人员使用白色,技术人员使用蓝色。选择安全帽的颜色还应从安全以及生理、心理上对颜色的作用与联想等角度进行充分考虑:当作业环境光线不足时应选用颜色明亮的安全帽;当作业环境能见度低时应选用与环境色差较大的安全帽或在安全帽上增加符合要求的反光条。

根据安全帽帽壳材料,其特点以及适用的场合见表6-2。

安全帽帽壳材料特点及适用场合 表6-2

安全帽帽壳材料	特点	适用场合举例
玻璃钢(FRP)安全帽	质轻而硬,不导电,机械强度高,回收利用率低,耐腐蚀。在紫外线、风沙雨雪、化学介质、机械应力等作用下容易导致性能下降	冶金高温、油田钻井、森林采伐、供电线路、高层建筑施工以及寒冷地区施工
聚碳酸酯(PC)塑料安全帽	耐冲击强度高,尺寸稳定性好,无色透明,着色性好,电绝缘性、耐腐蚀性、耐磨性好。有应力开裂倾向,高温易水解	油田钻井、森林采伐、供电线路、建筑施工、带电作业
丙烯腈-丁二烯-苯乙烯(ABS)塑料安全帽	抗冲击性、耐热性、耐低温性、耐化学药品性及电气性能优良,不受水、无机盐、碱及多种酸的影响,但可溶于酮类、醛类及氯代烃中,受冰乙酸、植物油等侵蚀会产生应力开裂,耐候性差,在紫外光的作用下易产生降解	采矿、机械工业冲击强度高的室内常温场所

续上表

安全帽帽壳材料	特点	适用场合举例
聚乙烯（PE）塑料安全帽	具有耐腐蚀性，电绝缘性，不宜与有机溶剂接触，以防开裂，线型低密度聚乙烯（LLDPE）具有优异的耐环境应力开裂性能和电绝缘性，较高的耐热性能，抗冲和耐穿刺性能等	冶金、石油、化工、建筑、矿山、电力、机械、交通运输、地质、林业等冲击强度较低的室内作业
聚丙烯（PP）塑料安全帽	电绝缘性好、耐磨、抗刮、耐腐蚀。耐低温冲击性差，较易老化	药品及有机溶剂作业
超高分子量聚乙烯（UHMWPE）塑料安全帽	耐磨、耐冲击、耐腐蚀、耐低温	冶金、化工、矿山、建筑、机械、电力、交通运输、林业和地质作业
聚氯乙烯（PVC）塑料安全帽	不易燃、高强度、耐气候变化性以及电绝缘性良好	冶金、石油、化工、建筑、矿山、电力、机械、交通运输、地质、林业等冲击强度较低的室内作业

注：以上信息仅供参考。

2. 安全带

安全带是指在高处作业、攀登及悬吊作业中固定作业人员位置、防止作业人员发生坠落或发生坠落后将人员安全悬挂的个体坠落防护系统。根据《建筑施工作业劳动防护用品配备及使用标准》（JGJ 184—2009）的规定，在 2m 及以上的无可靠安全防护设施的高处、悬崖和陡坡作业时，必须系挂安全带。安全带的主要结构如图 6-4 所示。

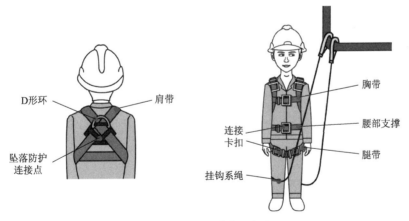

图 6-4 安全带的结构示意图

安全带按作业类别分为区域限制用安全带、围杆作业用安全带、坠落悬挂用安全带。区域限制用安全带是指通过限制作业人员的活动范围，避免其到达可能发生坠落区域的个体坠落防护系统；围杆作业用安全带是指通过围绕在固定构造物上的绳或带将人体绑定在固定构造物附近，防止人员滑落，但同时使作业人员的双手可以进行其他操作的个体坠落防护系统；坠落悬挂用安全带是指当作业人员发生坠落时，通过制动作用将作业人员安全悬挂的个体坠落防护系统。根据《坠落防护装备安全使用规范》（GB/T 23468—

2009)规定,如工作平面存在某些可能发生坠落的脆弱表面(如玻璃、薄模板),则不应使用区域限制安全带,而应选择坠落悬挂用安全带;当在作业过程中需要提供作业人员部分或全部身体支撑,使作业人员双手可以从事其他工作时,则应使用围杆作业安全带;当围杆作业安全带使用的固定构造物可能产生松弛、变形时,则不应使用围杆作业安全带,而应选择坠落悬挂用安全带。

安全带在使用前需先检查:所有金属件无明显破损、锈蚀、断裂;编织尼龙带无脱丝、断股、泡水现象;缓冲包(如有)未被拆开,处于未破损状态;安全带有合格标识、定检标识,在有效期内等内容。

对于安全带的标识,应至少包括以下内容:产品名称、执行标准、分类标记、制造商名称或标记及产地、合格品标记、生产日期(年、月、日)、不同类型零部件组合使用时的伸展长度(适用于坠落悬挂)、醒目的标记或文字提醒用户使用前应仔细阅读制造商提供的信息、国家法律法规要求的其他标识。

3. 安全网

安全网是指用来防止人、物坠落,或用来避免、减轻坠落及物击伤害的网具,一般由网体、边绳、系绳等组成。

安全网按功能分为安全平网、安全立网及密目式安全立网。安全平网是指安装平面不垂直于水平面,用来防止人、物坠落,或用来避免、减轻坠落及物击伤害的安全网,简称为平网;安全立网是指安装平面垂直于水平面,用来防止人、物坠落,或用来避免、减轻坠落及物击伤害的安全网,简称为立网;密目式安全立网是指网眼孔径不大于12mm,垂直于水平面安装,用于阻挡人员、视线、自然风、飞溅及失控小物体的网,简称为密目网。其中,A级密目式安全立网指在有坠落风险的场所使用的密目式安全立网,简称为A级密目网;B级密目式安全立网指在没有坠落风险或配合安全立网(护栏)完成坠落保护功能的密目式安全立网,简称为B级密目网。

在施工中,如果工作平面高于坠落高度面3m及以上,对人群进行坠落防护时,应在存在坠落危险的部位下方张挂安全平网,在存在坠落危险的部位外侧垂直张挂安全立网,或垂直张挂A级密目式安全立网。

七、劳动保护相关标准规范

劳动保护相关标准规范见表6-3。

劳动保护相关标准规范(部分)　　　　表6-3

名称	编号
《个体防护装备配备规范　第1部分:总则》	现行 GB 39800.1
《个体防护装备术语》	现行 GB/T 12903
《个体防护装备　眼面部防护　名词术语》	现行 GB/T 30042

续上表

名称	编号
《个体防护装备 眼面部防护 职业眼面部防护具 第1部分:要求》	现行 GB 32166.1
《职业眼面部防护 焊接防护 第1部分:焊接防护具》	现行 GB/T 3609.1
《头部防护 安全帽选用规范》	现行 GB/T 30041
《头部防护 安全帽》	现行 GB 2811
《个体防护装备 护听器的通用技术条件》	现行 GB/T 31422
《呼吸防护用品的选择、使用与维护》	现行 GB/T 18664
《呼吸防护 自吸过滤式防颗粒物呼吸器》	现行 GB 2626
《呼吸防护 自给开路式压缩空气逃生呼吸器》	现行 GB 38451
《呼吸防护 自给闭路式氧气逃生呼吸器》	现行 GB 38228
《呼吸防护 动力送风过滤式呼吸器》	现行 30864
《呼吸防护 自吸过滤式防毒面具》	现行 GB 2890
《足部防护 安全鞋》	现行 GB 21148
《个体防护装备 足部防护鞋(靴)的选择、使用和维护指南》	现行 GB/T 28409
《防护服装 阻燃防护 第2部分:焊接服》	现行 GB 8965.2
《防护服装 化学防护服》	现行 GB 24539
《防护服装 阻燃服》	现行 GB 8965.1
《防护服装 防静电服》	现行 GB 12014
《坠落防护装备安全使用规范》	现行 GB/T 23468
《坠落防护 安全带》	现行 GB 6095
《坠落防护 安全绳》	现行 GB 24543
《安全网》	现行 GB 5725

安全典故

喻皓造塔(节选自《杨文公谈苑》)

黄鉴[宋]

　　钱镠(liú)曰:"释迦真身舍利塔,见于明州鄞县,即阿育王所造八万四千,而此震旦得十九之一也。"镠造南塔以奉安,俶(chù)在国,天火屡作,延烧此塔,一僧奋身穿烈焰,登第三级,持之而下,衣裳肤体多被烧灼。太平兴国初,俶献其地,太宗命取塔禁中,度开宝寺西北阙地,造浮图十一级,下作天宫,以葬舍利。葬日,上肩舁(yú)微行,自安置之,有白光由塔一角而出。上雨涕,其外都人万众皆洒泣,燃指焚香于臂掌者无数。内侍数十人,愿出家扫洒塔下,悉度为僧。上谓近臣曰:"我曩(nǎng)世尝亲佛座,但未通宿命,不能了了见之耳。"初造塔,得浙东匠人喻浩,浩不食荤茹,性绝巧,先作塔式以献。每建一级,外设帷帘(yì),但闻椎凿之声,凡一月而一级成。其有梁柱龊(chuò)龉(yǔ)未安者,浩周旋视之,持搥橦击数十,即皆牢整,自云此可七百年无倾动。人或问其北面稍高,浩曰:"京城多北风,而此数十步,乃五丈河,润气津浃,经一百年,则北隅微垫,而塔正矣。"塔成,而浩求度为僧,数月死,世颇疑其异。

任务二　佩戴劳动防护用品

学习目标

（1）了解各类劳动防护用品的穿戴要求。
（2）能正确穿戴常用劳动防护用品。

任务要求

根据现行《个体防护装备配备规范》(GB 39800)(所有部分)，作业人员应熟练掌握劳动防护用品正确佩戴和使用方法，用人单位应监督作业人员劳动防护用品的使用情况；未按规定佩戴和使用劳动防护用品的作业人员不得上岗作业。

请结合模块六"单元一　选择劳动防护用品"的情景描述及任务完成情况，在实训指导老师提供的劳动防护用品中，任选一款亲身示范佩戴过程，其中应包括但不限于动作、状态及相关说明，并制作成完整的视频。

导学问题

(1)简要介绍所选劳动防护用品的名称、种类、结构、保护部位等基本信息,并阐述选择理由。

_____
_____
_____
_____

(2)结合所选劳动防护用品,简述在穿戴之前,要做哪些准备工作?

_____
_____
_____
_____

(3)结合所选劳动防护用品,阐述其正确穿戴的要领或注意事项。

_____
_____
_____
_____
_____

提示 问题(2)和(3)参见现行《个体防护装备安全管理规范》(AQ 6111)附录A对应类别的产品标准。

(4)结合所选劳动防护用品,列举其穿戴时的常见错误。

_____
_____
_____
_____

知识链接

在《个体防护装备安全管理规范》(AQ 6111—2023)中,明确了51类劳动防护用品的使用方法,现节选常用的劳动防护用品使用方法,见表6-4。

常用劳动防护用品使用方法　　　　　　　表6-4

序号	劳动防护用品类别	产品标准号	使用方法
1	安全帽	GB 2811	(1)在可能存在物体坠落、碎屑飞溅、磕碰、撞击、穿刺、挤压、摔倒及跌落等伤害头部的场所时,应佩戴普通型安全帽; (2)在可能存在短暂接触火焰、短时局部接触高温物体或暴露于高温场所时,应佩戴具有阻燃性能的安全帽;在可能发生侧向挤压,包括可能发生塌方、滑坡的场所,存在可预见的翻倒物体,可能发生速度较低的冲撞场所,应佩戴具有侧向刚性的安全帽;在对静电高度敏感、可能发生引爆燃或需要本质安全时,应佩戴具有防静电性能的安全帽;在可能接触400V以下三相交流电时,应佩戴具有电绝缘性能的安全帽;在作业环境中需要保温且环境温度不低于-20℃的低温作业工作场所时,应佩戴具有防寒功能或与佩戴的其他防寒装备不发生冲突的安全帽; (3)当作业环境可能发生淋水、飞溅渣屑以及阳光、强光直射眼部等情况时,应选用大檐、大舌安全帽。当作业环境为狭窄场地时,应选用小檐安全帽; (4)当进行焊接作业且应佩戴安全帽时可选用符合GB/T 3609.1要求的焊接工防护面罩与安全帽进行组合,或者选用焊接工防护面罩和安全帽一体式的防护具; (5)作业人员选用的安全帽应与所佩戴的护听器适配无冲突,佩戴带有护听器的安全帽应符合GB/T 23466的相关规定; (6)作业人员所选用的安全帽应与所佩戴的个人用眼护具适配无冲突,佩戴与安全帽组合的面罩时应符合GB 14866的相关规定; (7)将帽衬衬带位置调节好并系牢; (8)使用前应根据佩戴者头型将帽箍调至适当位置,避免过松或过紧; (9)使用时应戴正、戴牢,锁紧帽箍,配有下颏带的安全帽应系紧下颏带,确保在使用中不发生意外脱落; (10)使用时辫子和长发必须盘在安全帽内; (11)严禁在安全帽上打孔、刻划、钻钉; (12)不得在安全帽上涂敷油漆、涂料、汽油、溶剂等; (13)不得随意拆卸安全帽或添加附件; (14)不得随意碰撞挤压或将安全帽用作除佩戴以外的其他用途。例如,坐压、砸坚硬物体等; (15)对热塑材料制作的安全帽,不得用热水浸泡及放在暖气片、火炉上烘烤; (16)受过强冲击的安全帽,即使没有明显损坏也不得继续使用

续上表

序号	劳动防护用品类别	产品标准号	使用方法
2	焊接工防护面罩	GB/T 3609.1 GB/T 3609.2	(1)应根据作业性质和场合选择相应的焊接防护具； (2)应按焊接滤光片的遮光号使用； (3)佩戴前用干净的布擦拭镜片以保证足够的透光度； (4)有碍视觉时应及时更换新的保护片
3	焊接工防护眼罩	GB/T 3609.1 GB/T 3609.2	(1)应根据作业性质和场合选择相应的焊接防护具； (2)应按焊接滤光片的遮光号使用； (3)佩戴前用干净的布擦拭镜片以保证足够的透光度； (4)防护眼罩的宽窄和大小应适合佩戴者； (5)有碍视觉时应及时更换新的滤光片
4	焊接工防护眼镜	GB/T 3609.1 GB/T 3609.2	(1)应根据作业性质和场合选择相应的焊接防护具； (2)应按焊接滤光片的遮光号使用； (3)佩戴前用干净的布擦拭镜片以保证足够的透光度； (4)防护眼镜的宽窄和大小应适合佩戴者； (5)戴好防护眼镜后应收紧防护眼镜镜腿； (6)有碍视觉时应及时更换新的滤光片
5	职业眼面部防护具（包括眼镜、眼罩、面罩）	GB 32166.1	(1)在有铁屑、灰沙、粉尘、碎石等飞溅危害的场所，应佩戴职业眼面部防护具； (2)在有高速粒子危害的场所应选择佩戴有侧面防护的职业眼面部防护具； (3)观察锅炉燃烧、消除焊渣时佩戴防护眼罩或面罩； (4)在有酸、碱或其他化学溶液对眼睛造成危害的场所，应佩戴防护眼镜； (5)眼部护具的宽窄和大小应适合佩戴者脸型，佩戴后稳固，在做弯腰、低头等与工作相关动作时不会脱落
6	护听器（包括耳塞、耳罩）	GB/T 31422 GB/T 23466	(1)当暴露于 80dB≤LEX,8h<85dB 的工作场所时,应根据实际情况使用护听器； (2)当暴露于 LEX,8h≥85dB 的工作场所时,必须全程正确佩戴护听器；暴露于 LEX,8h≥100dB 时,应同时佩戴耳塞和耳罩； (3)耳罩应松紧适中，无明显不适感，不易脱落； (4)耳塞和耳罩交替使用，可以减少佩戴同一护听器的不适感； (5)高温高湿环境中宜使用耳塞；狭窄有限空间里，宜选择体积小、无突出结构的护听器；短周期重复的噪声暴露环境中宜选择佩戴摘取方便的耳罩或半插入式耳塞；工作中需要进行语言交流或接收外界声音信号时，宜选择各频率声衰减性能比较均衡的护听器；佩戴者留有长发或耳廓特别大，或头形尺寸过大或过小不宜佩戴耳罩时，宜使用耳塞；佩戴者如需同时使用防护手套、防护眼镜、安全帽等防护装备时，宜选择便于佩戴和摘取、不与其他防护装备相互干扰的护听器； (6)离开噪声环境应摘掉护听器，防止过度保护，导致难以接收到必要的声音信号； (7)存在挂钩、卷绕危险时，禁止使用连接绳的耳塞

续上表

序号	劳动防护用品类别	产品标准号	使用方法
7	长管呼吸器（自吸式长管呼吸器、连续供气式长管呼吸器和按需供气式长管呼吸器）	GB 6220	(1) 自吸式长管呼吸器不得应用于 IDLH 环境； (2) 如果有害环境性质未知，应作为 IDLH 环境；如果环境缺氧，或无法确定是否缺氧，应作为 IDLH 环境；如果空气污染物浓度未知，达到或超过 IDLH 浓度，应作为 IDLH 环境； (3) 作业地点应与气源之间的距离适宜，空气导管对现场其他作业人员无妨碍，并做好防止供气管路被损坏或被切断的措施； (4) 自吸式长管的送气管长度应≤10m，且不得有接头；其他长管呼吸器的送气管总长度应≤80m，送气管的接头应≤3 处； (5) 使用前检查供气管接头不能与作业场所其他气体导管接头通用； (6) 每根送气管只能为一个面罩或头罩供气； (7) 自吸式长管呼吸器的进气端应安装防止异物进入的低阻空气过滤器； (8) 呼吸空气质量应符合 GB/T 31975—2015 要求； (9) 不得使用纯氧或富氧空气； (10) 使用前检查面罩是否漏气、呼吸阀是否正常； (11) 佩戴时调节好肩带、腰带； (12) 不得将空气过滤器安装在腰带（固定带）或面罩上； (13) 使用前检查供气系统的气量满足使用者需求； (14) 在使用过程中，感到异味、咳嗽、刺激、恶心等不适症状，感觉气量供给不足、呼吸不畅，或出现其他不适情况，应立即撤出现场
8	动力送风过滤式呼吸器	GB 30864	(1) 根据作业环境不同有害气体选用过滤元件； (2) 动力送风过滤式呼吸器不得应用于 IDLH 环境和燃烧或爆炸环境； (3) 如果有害环境性质未知，应作为 IDLH 环境；如果环境缺氧，或无法确定是否缺氧，应作为 IDLH 环境；如果空气污染物浓度未知，达到或超过 IDLH 浓度，应作为 IDLH 环境； (4) 使用前检查面罩是否漏气、呼吸阀是否正常； (5) 佩戴时调节好肩带、腰带； (6) 使用前检查供气系统的气量满足使用者需求； (7) 如带有警示装置的动力送风过滤式呼吸器出现报警信息，应根据警示状态所代表的含义进行相应的处理； (8) 在使用过程中，感到异味、咳嗽、刺激、恶心等不适症状，感觉气量供给不足、呼吸不畅，或出现其他不适情况，应立即撤出现场
9	自吸过滤式防毒面具	GB 2890	(1) 根据作业环境不同有害气体选用过滤元件； (2) 工作场所有毒物浓度超标≤10 倍使用自吸过滤半面罩，工作场所有毒物浓度超标≤100 倍，使用自吸过滤全面罩，100 倍以上不得使用自吸式面罩； (3) 使用前检查面罩是否漏气、呼吸阀是否正常； (4) 在使用过程中，感到异味、咳嗽、刺激、恶心等不适症状，感觉气量供给不足、呼吸不畅，或出现其他不适情况，应立即撤出现场
10	自给闭路式压缩氧气呼吸器	GB 23394	(1) 使用前检查面罩是否漏气、呼吸阀、排气阀是否正常； (2) 使用前检查氧气瓶压力应保持在 $980N/cm^2$ 以上； (3) 清净罐内装填的氢氧化钙吸收剂应为粉红色圆柱状颗粒； (4) 佩戴时调节好肩带、腰带； (5) 使用过程中，氧气压力降至 $245\sim296N/cm^2$ 时，应及时撤出现场； (6) 在使用过程中，感到异味、咳嗽、刺激、恶心等不适症状，感觉气量供给不足、呼吸不畅，或出现其他不适情况，应立即撤出现场

续上表

序号	劳动防护用品类别	产品标准号	使用方法
11	自吸过滤式逃生呼吸器	GB 42302	(1)严禁使用逃生型呼吸防护装备进入有害环境,只允许从中离开; (2)根据作业环境不同有害气体选用过滤元件; (3)不适用于缺氧条件下的防护; (4)使用前检查面罩是否漏气、呼吸阀是否正常
12	自给闭路式氧气逃生呼吸器	GB/T 38228	(1)严禁使用逃生型呼吸防护装备进入有害环境,只允许从中离开; (2)使用前检查面罩是否漏气、呼吸阀、排气阀是否正常; (3)清净罐内装填的氢氧化钙吸收剂应为粉红色圆柱状颗粒; (4)佩戴时调节好肩带、腰带
13	自吸过滤式防颗粒物呼吸器	GB 2626	(1)适用于空气含氧19.5%以上的颗粒物空气污染环境,不适用于防护有害气体或蒸气; (2)KN/KP 90,过滤效率≥90%;KN/KP 95,过滤效率≥95%;KN/KP 100,过滤效率≥99.97%;KN适用于非油性颗粒物,F3KP适用于油性和非油性颗粒物; (3)进入有害环境前,检查面(口)罩与脸部贴合严密; (4)当吸气阻力增加时,应进行更换; (5)在使用过程中,感到异味、咳嗽、刺激、恶心等不适症状,感觉气量供给不足、呼吸不畅、或出现其他不适情况,应立即撤出现场
14	自给开路式压缩空气呼吸器	GB/T 16556	(1)使用前检查面罩是否漏气、呼吸阀是否正常,戴上面罩堵住接口吸气并保持5s,无漏气现象; (2)使用前检查气瓶压力和气路密闭性,压力不足,密闭不严的禁止使用; (3)气路密封性检查合格,打开气瓶阀(不连接供气阀),当压力表指针显示压力后关闭气瓶阀,压力表的读数在1min时间内下降≤2MPa; (4)佩戴时调节好肩带、腰带; (5)气瓶低压报警时,应及时撤出现场; (6)在使用过程中,感到异味、咳嗽、刺激、恶心等不适症状,感觉气量供给不足、呼吸不畅、或出现其他不适情况,应立即撤出现场
15	自给开路式压缩空气逃生呼吸器	GB 38451	(1)严禁使用逃生型呼吸防护装备进入有害环境,只允许从中离开; (2)使用前检查面罩是否漏气、呼吸阀是否正常; (3)佩戴时调节好肩带、腰带
16	高可视性警示服	GB 20653	(1)根据作业场所选择穿用不同级别的警示服; (2)使用中不应拉扯、搓揉、刮擦; (3)使用中避免与坚硬、锋利的物体接触
17	焊接服	GB 8965.2	(1)根据作业环境选择不同防护级别的焊接服; (2)焊接服上衣应能盖住裤子上缘至少20cm; (3)穿着焊接服站立时,双臂侧平举至两臂高举过头、双臂前伸继续上举至高举过头、弯腰至手指触地、双臂前伸蹲下起立、弓箭步行走等情况,均应能保证服装始终包覆躯干和四肢,不得出现腰部、腹部、前臂、手腕、小腿以及其他被服装包覆部位露出的情况; (4)电焊作业时焊接服袖口须扎紧扣好,并套入电焊手套内; (5)焊接服与配合使用的防护用品接合部位,尤其是领口、袖口处应严格闭合,防止飞溅的熔融金属和火花从接合部位进入; (6)穿用的焊工服不应潮湿,裤长应罩住鞋面

续上表

序号	劳动防护用品类别	产品标准号	使用方法
18	带电作业用绝缘手套（包括常规型绝缘手套和复合绝缘手套）	GB/T 17622 GB 42298	(1) 每次使用前应将手套翻面，对内外进行外观检查，并检查手套有无漏气； (2) 如某双手套中的一只可能不安全，则这双手套不能使用； (3) 应选择大小合适的绝缘手套； (4) 佩戴时，外衣袖口应放入绝缘手套的伸长部分内部； (5) 使用中，防止绝缘手套被利器划伤，也不可触及酸、碱、盐类及其他化学物品和油类； (6) 绝缘手套应两只同时使用，不得单手戴绝缘手套； (7) 使用完毕，绝缘手套要放置在干燥阴凉的地方
19	阻燃服	GB 8965.1	(1) 根据作业环境选用不同防护等级的阻燃服； (2) 在易燃易爆作业场所穿用时，禁止工作现场穿脱； (3) 在高湿或存在大量可气化液体的工作场所，应穿兼有防水功能的阻燃服； (4) 阻燃服应与头部、眼面部、手部、足部防护用品配合使用； (5) 阻燃服上衣应能盖住裤子上缘至少20cm； (6) 穿着阻燃服站立时，双臂侧平举至两臂高举过头、双臂前伸继续上举至高举过头、弯腰至手指触地、双臂前伸蹲下起立、弓箭步行走等情况，均应能保证服装始终包覆躯干和四肢，不得出现腰部、腹部、前臂、手腕、小腿以及其他被服装包覆部位露出的情况； (7) 阻燃服裤腿应完全覆盖防护靴的靴筒； (8) 禁止在阻燃服上附加或佩戴任何易熔、易燃的物件； (9) 接触化学品或可燃液体后，作业人员应立即离开工作场所，并小心脱去工作服，尽量避免化学品或液体与皮肤接触
20	防寒手套	GB/T 38304 GB 42298	(1) 根据工作环境选用不同防寒等级的防寒手套； (2) 应选择大小合适的防寒手套； (3) 使用中，防止防寒手套被利器划伤，也避免触及酸、碱、盐类及其他化学物品和油类
21	防静电手套（包括防静电面料缝制手套和防静电纱线编织手套）	GB/T 22845 GB 42298	(1) 根据工作环境选用不同性能等级的防静电手套； (2) 穿戴防静电手套应根据防静电环境需要，与其他防静电装备配套穿戴； (3) 禁止在易燃易爆作业场所穿脱防静电手套； (4) 应选择大小合适的防静电手套； (5) 防静电手套应直接贴身穿戴； (6) 禁止在防静电手套上附加或佩戴任何金属物件； (7) 使用中，防止防静电手套被利器划伤
22	防热伤害手套	GB/T 38306 GB 42298	(1) 根据工作环境选用不同性能等级的防热伤害手套； (2) 应选择大小合适的防热伤害手套； (3) 使用时，应先瞬间接触一下高温物体，通过手感觉手套隔热层是否有效隔热；多次测试后观察表层是否有燃烧或破损的现象； (4) 使用中，防止防热伤害手套被利器划伤
23	焊工防护手套	AQ 6103 GB 42298	(1) 根据焊接作业选择不同类别的焊工防护手套； (2) 应选择大小合适的防护手套； (3) 使用中应避免手部潮湿、脏污或汗水湿透； (4) 使用中，防止焊工防护手套被利器划伤

续上表

序号	劳动防护用品类别	产品标准号	使用方法
24	机械危害防护手套	GB 24541 GB 42298	(1)根据工作环境选用不同防护性能等级的机械危害防护手套; (2)应选择大小合适的防护手套; (3)机械运动部件有缠绕风险时,不应佩戴防护手套
25	安全鞋	GB 21148	(1)根据作业环境选用不同防护性能的安全鞋; (2)应穿着大小合适的安全鞋; (3)使用导电鞋(靴)或防静电鞋(靴)时,不能穿绝缘袜或绝缘鞋垫; (4)安全鞋破损应及时更换
26	安全带（包括区域限制用安全带、围杆作业用安全带、坠落悬挂用安全带）	GB 6095 GB 42297	(1)在距坠落高度基准面2m及2m以上,有发生坠落危险的场所作业,应使用坠落悬挂安全带或区域限制安全带; (2)在距坠落高度基准面2m及2m以上进行杆塔作业,应使用围杆作业安全带或坠落悬挂安全带; (3)如工作平面存在某些可能发生坠落的脆弱表面,则不应使用区域限制安全带,而应选择坠落悬挂安全带; (4)当围杆作业安全带使用的固定构造物可能产生松弛、变形时,则不应使用围杆作业安全带,而应选择坠落悬挂安全带; (5)使用坠落悬挂安全带时,应根据使用者下方的安全空间大小选择具有适宜伸展长度的安全带,挂点装置如使用水平柔性导轨,则在确定安全空间的大小时应充分考虑发生坠落时导轨的变形; (6)安全带的腰带应与护腰带同时使用; (7)区域限制用安全带的系带连接点应位于使用者前胸、后背或腰部; (8)围杆作业用安全带的系带连接点应位于使用者腰部两侧; (9)坠落悬挂用系带应为全身式系带,系带连接点应位于使用者前胸或后背; (10)区域限制用安全带和围杆作业用安全带的安全绳长度大于2m时应加装长度调节装置或安全绳回收装置; (11)安全带中的坠落悬挂用零部件仅含坠落悬挂安全绳时,安全绳应具备能量吸收功能或与缓冲器一起使用; (12)包含未展开缓冲器的坠落悬挂安全绳长度应≤2m,不应擅自将安全绳接长使用,如需使用2m以上的安全绳应采用自锁器或速差式防坠器; (13)安全绳与系带严禁打结使用,使用中要避开尖锐构件; (14)使用坠落悬挂安全带时,挂点应位于工作平面上方,安全带应高挂低用,高度不低于腰部以下; (15)使用时安全带的挂钩应挂在牢固的构件上或专为挂安全带设置的刚性轨道或具有足够强度的柔性轨道上,禁止将安全带挂在移动或带尖锐棱角的或没有固定的物件上; (16)移动和攀爬过程中,必须保证安全带至少1只挂钩始终系挂在牢固的构件上; (17)禁止将坠落悬挂安全带的安全绳用作悬吊绳,悬吊绳与安全绳禁止共用连接器; (18)严禁使用安全带传递重物; (19)在焊接、炉前、高粉尘浓度、强烈摩擦、割伤危险、静电危害、化学伤害场所,安全带的安全绳应加装护套; (20)使用中,安全绳的护套应保持完好,若发现护套损坏或脱落,须更换新套后使用; (21)使用中,不应随意拆除安全带各部件; (22)使用连接器时,受力点不应在连接器的活门位置

续上表

序号	劳动防护用品类别	产品标准号	使用方法
27	安全绳（包括围杆作业用安全绳、区域限制用安全绳、坠落悬挂用安全绳）	GB 24543 GB 42297	（1）安全带中的坠落悬挂用零部件仅含坠落悬挂安全绳时，安全绳应具备能量吸收功能或与缓冲器一起使用，用于缓解冲击能量； （2）包含未展开缓冲器的坠落悬挂安全绳长度应≤2m，不应擅自将安全绳接长使用，如需使用2m以上的安全绳应采用自锁器或速差式防坠器； （3）安全绳与系带严禁打结使用，使用中要避开尖锐构件； （4）使用中，安全绳的护套应保持完好，若发现护套损坏或脱落，须更换新套后再使用； （5）禁止将坠落悬挂安全带的安全绳用作悬吊绳，悬吊绳与安全绳禁止共用连接器； （6）在焊接、炉前、高粉尘浓度、强烈摩擦、割伤危险、静电危害、化学伤害场所，安全带的安全绳加装护套
28	缓冲器	GB/T 24538 GB 42297	（1）包含未展开缓冲器的坠落悬挂安全绳长度应≤2m，不应擅自将安全绳接长使用，如需使用2m以上的安全绳应采用自锁器或速差式防坠器； （2）接近焊接、切割、热源等场所时，应对缓冲器进行隔热保护
29	速差自控器（包括织带速差器、纤维绳索速差器、钢丝绳速差器）	GB 24544 GB 42297	（1）速差自控器使用时必须高挂低用，悬挂在使用者上方牢固的构件上； （2）应与安全带配合使用，速差自控器的连接器应挂在安全带背部连接点上，禁止挂在安全带连接器上； （3）使用速差自控器进行倾斜作业时，原则上倾斜度≤30°，倾斜30°以上必须考虑坠落时能否撞击到周围物体； （4）速差自控器安全绳严禁扭结使用； （5）禁止擅自改装速差自控器； （6）严禁将速差自控器连接到具有缓冲功能的安全绳上
30	安全网（包括安全平网、安全立网、密目式安全立网）	GB 5725 GB 42297	（1）安全网应经专人检查、验收合格后，方可使用； （2）安全网的安装位置应尽可能远离高压线缆、塔式起重机及其他移动机械，并远离焊接作业、喷灯、烟囱、锅炉、热力管道等热源； （3）根据可能发生坠落的高度，平网的拦接宽度应大于或等于现行GB/T 3608附录A中规定的可能坠落范围半径； （4）安全立网或密目式安全立网不能作为安全平网使用； （5）安全立网或密目式安全立网栓挂好后，人员不准倚靠在网上，不准将物品堆积靠压立网或密目网； （6）平网不得用作堆放物品场所，也不得用作人员通道，作业人员不得在平网上站立或行走； （7）焊接作业应尽量远离安全网，应避免焊接火花落入网中； （8）使用中的安全网，应由专人每周进行一次现场检查，并对检查情况进行记录； （9）及时清理安全网上的落物，安全网受到较大冲击后应及时更换

本模块参考文献

[1] 国家市场监督管理总局,国家标准化管理委员会.个体防护装备配备规范 第1部：总则：GB 39800.1—2020[S].北京：中国标准出版社，2020.

［2］ 安全监管总局职业安全健康监督管理司.用人单位劳动防护用品管理规范［EB/OL］.（2019-01-19）［2024-5-10］.https：//www.mem.gov.cn/gk/gwgg/201801/t20180119_241846.shtml.

［3］ 中华人民共和国住房和城乡建设部.建筑施工作业劳动防护用品配备及使用标准：JGJ 184—2009［S］.北京：中国建筑工业出版社，2010.

［4］ 中华人民共和国应急管理部.个体防护装备安全管理规范：AQ 6111—2023［S/OL］.（2024-01-05）［2024-5-10］.https：//www.mem.gov.cn/fw/flfgbz/bz/bzwb/202401/P020240115737142688067.pdf.

［5］ 北京市劳动保护科学研究所等.头部防护 安全帽：GB 2811—2019［S］.北京：中国标准出版社，2019.

［6］ 国家市场监督管理总局，国家标准化管理委员会.坠落防护 安全带：GB 6095—2021［S］.北京：中国质检出版社，2021.

［7］ 北京市劳动保护科学研究所，等.安全网：GB 5725—2009［S］.北京：中国标准出版社，2009.

［8］ "绿十字"安全生产教育培训丛书编写组.劳动防护用品知识［M］.北京：中国劳动社会保障出版社，2008.

［9］ 徐敏，张浩.劳动防护用品知识学习手册［M］.北京：中国劳动社会保障出版社，2018.

［10］ 交通运输部工程质量监督局.公路水运工程施工安全标准化指南［M］.北京：人民交通出版社，2013.

模块七

应急救护与应急救援

单元一　应急救护
单元二　应急救援

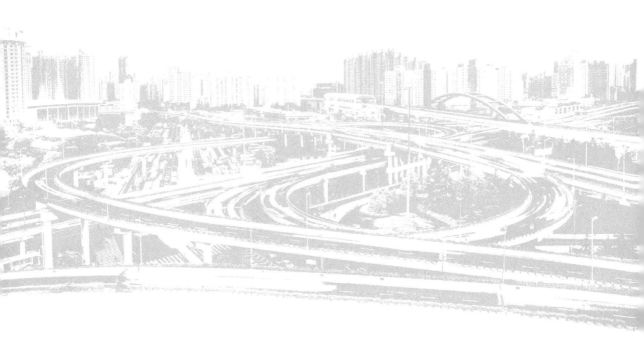

单元一 应急救护

任务一 心肺复苏

学习目标

（1）了解应急救护的目的和意义、心肺复苏的基本概念；熟悉心肺复苏的流程和技术要领、自动体外除颤仪(AED)的使用方法等。

（2）能正确实施徒手心肺复苏。

任务要求

6月27日，陕西西安某工地一男子李某在工地进行电焊作业时，不慎触电，导致心脏骤停。在事故发生的第一时间，李某的几位同事轮番为他进行心肺复苏按压，一位工友累了，另一位工友马上接上，20多分钟的接力后，急救车赶到，李某被送到医院。在医院，经过医生们近一个小时的全力抢救，李某生命体征恢复了平稳。从病发、入院到恢复心率用时一个多小时，正是同事们在送医前持续的心肺复苏，为患者赢得了宝贵的抢救时间。

请你结合任务情景，在老师的指导下，规范完成徒手心肺复苏的操作。

导学 问题

(1)结合本任务,谈谈进行心肺复苏的重要性。

(2)在什么情况下,可以对患者实施心肺复苏?如何评估?

(3)实施心肺复苏前,应做好哪些准备工作?

(4)请阐述心肺复苏的主要流程。

(5)胸外按压的操作要点有哪些？

(6)人工呼吸的操作要点有哪些？

(7)简述 AED 机的作用及操作流程。

提示 问题(2)~(7)参见现行《现场心肺复苏和自动体外心脏除颤技术规范》(T/CADERM 1001)。

(8)请总结本次实训过程中自己出现的主要问题。

知识链接

一、应急救护概述

应急救护是指在突发伤病或灾害事故的现场，在专业人员到达前，为伤病员提供初步、及时、有效的救护措施。这些救护措施不仅有对伤病员受伤身体和疾病的初步救护，也包括对伤病员的心理支持。需要注意的是，应急救护和医疗救治是不同的，实施应急救护的群体是所有社会公众，实施医疗救治的群体是专业医护人员。应急救护强调的是以挽救生命、减轻痛苦、减少并发症为主要目的的现场救护，使用的资源要根据现场条件而定；而医疗救治则是从更专业的角度评估分析后，采取专业的救治措施，要使用各种医疗仪器设备。

应急救护是院前急救的重要组成部分。灾害事故或突发疾病的现场情况可能复杂多变，若缺乏专业人员及救护材料、器材等，往往在数分钟内就会危及伤病员的生命，所以应急救护要力争在最短的时间内实施，以最快的速度向伤病员提供有效的措施。应急救护的目的包括：

①挽救生命：在现场采取任何急救措施的首要目的是挽救伤病员的生命。

②防止恶化：尽可能防止伤病继续发展和产生继发性脑损伤，以减轻伤残程度和降低死亡率。

③促进恢复：救护要有利于伤病的后期治疗及伤病员身体和心理的康复。

二、心肺复苏概述

心肺复苏术（Cardiopulmonary Resuscitation，简称CPR），如图7-1所示，是指对呼吸、心脏骤停者进行人工呼吸和胸外按压的急救技术。心肺复苏是最基本和最重要的抢救技术，可以通过徒手、辅助设备及药物来实施，以维持人体循环、呼吸和纠正心律失常。

现场心肺复苏又称基础生命支持（Basic Life Support，简称BLS）或现场急救，目的是在心搏骤停后（指各种原因引起的、在未能预计的情况和时间内心脏突然停止搏动，从而导致有效心泵功能和有效循环突然中止，引起全身组织细胞严重缺血、缺氧和代谢障碍，如不及时抢救可立刻失去生命），立即以徒手方法争分夺秒地进行复苏抢救，以使心搏骤停，病人心、脑及全身重要器官获得最低限度的紧急供氧（通常按正规训练的手法可提供正常血供的25%~30%）。由于呼吸、心跳突然停止，全身重要脏器尤其是大脑会发生缺血、缺氧。大脑缺血、缺氧3秒钟人即感到头晕,10~20秒钟可发生昏迷,30~40秒钟瞳孔扩散,1分钟呼吸停止,4~6分钟脑组织发生不可逆的损伤,10分钟脑细胞死亡,此时再进行急救,即使心跳、呼吸恢复,也可能会成为植物人。因此必须在呼吸、心跳骤停后的4~6分钟内(最好在4分钟之内)实施有效的现场心肺复苏,为进一步抢救直至挽回心搏骤停伤病员的生命而赢得最宝贵的时间。现场心肺复苏和快速除颤是抢救心搏骤停最有效的方法。

图7-1 心肺复苏

三、心肺复苏流程

根据现行《现场心肺复苏和自动体外心脏除颤技术规范》(T/CADERM 1001)的规定,成人心肺复苏流程图如图7-2所示。

其中,EMS(Emergency Medical Service),即急救医疗服务,是指具有接受呼救应答并提供院外专业救护的服务体系,当有任何意外或急病发生时,施救者在医护人员到达前,按医学护理的原则,利用现场适用物资适当地为伤病者进行的初步救援及护理,然后从速送院。AED(Automated External Defibrillator)是自动体外除颤器的英文缩写,它是一种便携式医疗设备,可自动分析患者心率,识别是否为可除颤心率,如为可除颤心率,AED可在极短时间内发放出大量电流经过心脏,以终止心脏所有不规则、不协调的电活动,使心脏的电流重新自我正常化。AED并不是仅能由专业人员操作的医疗器械,而是一种便携式、操作简单,非专业人员经过培训后也可以安全使用的医疗器械。AED通常安置在人流量较密集的公共场所中,可在第一时间为突发心脏骤停者进行电除颤,帮助患者恢复心律,被称为"救命神器",如图7-3所示。

需要注意的是,成人、儿童、婴儿CPR的施救方法是有所区别的,三者对比见表7-1。

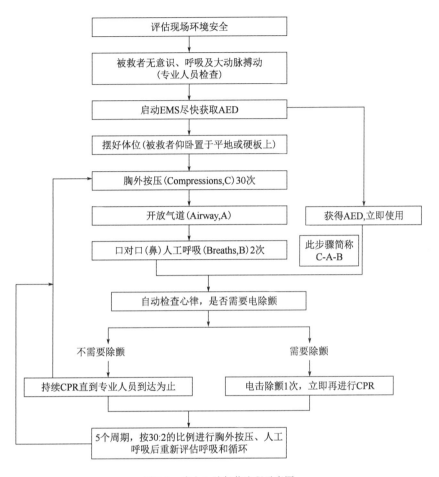

图 7-2 成人心肺复苏流程示意图

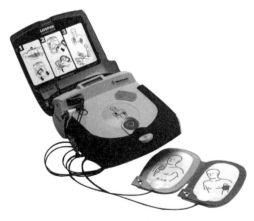

图 7-3 AED（自动体外除颤器）

成人、儿童、婴儿 CPR 施救方法对比　　　　　　　　　表 7-1

项目类别		成人(含 8 岁以上儿童)	儿童(1-7 岁,学龄前)	婴儿(出生 28 天至不足 1 岁)
判断意识		轻拍双肩、大声呼喊	轻拍双肩、大声呼喊	拍打足底
检查呼吸		确认没有呼吸或无正常呼吸,仅是喘息	没有呼吸或仅是喘息	
检查脉搏(仅医务人员要求,检查时间 10s 之内)		检查颈动脉	检查颈动脉	检查肱动脉
胸外按压	CPR 步骤	C-A-B	淹溺者及新生儿心肺复苏适用 A-B-C 流程	
	按压胸部	胸部正中乳头连线水平(胸骨下半部处),特殊非标准发育体格用以下两种方法： ①食指和中指并拢,沿肋弓下缘向上,找到肋骨和胸骨接合处的中点,中指放在切迹中点(剑突底部),食指平放在胸骨下部,另一只手大鱼际紧挨食指上缘,掌根置于胸骨上,即为按压位置。 ②掌根旋转定位法：施救者将右手置于被救者胸前,方向与胸骨柄重合,中指置于其胸骨上窝凹陷处,以掌根为支点顺时针旋转 90 度,使手掌根位于胸骨下半部	胸部正中乳头连线下方水平	
	按压方法	双手掌根重叠	单手掌根或双手掌根重叠	中指、无名指(两手指)或双手环抱双拇指按压
	按压深度	达到 5~6cm	胸廓前后径的 1/3	胸廓前后径的 1/3
	按压频率	100~120 次/min		
	胸部反弹	每次按压后即完全放松,使胸壁充分回弹,使血液充分回心		
	按压中断	尽量避免中断胸外按压,应把每次中断的时间控制在 10 秒以内		
人工呼吸	开放气道	头部后仰,气道通畅		
	吹气方式	口对口或口对鼻		口对口鼻
	吹气量	正常呼吸,胸廓略隆起		
	吹气时间	吹气持续 1s 以上		
按压/吹气比		30：2	单人 30：2,双人 15：2	

警示：错误的 CPR 方法达不到抢救的目的

注：C-A-B 为胸外按压(Compression)、开放气道(Airway)、人工呼吸(Breaths)的首写字母的缩写,表示操作的先后顺序,A-B-C 的字母含义与之相同仅操作顺序不同。

此外,无论是在家中,还是在公共场所,或是在情况复杂的突发事件现场,救护人员在救护伤病员时,都要先保证自身安全,防止受到伤害和感染。现场可能存在的危害因素主要包括：

①交通事故中受损的汽车发生起火、爆炸或再次倾覆。
②脱落的高压电线或其他带电物体。

③泄漏的化学物质、腐蚀性物质、放射性物质等。
④发生自然灾害,如洪水、泥石流、海啸、雷电等。
⑤地面湿滑,有散落的杂物或锐利的金属、玻璃等。
⑥地震后的建筑物倒塌,余震的发生。
⑦有毒气体,如一氧化碳等。
⑧其他危险因素,如酷暑或严寒环境,或存在毒蛇、野蜂等伤害人的动物等。

现场如果伤病员较多,救护员应根据伤病情的轻重缓急合理实施救护,原则是"先救命,后治伤"。如果现场安全,在救护车到来之前,不宜移动伤势较重的伤病员。但如果现场存在危险因素,则不可盲目坚持在原地救护,应先将伤病员转运到安全地点再进一步救护。转运伤病员时应选择适当的搬运方法,避免造成二次伤害。

四、心肺复苏其他注意事项

(1)在现实生活中,患者倒地时的体位可能是俯卧位、侧卧位或仰卧位,但在评估患者呼吸或心肺复苏时需要将患者置于仰卧位,因此可能要调整患者的体位。应当注意,对怀疑有颈椎受伤的患者,翻转身体时要使其头颈背部呈轴向转动,以免引起脊髓损伤。如果被救者处于俯卧位,急救人员应在被救者的一侧,使其双上肢向头部方向伸直,将对侧小腿放在同侧的小腿上,呈交叉状。急救员一只手托住被救者的后头枕部,另一只手放置于其对侧腋下,将被救者整个身体转向急救员一侧。

(2)急救中进行人工呼吸时,过度通气和通气流量过快,都易导致胃扩张,尤其是儿童更易发生胃扩张。通过维持通畅的气道,限制与调节通气流量,使胸廓起伏即可。

(3)正确的 CPR 技术可减少并发症。对成人患者,即使胸外按压动作得当,也可能造成肋骨骨折,但婴儿和儿童很少发生肋骨骨折。胸外按压的其他并发症包括肋骨与胸骨分离、气胸、血胸、肺挫伤、肝脾撕裂伤和脂肪栓子。按压过程中,手的位置要正确,用力要均匀有力,可减少并发症的发生。

(4)AED 机的使用主要是针对失去反应、失去呼吸或仅有濒死喘息的患者,不应对其他患者(包括出现胸闷、胸痛的患者)使用。使用过程中需避免患者胸前水分过多,胸毛较多的患者需剔除胸毛。若出现患者安装起搏器等特殊情况,电极贴片须避开起搏器。AED 可在雪地或潮湿地面使用,但应避免患者在水中时使用。

安全 典故

救自缢死(节选自《金匮要略·杂疗方》)

张仲景[东汉]

徐徐抱解,不得截绳,上下安被卧之,一人以脚踏其两肩,手少挽其发,常弦弦勿纵之;一人以手按据胸上,数动之;一人摩捋臂胫,屈伸之。若已僵,但渐渐强屈之,并按其腹,如此一炊顷气从口出,呼吸眼开,而犹引按莫置,亦勿苦劳之,须臾,可少与桂枝汤及粥清,含与之,令濡喉,渐渐能咽,及稍止,若向令两人以管吹其两耳,好,此法最善,无不活也。

任务二　止血包扎

学习目标

（1）了解止血包扎的基本概念,创伤的主要类型,止血包扎的流程和要求。
（2）能正确为出血伤员实施止血包扎。

任务要求

8月23日,浙江兰溪某工地,一位工人方某在作业过程中不慎划伤手臂动脉,一时间血流不止。工友搀扶其在路边求助,刚好路过此处的赵某和徐某见状立即上前了解情况,听闻"那个血不是流下来,而是喷出来!"意识到伤情严重,赵某赶紧让伤者上了车,徐某驾车一路向最近的骨科医院疾驰。看到方某流血不止,赵某意识到当务之急是赶紧为他包扎止血,随即就地取材,用衣物、数据线等材料,紧紧绑在方某的手臂上进行止血。他们抵达骨科医院后,医生立即进行了专业的包扎,并用救护车将方某送到到当地人民医院进行急救。最终,经过数小时的抢救,方某脱离危险。

请你结合任务在老师的指导下,规范完成各类止血包扎的操作。

导学 问题

(1)结合本任务,谈谈出现创伤后,正确进行止血包扎的重要性。

(2)实施止血包扎前,应做好哪些准备工作?

(3)请你总结本次实训过程中自己出现的主要问题。

知识链接

一、创伤概述

创伤是常见的对人体的伤害。严重创伤还包括致命的大出血、休克、窒息及意识障碍。急救时应先防止休克，保持呼吸道通畅，对伤口包扎止血，并进行伤肢固定，将伤员安全、平稳、迅速地转送到医院进一步处理，开放性伤口要及时进行清创术。严重创伤的应急救护要求快速、正确、有效，以挽救伤员的生命，防止损伤加重，减轻伤员的痛苦。创伤应急救护的四项基本技术包括止血、包扎、固定、搬运。本教材主要介绍止血包扎基本技术。

在应急救护中，救护员要遵守救护原则。在有大批伤员等待救援的现场，应遵循"先救命，后治伤"的原则，要尽量救护所有可能救活的伤员，不能只注意抢救受伤最重但几乎没有救活希望的伤员，使更多的本可以救活的伤员失去及时得到救护的时机。经过救护培训的救护员，一般都掌握了现场的救命知识和技能，如清理呼吸道、保持呼吸通畅、止血、包扎等，将该部分技能应用于现场抢救，能够挽救伤员的生命。在医疗急救人员到达现场之前，救护员不应做过多的现场治疗，而应尽快处理危及伤员生命的外伤，如止住大出血、保持呼吸道通畅等。只要伤员情况允许，应及时将其转送到医院，以尽快得到专业医疗救治。如果在现场盲目治伤，还有可能造成更为严重的二次损伤。例如，在现场盲目复位骨折，可能造成骨折部位神经、血管的进一步压迫或挫伤，甚至断裂；盲目拔出插入伤口的较大异物，可能导致体内大出血，造成伤员在短时间内休克死亡。

二、创伤止血

1. 出血

出血是指血管破裂导致血液流至血管外，按出血部位分为外出血与内出血。外出血是指血液经伤口流到体外，在体表可看到出血；内出血是指血液流到组织间隙、体腔或皮下，形成脏器血肿、积血或皮下淤血。外出血显而易见，严重的内出血常因在体表不可见而存在更大隐患。身体受到创伤时可能同时存在内、外出血。

对于外伤出血，按血管类型分为动脉出血、静脉出血和毛细血管三种类型；按出血部位分为外出血、内出血和皮下出血。外出血即身体表面受伤引起的出血，血液从伤口流出；内出血指体内的脏器和组织受损伤而引起的出血，血液流入体腔内，外表不可见，如肝破裂，胸腔受伤引起的血胸等；皮下出血是指皮肤未破，只在皮下软组织内出血，如挫伤、瘀斑等。

轻度失血指失血量占全身血容量的20%（成人失血约800mL）以下，可能有口渴、面色苍白、出冷汗、手足湿冷、脉搏快而弱（每分钟100次以上）等表现。中度失血指失血量占全身血容量的20%～40%（成人失血800～1600mL），可能有面色苍白、手足湿冷、头昏、烦躁不安、呼吸急促、脉搏细弱、血压下降、尿量减少等表现。重度失血指失血量占全身血容量的40%（成人失血约1600mL）以上，可能有表情淡漠或昏迷，脉搏细、弱或摸不到，血压测不清，随时有生命危险。

2. 止血

外伤患者紧急止血的操作方法包括指压止血法、加压包扎止血法、填塞止血法、加垫屈肢止血法以及止血带止血法等。

指压止血：在伤口的上方即近心端，用手指紧紧压住，这是紧急临时止血法，应随即采用其他止血方法，包括直接指压止血和间接压迫止血。对于直接指压止血，条件允许时，应使用无菌敷料；紧急状态下，可用清洁的敷料盖在出血部位上，直接用手指压迫止血。对于间接压迫止血，是指用手指压迫伤口近心端的动脉，阻断动脉血运，能有效达到快速止血的目的。常见部位压迫止血方法见表7-2。

指压止血（间接压迫止血方法） 表7-2

出血部位	压迫止血方法
面部出血	用拇指压迫下颌角与颏结节之间的面动脉
前头部出血	压迫耳前下颌关节上方的颞动脉
后头部出血	压迫耳后突起下面稍外侧的耳后动脉
腋窝和肩部出血	在锁骨上凹，胸锁乳突肌外缘向下内后方，对准第一肋骨，压迫锁骨下动脉
前臂出血	在上臂肱二头肌内侧沟处，施以压力，将肱动脉压于肱骨上
手掌和手背出血	在腕关节处，即我们通常按脉搏的地方，按压桡动脉
手指出血	用健侧的手指，使劲捏住伤手的手指根部，即可止血
大腿出血	屈起其大腿，使肌肉放松，用大拇指压住股动脉之压点（在大腿根部的股沟中点）。用力向后压，为增强压力，另一手的拇指可重叠压力
足部出血	在踝关节下侧，足背动脉搏动的地方，用手指紧紧压住

加压包扎止血法：是指用敷料或其他洁净的毛巾、手绢、三角巾等覆盖伤口，加压包扎。

填塞止血法：用消毒纱布、敷料（如果没有，用干净的布料替代）填塞在伤口内，再用加压包扎法包扎。

加垫屈肢止血法：对于外伤伤口出血量较大，肢体无骨折损伤者用此法。注意肢体远端的血液循环状况，间断松开，防止肢体坏死。

止血带止血法：该方法适用于四肢较大血管出血。用止血带在出血部位的近心端将肢体用力绑扎，以阻断血流，达到止血的目的。此法止血可靠程度高，但易引起或加重肢体坏死及急性肾功能不全等并发症。上止血带的部位一般在上臂上1/3处（约距腋窝一横掌处)及大腿上中 1/3 处。使用止血带止血时,有一些注意事项,见表 7-3。

止血带止血法注意事项　　　　　　　表 7-3

事项	要求
时间	尽量缩短,以 1h 为宜,最长不超过 4h,间断放松止血带,每次 1~2min,再在该平面上方或下方绑扎,禁止在同一部位反复绑扎。上止血带部位要有衬垫
标记	患者佩戴止血带卡,注明开始时间、部位、放松时间,便于照护者或在转运时了解情况
保暖	因肢体阻断血流后,抗寒能力低下,易发生冻伤
观察	严密观察患者转运途中伤情及患肢情况,如止血带是否脱落,患肢如有剧痛、发紫、坏死,说明止血带绑扎过紧,应予调整
放松	放松后如出血严重可先用手指压迫出血动脉,继以止血带止血;如已不出血,则不需继续使用,应维持松开状态,继续观察,确定不出血后或经过进一步止血处理后方可取掉
停用	停用止血带时应缓慢松开,防止肢体突然增加血流,伤及毛细血管及影响全身血液的重新分布,甚至使血压下降
禁忌	伤肢远端明显缺血或有严重挤压伤时禁用此种方法止血

三、创伤包扎

创伤包扎的方法主要包括绷带包扎和三角巾包扎。

1. 绷带包扎

绷带包扎的基本步骤为:急救人员面向伤员,取适宜位置,必须先在创面覆盖消毒纱布,然后使用绷带。包扎时左手拿绷带头,右手拿绷带卷,以绷带外面贴近伤口,包扎时应由伤口低处向上,通常是由左向右,从下到上进行缠绕。包扎绷带不宜过紧,以免引起局部肿胀,也不宜太松,以免滑脱。为了保持肢体的功能位置,一般包扎手臂时手臂应弯曲,包扎腿部时,腿部应伸直。绷带包扎的方法主要有:

(1)环形法:此法是绷带包扎中最常用的,适用于肢体粗细较均匀处伤口的包扎。

(2)螺旋包扎:该法适用于粗细相等的肢体、躯干部位的包扎。

(3)螺旋反折包扎:该法用于肢体上下粗细不等部位的包扎,如小腿、前臂等。

(4)回返包扎:该法用于头部、肢体末端或断肢部位的包扎。

(5)"8"字包扎:手掌、手背、踝部和其他关节处伤口选用"8"字包扎。

2. 三角巾包扎

三角巾包扎法可用于手部、足部包扎,还可对脚挫伤进行包扎固定,对不便使用绷带的伤口进行包扎和止血。需要注意的是,伤口上要加盖敷料,应用绷带包扎时,松紧要适度,若有绷带过紧导致的问题,如手、足的甲床发紫,绷带缠绕肢体远心端皮肤发紫,有麻木感或感觉消失,严重者手指、足趾不能活动时,立即松开绷带,重新缠绕。无手指、足趾末端损伤者,包扎时要暴露肢体末端,以便观察末梢血液循环。三角巾包扎的方法主

要有:

(1)头顶帽式包扎:该法适用于头顶部伤口的止血包扎。

(2)肩部包扎:该法适用于肩部伤口的止血包扎。

(3)胸背部包扎:该法适用于胸背部伤口的止血包扎。

(4)腹部包扎:该法适用于腹部伤口的止血包扎。

(5)单侧臀部包扎:该法适用于单侧腹部(臀部)伤口的止血包扎。

(6)侧腹部包扎:侧腹部包扎即将三角巾的大片置于侧腹部,压住后面的小片,其余操作方法与单侧臀部包扎相同,但两底角包扎伤侧大腿根在大腿后面打结。

(7)手足包扎:该法适用于手足部伤口的止血包扎。

(8)膝部(肘部)带式包扎:该法适用于关节部位伤口的止血包扎。

(9)悬臂带:该法适用于怀疑上肢骨折,现场予以固定者。

四、现场包扎术其他注意事项

现场处理时,要仔细检查伤口的位置、大小、深浅、污染程度及异物特点。操作时应注意:

①带上医用手套,如果没有,可用敷料、干净布片、塑料袋、餐巾纸作为隔离层。

②脱去或剪开衣服,暴露伤口,检查伤情。

③伤口封闭要严密,防止污染伤口。

④动作要轻巧而迅速,包扎部位要准确,伤口包扎要牢固,松紧适宜。

⑤不用水冲洗伤口(化学伤除外)。

⑥不要对嵌有异物或骨折断端外露的伤口直接包扎。

⑦不要在伤口上用消毒剂或消炎粉。

⑧在伤口的表面不要涂抹任何药物。

⑨密切观察伤患者的意识、呼吸、循环体征。

综上所述,生产安全事故现场应急救护的总任务是采取及时有效的急救措施和技术,最大限度地减少伤病员的痛苦,降低致残率和死亡率,为医院抢救打好基础。因此,急救时应遵循以下原则:

①先复苏后固定原则。遇有心跳、呼吸骤停又有骨折者,应首先用心腹复苏术使心、肺、脑复苏,直至心跳、呼吸恢复后,再进行骨折固定处理。

②先止血后包扎的原则。遇伤员有大出血又有创伤时,首先应立即止血,再对创口进行包扎。

③先重后轻原则。同时遇有生命垂危的和伤情较轻的伤病员时,应优先抢救危重者,后抢救伤情较轻的伤病员。

④先救护后搬运原则。发现伤病员时,应先救后送。在送伤病员到医院途中,不要停止抢救措施,继续观察伤病变化,减少颠簸,注意保暖,确保快速平安抵达最近医院。

⑤急救与呼救并重原则。在遇有成批伤病员、现场还有其他参与急救的人员时,要紧密而镇定地分工合作,急救和呼救可同时进行,以较快地争取到急救外援。

⑥搬运与急救一致性原则。在运送危重伤病员时,应与急救工作协调一致,争取时间,在途中应继续进行抢救工作,为伤病员减少带来不必要的痛苦乃至更大的生命威胁,安全到达目的地。

单元二 应急救援

任务一 编制应急救援预案

学习 目标

（1）了解应急救援预案的概念,应急救援预案的分类,应急救援预案的编制原则和要求。

（2）能根据规范正确编制应急预案中的现场处置方案。

任务 要求

根据提供或自行搜集的公路工程施工案例,以小组为单位编制应急预案的现场处置方案,其中应包括但不限于:至少一种事故类型的应急处置流程、应急行动路线和应急处置卡片等。

导学 问题

(1) 结合工程案例,简述事故风险评估的结果,选择现场处置方案的事故类型。

(2) 简述现场处置方案的主要内容,进而明确本组成员的编制分工。

(3)《生产安全事故应急预案管理办法》规定,应急预案的编制应当遵循以人为本、依法依规、符合实际、注重实效的原则。请阐述你将采用何种编制策略,并体现实用性。

知识链接

一、应急预案概述

应急预案是针对可能发生的事故,为最大程度减少事故损害而预先制定的应急准备工作方案。生产经营单位应急预案分为综合应急预案、专项应急预案和现场处置方案。

(1)综合应急预案,是指生产经营单位为应对各种生产安全事故而制定的综合性工作方案,是本单位应对生产安全事故的总体工作程序、措施和应急预案体系的总纲。

(2)专项应急预案,是指生产经营单位为应对某一种或者多种类型生产安全事故,或者针对重要生产设施、重大危险源、重大活动防止生产安全事故发生而制定的专项性工作方案。

(3)现场处置方案,是指生产经营单位根据不同生产安全事故类型,针对具体场所、装置或者设施所制定的应急处置措施。

应急预案是应急管理的核心和基础,起着平时牵引应急准备,战时指导应急救援的作用。

二、应急救援预案编制程序

生产经营单位应急预案编制程序包括成立应急预案编制工作组、资料收集、风险评估、应急资源调查、应急预案编制、桌面推演、应急预案评审和批准实施8个步骤。

1. 成立应急预案编制工作组

结合本单位职能和分工,成立以单位有关负责人为组长,单位相关部门人员(如生产、技术、设备、安全、行政、人事、财务人员)参加的应急预案编制工作组,明确工作职责和任务分工,组织开展应急预案编制工作。预案编制工作组中还应邀请相关救援队伍以及周边相关企业、单位或社区代表参加。

2. 资料收集

应急预案编制工作组应收集下列相关资料:适用的法律法规、部门规章、地方性法规和政府规章、技术标准及规范性文件,企业周边地质、地形、环境情况及气象、水文、交通资料,企业现场功能区划分、建(构)筑物平面布置及安全距离资料,企业工艺流程、工艺参数、作业条件、设备装置及风险评估资料,本企业历史事故与隐患、国内外同行业事故资料,属地政府及周边企业、单位应急预案。

3. 风险评估

开展生产安全事故风险评估,撰写评估报告,编制大纲参见现行《生产经营单位生产安全事故应急预案编制导则》(GB/T 29639)附录 A,其内容包括但不限于:辨识生产经营单位存在的危险有害因素,确定可能发生的生产安全事故类别;分析各种事故类别发生的可能性、危害后果和影响范围;评估确定相应事故类别的风险等级。

4. 应急资源调查

全面调查和客观分析本单位以及周边单位和政府部门可请求援助的应急资源状况,撰写应急资源调查报告,编制大纲参考现行《生产经营单位生产安全事故应急预案编制导则》(GB/T 29639)附录 B,其内容包括但不限于:本单位可调用的应急队伍、装备、物资、场所;针对生产过程及存在的风险可采取的监测、监控、报警手段;上级单位、当地政府及周边企业可提供的应急资源;可协调使用的医疗、消防、专业抢险救援机构及其他社会化应急救援力量。

5. 应急预案编制

应急预案编制应当遵循以人为本、依法依规、符合实际、注重实效的原则,以应急处置为核心,体现自救互救和先期处置的特点,做到职责明确、程序规范、措施科学,尽可能简明化、图表化、流程化。应急预案编制格式和要求参见现行《生产经营单位生产安全事故应急预案编制导则》(GB/T 29639)附录 C。应急预案编制工作包括但不限于以下内容:依据事故风险评估及应急资源调查结果,结合本单位组织管理体系、生产规模及处置特点,合理确立本单位应急预案体系;结合组织管理体系及部门业务职能划分,科学设定本单位应急组织机构及职责分工;依据事故可能的危害程度和区域范围,结合应急处置权限及能力,清晰界定本单位的响应分级标准,制定相应层级的应急处置措施;按照有关规定和要求,确定事故信息报告、响应分级与启动、指挥权移交、警戒疏散方面的内容,落实与相关部门和单位应急预案的衔接。

6. 桌面推演

按照应急预案明确的职责分工和应急响应程序,结合有关经验教训,相关部门及其人员可采取桌面演练的形式,模拟生产安全事故应对过程,逐步分析讨论并形成记录,检验应急预案的可行性,并进一步完善应急预案。

7. 应急预案评审

应急预案编制完成后,生产经营单位应根据法律法规有关规定组织评审或论证。参加应急预案评审的人员可包括有关安全生产及应急管理方面的、有现场处置经验的专家。应急预案论证可通过推演的方式开展。

8. 批准实施

通过评审的应急预案,由生产经营单位主要负责人签发实施。

三、应急预案的体系

生产经营单位应急预案分为综合应急预案、专项应急预案和现场处置方案。生产经营单位应根据有关法律、法规和相关标准,结合本单位组织管理体系、生产规模和可能发生的事故特点,科学合理确立本单位的应急预案体系,并注意与其他类别应急预案相衔接。

1. 综合应急预案

综合应急预案是生产经营单位为应对各种生产安全事故而制定的综合性工作方案,是本单位应对生产安全事故的总体工作程序、措施和应急预案体系的总纲。综合应急预案的内容包括但不限于表 7-4 所示内容。

综合应急预案编制内容及要求　　表 7-4

序号	内容		要求
1	总则	适用范围	说明应急预案适用的范围
		响应分级	依据事故危害程度、影响范围和生产经营单位控制事态的能力,对事故应急响应进行分级,明确分级响应的基本原则。响应分级不必照搬事故分级
2	应急组织机构及职责		明确应急组织形式(可用图示)及构成单位(部门)的应急处置职责。应急组织机构中可设置相应的工作小组,各小组具体构成、职责分工及行动任务应以工作方案的形式作为附件呈现于预案中
3	应急响应	信息报告	包括信息接报、信息处置与研判
		预警	包括预警启动、响应准备和预警解除
		响应启动	确定响应级别,明确响应启动后的程序性工作,包括应急会议召开、信息上报、资源协调、信息公开、后勤及财力保障工作
		应急启动	明确事故现场的警戒疏散、人员搜救、医疗救治、现场监测、技术支持、工程抢险及环境保护方面的应急处置措施,并明确人员防护的要求
		应急支援	明确当事态无法控制情况下,向外部(救援)力量请求支援的程序及要求、联动程序及要求,以及外部(救援)力量到达后的指挥关系
		响应终止	明确响应终止的基本条件、要求和责任人
4	后期处置		明确污染物处理、生产秩序恢复、人员安置方面的内容
5	应急保障(该部分内容尽可能在应急预案的附件中体现)	通信与信息保障	明确应急保障的相关单位及人员通信联系方式和方法,以及备用方案和保障责任人
		应急队伍保障	明确相关的应急人力资源,包括专家、专兼职应急救援队伍及协议应急救援队伍
		物资装备保障	明确本单位的应急物资和装备的类型、数量、性能、存放位置、运输及使用条件、更新及补充时限、管理责任人及其联系方式,并建立台账
		其他保障	根据应急工作需求而确定的其他相关保障措施(如能源保障、经费保障、交通运输保障、治安保障、技术保障、医疗保障及后勤保障)

2. 专项应急预案

专项应急预案是生产经营单位为应对某一种或者多种类型生产安全事故，或者针对重要生产设施、重大危险源、重大活动防止生产安全事故而制定的专项工作方案。专项应急预案与综合应急预案中的应急组织机构、应急响应程序相近时，可不编写专项应急预案，相应的应急处置措施并入综合应急预案。专项应急预案的内容包括但不限于表7-5所示内容。

专项应急预案编制内容及要求 表7-5

序号	内容	要求
1	适用范围	说明专项应急预案适用的范围，以及与综合应急预案的关系
2	应急组织机构及职责	明确应急组织形式（可用图示）及构成单位（部门）的应急处置职责。应急组织机构以及各成员单位或人员的具体职责。应急组织机构可以设置相应的应急工作小组，各小组具体构成、职责分工及行动任务，建议以工作方案的形式作为附件呈现于预案中
3	响应启动	明确响应启动后的程序性工作，包括应急会议召开、信息上报、资源协调、信息公开、后勤及财力保障工作
4	处置措施	针对可能发生的事故风险、危害程度和影响范围，明确应急处置指导原则，制定相应的应急处置措施
5	应急保障	根据应急工作需求明确保障的内容

3. 现场处置方案

现场处置方案是生产经营单位根据不同生产安全事故类型，针对具体场所、装置或者设施所制定的应急处置措施。现场处置方案重点规范事故风险描述、应急工作职责、应急处置措施和注意事项，应体现自救互救、信息报告和先期处置的特点。事故风险单一、危险性小的生产经营单位，可只编制现场处置方案。现场处置方案的内容包括但不限于表7-6所示内容。

现场处置方案编制内容及要求 表7-6

序号	内容	要求
1	事故风险描述	简述事故风险评估的结果（可用列表的形式列在附件中）
2	应急工作职责	明确应急组织分工和职责
3	应急处置	包括但不限于下列内容： ①应急处置程序。根据可能发生的事故及现场情况，明确事故报警、各项应急措施启动、应急救护人员的引导、事故扩大及同生产经营单位应急预案的衔接程序。 ②现场应急处置措施。针对可能发生的事故从人员救护、工艺操作、事故控制、消防、现场恢复等方面制定明确的应急处置措施。 ③明确报警负责人以及报警电话及上级管理部门、相关应急救援单位联络方式和联系人员，事故报告基本要求和内容
4	注意事项	包括人员防护和自救互救、装备使用、现场安全等方面的内容

4. 附件

无论哪种类型的应急预案，应将表7-7中的内容作为附件。

附件内容及要求 表 7-7

序号	内容	要求
1	生产经营单位概况	简要描述本单位地址、从业人数、隶属关系、主要原材料、主要产品、产量以及重点岗位、重点区域、周边重大危险源、重要设施、目标、场所和周边布局情况
2	风险评估的结果	简述本单位风险评估的结果
3	预案体系与衔接	简述本单位应急预案体系构成和分级情况,明确与地方政府及其有关部门、其他相关单位应急预案的衔接关系(可用图示)
4	应急物资装备的名录或清单	列出应急预案涉及的主要物资和装备名称、型号、性能、数量、存放地点、运输和使用条件、管理责任人和联系电话等
5	有关应急部门、机构或人员的联系方式	列出应急工作中需要联系的部门、机构或人员及其多种联系方式
6	格式化文本	列出信息接报、预案启动、信息发布等格式化文本
7	关键的路线、标识和图纸	包括但不限于: ①警报系统分布及覆盖范围; ②重要防护目标、风险清单及分布图; ③应急指挥部(现场指挥部)位置及救援队伍行动路线; ④疏散路线、集结点、警戒范围、重要地点的标识; ⑤相关平面布置、应急资源分布的图纸; ⑥生产经营单位的地理位置图、周边关系图、附近交通图; ⑦事故风险可能导致的影响范围图; ⑧附近医院地理位置图及路线图
8	有关协议或者备忘录	列出与相关应急救援部门签订的应急救援协议或备忘录

安全 典故

进忠三术(节选自《申鉴·杂言》)

荀悦[东汉]

进忠有三术:一曰防,二曰救,三曰戒。先其未然谓之防,发而止之谓之救,行而责之谓之戒;防为上,救次之,戒为下。

任务二 组织并参与应急救援演练

学习 目标

(1)了解应急救援的概念、形式和流程等。

(2)能正确参与和组织应急救援演练。

任务 要求

根据"任务一 编制应急救援预案"中,已编制完成的应急处置方案,以小组为单位组织并参与应急救援演练。任务内容包括:

(1)编制"应急救援演练计划""应急救援演练工作方案"以及"应急救援演练脚本",明确演练形式、流程及内容等。

(2)根据演练方案,组织并参与应急救援演练,并做好"应急救援演练记录"。

(3)演练完成后,对本次演练进行评估,完成"应急救援演练总结报告"。

导学 问题

(1)本次演练的目的是什么？你计划通过哪种形式组织本次应急救援演练？为什么？

_____
_____
_____
_____

(2)简述本次演练的主要工作有哪些？小组内是如何分工的？

_____
_____
_____
_____
_____

(3)针对选用的应急演练组织形式,组织演练应注意的关键问题有哪些？

_____
_____
_____
_____
_____

提示 问题(2)和(3)参见现行《生产安全事故应急演练基本规范》(AQ/T 9007)。

(4)以小组为单位,组织并参与应急演练。总结演练过程中遇到的主要难点。

_____
_____
_____
_____

知识链接

一、应急救援演练概述

应急救援预案编制完成，还需对应急救援预案进行培训并演练。应急人员只有对自己的应急职责及应急操作要求熟稔于心，面对突发危险，才能从容沉稳，处变不惊，果断行动，灵活应对，从而保障应急救援行动的有序、高效开展。这就要求所有应急救援参与人员需在应急演练与实战中熟悉技能，积累经验，不断提高应急救援水平。根据《生产安全事故应急预案管理办法》(2009年4月1日国家安全生产监督管理总局公布；根据2019年7月11日应急管理部令第2号修正)，第三十三条规定：生产经营单位应当制定本单位的应急预案演练计划，根据本单位的事故风险特点，每年至少组织一次综合应急预案演练或者专项应急预案演练，每半年至少组织一次现场处置方案演练。这里的"一次"，是对演练频次的最低要求，企业应根据自身实际，有针对性的组织开展应急预案演练，提高应急处置能力。

对于应急演练的分类，应急演练按照演练内容分为综合演练和单项演练；按照演练形式分为实战演练和桌面演练；按目的与作用分为检验性演练、示范性演练和研究性演练。不同类型的演练可相互组合。针对应急预案演练，相关概念介绍如下：

(1) 事故情景：针对生产经营过程中存在的事故风险而预先设定的事故状况（包括事故发生的时间、地点、特征、波及范围以及变化趋势）。

(2) 应急演练：针对可能发生的事故情景，依据应急预案而模拟开展的应急活动。

(3) 综合演练：针对应急预案中多项或全部应急响应功能开展的演练活动。

(4) 单项演练：针对应急预案中某一项应急响应功能开展的演练活动。

(5) 桌面演练：针对事故情景，利用图纸、沙盘、流程图、计算机模拟、视频会议等辅助手段，进行交互式讨论和推演的应急演练活动。

(6) 实战演练：针对事故情景，选择（或模拟）生产经营活动中的设备、设施、装置或场所，利用各类应急器材、装备、物资，通过决策行动、实际操作，完成真实应急响应的过程。

(7) 检验性演练：为检验应急预案的可行性、应急准备的充分性、应急机制的协调性及相关人员的应急处置能力而组织的演练。

(8) 示范性演练：为检验和展示综合应急救援能力，按照应急预案开展的具有较强指导宣教意义的规范性演练。

(9) 研究性演练：为探讨和解决事故应急处置的重点、难点问题，试验新方案、新技术、新装备而组织的演练。

二、应急演练的工作原则

应急演练应遵循以下原则：
(1)符合相关规定:按照国家相关法律法规、标准及其他有关规定组织开展演练。
(2)依据预案演练:结合生产面临的风险及事故特点,依据应急预案组织开展演练。
(3)注重能力提高:突出以提高指挥协调能力、应急处置能力和应急准备能力组织开展演练。
(4)确保安全有序:在保证参演人员、设备设施及演练场所安全的条件下组织开展演练。

三、应急演练的基本流程

应急演练实施基本流程包括计划、准备、实施、评估总结、持续改进五个阶段。

1. 计划

应急演练的计划阶段,包括需求分析、明确任务和制定计划三方面的工作内容。需求分析,即全面分析和评估应急预案、应急职责、应急处置工作流程和指挥调度程序、应急技能和应急装备、物资的实际情况,提出需通过应急演练解决的内容,有针对性地确定应急演练目标,提出应急演练的初步内容和主要科目。明确任务,需要确定应急演练的事故情景类型、等级、发生地域、演练方式、参演单位、应急演练各阶段主要任务,应急演练实施的拟定日期。最后,根据需求分析及任务安排,组织人员编制演练计划文本。

2. 准备

应急演练计划编制完成后,可以着手做好应急演练的各项准备工作。主要包括成立演练组织机构、编制相关文件以及做好保障工作。

成立组织机构:综合演练通常应成立演练领导小组,负责演练活动筹备和实施过程中的组织领导工作,审定演练工作方案、演练工作经费、演练评估总结以及其他需要决定的重要事项。演练领导小组可下设策划与导调组、宣传组、保障组、评估组。根据演练规模大小,其组织机构可进行调整。各组主要工作内容见表7-8。

应急演练各小组主要职责　　　　　　　　　表7-8

组别	工作职责
策划与导调组	负责编制演练工作方案、演练脚本、演练安全保障方案,负责演练活动筹备、事故场景布置、演练进程控制、参演人员调度以及与相关单位、工作组的联络和协调
宣传组	负责编制演练工作方案、演练脚本、演练安全保障方案,负责演练活动筹备、事故场景布置、演练进程控制和参演人员调度以及与相关单位、工作组的联络和协调

续上表

组别	工作职责
保障组	负责管理演练的物资装备、场地、经费、安全保卫及后勤保障
评估组	负责对演练准备、组织与实施进行全过程、全方位的跟踪评估。演练结束后,及时向演练单位或演练领导小组及其他相关专业组提出评估意见、建议,并撰写演练评估报告

编制相关文件:在应急演练的准备阶段,应编制完成表 7-9 所示的相关文件。

应急演练准备阶段文件及内容 表 7-9

文件名	主要内容
演练工作方案	包括目的及要求、事故情景、参与人员及范围、时间与地点、主要任务及职责、筹备工作内容、主要工作步骤、技术支撑及保障条件、评估与总结等内容
脚本	演练一般按照应急预案进行,按照应急预案进行时,根据工作方案中设定的事故情景和应急预案中规定的程序开展演练工作。演练单位根据需要确定是否编制脚本,如需编制脚本,一般采用表格形式,主要内容包括:模拟事故情景、处置行动与执行人员、指令与对白、步骤及时间安排、视频背景与字幕、演练解说词以及其他需要呈现的内容
评估方案	对演练工作进行评估包括: 演练信息:目的和目标、情景描述,应急行动与应对措施简介; 评估内容:各种准备、组织与实施、效果; 评估标准:各环节应达到的目标评判标准; 评估程序:主要步骤及任务分工; 附件:所需要用到的相关表格。 评估工作可参考《生产安全事故应急演练评估指南》(AQ/T 9009)
保障方案	演练保障方案应包括应急演练可能发生的意外情况、应急处置措施及责任部门、应急演练意外情况中止条件与程序
观摩手册	根据演练规模和观摩需要,可编制演练观摩手册。演练观摩手册通常包括应急演练时间、地点、情景描述、主要环节及演练内容、安全注意事项
宣传方案	编制演练宣传方案,明确宣传目标、宣传方式、传播途径、主要任务及分工、技术支持

演练工作保障:根据演练工作需要,做好演练的组织与实施需要相关保障条件。保障条件主要内容包括:人员保障、经费保障、物资和器材保障、场地保障、安全保障、通信保障等。

3. 实施

实施应急演练的时候,首先需要进行现场检查,确认演练所需的工具、设备、设施、技术资料以及参演人员到位。对应急演练安全设备、设施进行检查确认,确保安全保障方案可行,所有设备、设施完好,电力、通信系统正常。应急演练正式开始前,应进行演练的简介,对参演人员进行情况说明,使其了解应急演练规则、场景及主要内容、岗位职责和注意事项。一切准备就绪后,演练方可启动。应急演练总指挥宣布开始应急演练,参演单位及人员按照设定的事故情景,参与应急响应行动,直至完成全部演练工作。演练总指挥可根据演练现场情况,决定是否继续演练活动。下面,具体介绍应急演练的执行要点。

在桌面演练过程中,演练执行人员按照应急预案或应急演练方案发出信息指令后,参演单位和人员依据接收到的信息,以回答问题或模拟推演的形式,完成应急处置活动。通常按照四个环节循环往复进行:

(1)注入信息:执行人员通过多媒体文件、沙盘、消息单等多种形式向参演单位和人员展示应急演练场景,展现生产安全事故发生发展情况;

(2)提出问题:在每个演练场景中,由执行人员在场景展现完毕后根据应急演练方案提出一个或多个问题,或者在场景展现过程中自动呈现应急处置任务,供应急演练参与人员根据各自角色和职责分工展开讨论;

(3)分析决策:根据执行人员提出的问题或所展现的应急决策处置任务及场景信息,参演单位和人员分组开展思考讨论,形成处置决策意见;

(4)表达结果:在组内讨论结束后,各组代表按要求提交或口头阐述本组的分析决策结果,或者通过模拟操作与动作展示应急处置活动。各组决策结果表达结束后,导调人员可对演练情况进行简要讲解,接着注入新的信息。

关于实战演练的执行,则应按照应急演练工作方案,开始应急演练,有序推进各个场景,开展现场点评,完成各项应急演练活动,妥善处理各类突发情况,宣布结束与意外终止应急演练。实战演练执行主要按照以下步骤进行:

(1)演练策划与导调组对应急演练实施全过程的指挥控制。

(2)演练策划与导调组按照应急演练工作方案(脚本)向参演单位和人员发出信息指令,传递相关信息,控制演练进程;信息指令可由人工传递,也可以用对讲机、电话、手机、传真机、网络方式传送,或者通过特定声音、标志与视频呈现。

(3)演练策划与导调组按照应急演练工作方案规定程序,熟练发布控制信息,调度参演单位和人员完成各项应急演练任务。应急演练过程中,执行人员应随时掌握应急演练进展情况,并向领导小组组长报告应急演练中出现的各种问题。

(4)各参演单位和人员,根据导调信息和指令,依据应急演练工作方案规定流程,按照发生真实事件时的应急处置程序,采取相应的应急处置行动。

(5)参演人员按照应急演练方案要求,做出信息反馈。

(6)演练评估组跟踪参演单位和人员的响应情况,进行成绩评定并作好记录。

需要注意的是,演练实施过程中,应安排专门人员采用文字、照片和音像手段记录演练过程。在应急演练实施过程中,若出现特殊或意外情况,短时间内不能妥善处理或解决时,应急演练总指挥按照事先规定的程序和指令中断应急演练。

4. 结束与总结

完成各项演练内容后,参演人员进行人数清点和讲评,演练总指挥宣布演练结束。演练结束后,应对演练效果进行总结和评估,具体评估内容和要求可参考现行《生产安全事故应急演练评估指南》(AQ/T 9009)。演练组织单位根据演练记录、演练评估报告、应急预案、现场总结材料,对演练进行全面总结,并形成演练书面总结报告。报告可对应急演练准备、策划工作进行简要总结分析。参与单位也可对本单位的演练情况进行总结。演练总结报告的主要内容:演练基本概要,演练发现的问题及取得的经验教训、应急管理工作建议。

应急演练活动结束后,演练组织单位应将应急演练工作方案、应急演练书面评估报告、应急演练总结报告文字资料,以及记录演练实施过程的相关图片、视频、音频资料归档保存。

5. 持续改进

持续改进是应急救援演练中非常重要的一环,演练的目的一方面是熟悉预案,另一方面也是检验预案。根据演练评估报告中对应急预案的改进建议,按程序对应急预案进行修订完善。同时,演练组织单位应根据应急演练评估报告、总结报告提出的问题和建议,对应急管理工作(包括应急演练工作)进行持续改进。

安全 典故

墨子救宋(节选自《墨子》)

公输盘(bān)为楚造云梯之械,成,将以攻宋。

……

子墨子见王,曰:"今有人于此,舍其文轩,邻有敝舆而欲窃之;舍其锦绣,邻有短褐而欲窃之;舍其梁肉,邻有糠糟而欲窃之——此为何若人?"

王曰:"必为有窃疾矣。"

子墨子曰:"荆之地方五千里,宋之地方五百里,此犹文轩之与敝舆也。荆有云梦,犀兕麋鹿满之,江汉之鱼鳖鼋(yuán)鼍(tuó)为天下富,宋所谓无雉兔鲋鱼者也,此犹梁肉之与糠糟也。荆有长松文梓楩楠豫章,宋无长木,此犹锦绣之与短褐也。臣以王吏之攻宋也,为与此同类。"

王曰:"善哉!虽然,公输盘为我为云梯,必取宋。"

于是见公输盘。子墨子解带为城,以牒为械,公输盘九设攻城之机变,子墨子九距之。公输盘之攻械尽,子墨子之守圉(yǔ)有余。

公输盘诎,而曰:"吾知所以距子矣,吾不言。"

子墨子亦曰:"吾知子之所以距我,吾不言。"

楚王问其故。

子墨子曰:"公输子之意,不过欲杀臣。杀臣,宋莫能守,乃可攻也。然臣之弟子禽滑厘等三百人,已持臣守圉之器,在宋城上而待楚寇矣。虽杀臣,不能绝也。"

楚王曰:"善哉。吾请无攻宋矣。"

子墨子归,过宋。天雨,庇其闾(lú)中,守闾者不内也。故曰:治于神者,众人不知其功;争于明者,众人知之。

本模块参考文献

[1] 中国安全生产科学研究院,国家安全生产应急救援中心,南方电网调峰调频发电有限公司.生产经营单位生产安全事故应急预案编制导则:GB/T 29639—2020[S].北京:中国标准出版社,2020.

[2] 中国安全生产科学研究院,国家安全生产应急救援中心,南方电网调峰调频发电有限公司.生产安全事故应急演练基本规范:AQ/T 9007—2019[S].北京:煤炭工业出版社,2019.

[3] 中国安全生产科学研究院,国家安全生产应急救援中心,南方电网调峰调频发电有限公司.生产安全事故应急演练评估规范:AQ/T 9009—2015[S].北京:煤炭工业出版社,2015.

[4] 胡爱招.应急救护[M].2版.杭州:浙江大学出版社,2020.

[5] 赵正宏.应急救援基础知识[M].北京:中国石化出版社,2019.

[6] 孙超,赵兴宏.事故伤害自救与互救知识[M].北京:中国劳动社会保障出版社,2018.

[7] 中国医学救援协会,中华护理学会.现场心肺复苏和自动体外心脏除颤技术规范[J].中国急救复苏与灾害医学杂志,2018(9).